财务会计理论研究

冀锋昌等 著

中国财政经济出版社

图书在版编目（CIP）数据

财务会计理论研究/冀锋昌，孙园园，孟宪胜著．—北京：中国财政经济出版社，2016.3
ISBN 978-7-5095-5713-6

Ⅰ.①财… Ⅱ.①冀…②孙…③孟… Ⅲ.①财务会计-理论研究
Ⅳ.①F234.4

中国版本图书馆 CIP 数据核字（2014）第 228070 号

责任编辑：李　磊　　　　责任校对：李　丽
封面设计：耕　者　　　　版式设计：康普宝蓝

中国财政经济出版社 出版
URL：http：//ckfz.cfeph.cn
E-mail：ckfz@cfeph.cn
（版权所有　翻印必究）
社址：北京市海淀区阜成路甲 28 号　邮政编码：100142
营销中心电话：010-88190406
天猫网店：中国财政经济出版社旗舰店
网址：https：//zgczjjcbs.tmall.com
北京中兴印刷有限公司印刷　各地新华书店经销
710×1000 毫米　16 开　19.5 印张　290 000 字
2016 年 3 月第 1 版　2016 年 3 月北京第 1 次印刷
定价：48.00 元
ISBN 978-7-5095-5713-6/F·4617
（图书出现印装问题，本社负责调换）
质量投诉电话：010-88190744
打击盗版举报热线：010-88190492，QQ：634579818

序 PAEFACE

经济越发展，会计越重要。随着我国市场经济体制进程的深入，作为社会契约统一体的会计信息的重要性，已被人们所认可。在过去的20年里，我国会计准则和会计制度经历了不断的变革，从1992年的《企业会计准则》和随后13个分行业会计制度的颁布，到1997年第一个具体准则《关联方交易》的产生，再到2000年统一的《企业会计制度》和2006年体现与国际会计准则接轨的《企业会计准则》的诞生，这期间准则和制度不断发展。究其原因主要是我国正处于经济体制的全面转型时期，会计必须紧跟时代的步伐。

在我以往20多年的会计学教学中常发现这样一个问题：相当一部分学生在学习过程中，往往埋头于准则和制度的学习之中难以自拔，忽视了诸多具体会计处理背后的一般性规律，以至于始终赶不上会计准则和会计制度变化的步伐。

我也曾经接触过一些高水平的财务经理和注册会计师，他们对现行的会计准则和制度相当熟悉，对于新准则的变化能很快掌握，也非常重视财务管理，但普遍不关注或不理解准则制定背后的根本原因。

事实上任何会计准则与制度的变迁都有其内在的合理性。在我国传统的会计教育环境下，过分注重会计实务的解释，而轻视从会计理论角度进行总结分析，导致会计理论素养的缺位。加强财务会计理论的学习与研究，了解国际会计发展的新动态，对理解会计学科大有裨益，可以帮助他们理解会计实务处理方法；当出现新的业务时，可以根据内在的原则找到一个稳妥的解决方法。通过对会计理论的学习，细细品味学过的知识，将会加深对会计基本概念、程序、特征和会计实务问题的理解。

理论是用来解释所研究领域各种现象之间的联系，它能深入研究对象的本质，探求其内在的规律，然后在实践中验证，通过实践推动理论的发展。作为会计理论核心的财务会计理论，这一特点尤为突出。理论是对“实务”（事实和行动）的解释和“行动的理由”（A. C. Littleton）。会计理论是一套逻辑严密的原则，能够使实务工作者、投资者、债权人、经理和学生更好地理解当前的会计实务，提供评估当前会计实务的概念框架，指导新的实务和程序的建立（亨德里克森，1992）。可见，会计理论不仅可以说明和解释会计实务，而且对评价会计实务和指导会计实务具有重要作用。

从2004年讲授《会计理论专题》以来，随着对会计理论思考的深入，我一直策划出版一本会计理论方面的书，做到既和而不同，又简单明了。本书的写作经历了两年时间，在此期间，一直回想大学时引领我进入会计学殿堂的第一位老师，现任职于厦门大学会计系的桑仕俊教授，是他教授《基础会计》里的那些会计语言，使我产生了好奇，从教后开始了会计理论的研究。

“当前和以后，不存在单一的、支配性的财务会计理论，其内容丰富到可以有效地涵盖使用者——环境的全部范围。在财务会计文献中，所存在的是可以表述使用者——环境各种差异的一种理论集合”（AAA）。由于会计同环境存在着紧密的联系，从而使会计既有技术属性，又有社会属性，各国的会计理论与方法既有共性，又有特殊性。由于会计信息具有经济后果，因此想要得出一个单一的、公认的会计理论是不太可能的。

本书名为《财务会计理论研究》，旨在通过一些存在一定逻辑联系，内容又相对独立的专题，对财务会计理论的重要范畴——财务会计概念框架体系进行系统的介绍、评述、分析与借鉴。

全书包括九章：导论、财务会计概念框架、财务报告目标的争论及其融合、财务报告信息的质量特征、财务报表要素研究、会计确认与计量概论、资产和权益的确认与计量理论、收益的确认与计量理论、财务报告及其改进研究。重点回答了：什么是财务会计理论？为什么会有会计理论？其体系如何？财务会计概念框架的结构及其组成财务会计目标、信息质量特征、财务报表要素、确认与计量、财务报告的关系如何？其研究的现状如何？目前存在什么问题？争论的焦点在哪里？在财务会计概念框架的研讨中，以财务会计信息为主线，对财务会计目标、信息质量特征、财务报表要素、会计确认与计量的理论进行了梳理比较。对理论体系、核心内容、信息披露进行阐述，并论述了财务会计理论框架研究和制度规范的最新发展，也关注和评价了2014年我国颁布的《公允价值计量》准则，对财务会计目标的受托责任观和决策有用观的融合、会计信息质量特征中相关性与可靠性的矛盾与取舍、现行财务报告模式的缺陷及其改进、我国财务会计概念框架的制定等问题进行了比较详细的论述。

在写作过程中，注意吸收西方会计理论的最新成果，并结合中国财务会计理论和准则依据的经济、政治和社会背景，提出了我国在财务会计理论研究、会计信息质量的提高、财务报告的模式等方面需要借鉴和改进的方向，旨在使本书具有可读性和前瞻性。

值本书付梓出版之际，首先要感谢写作过程中所参阅论著的作者，他们的真知灼见给予我许多的启迪。本书在出版过程中，得到中国财政经济出版社的倾力支持，是他们的敦促与宽容才使本书呈现给大家，在此，深表感谢！本书的写作是初步的尝试和探索，限于笔者水平有限，不足之处在所难免，敬请读者批评指正。

作者

2015年12月于济南映雪湖畔

CONTENTS

目录

第一章 导论

第一节　会计理论的定位

财务会计理论是从会计实践中产生的，在历史的变迁中不断演化形成了现代财务会计的理论框架。研究财务会计理论对于理解今天的财务会计实务以及预测未来都具有重要的意义。因此本章试图从会计理论的性质、经济决策与会计信息的关系和财务会计理论体系出发，进入本书所要探讨的财务会计理论问题。

一、会计理论的涵义

“理论”一词，按照《韦氏新国际辞典》的解释，是“一套紧密相连的假定性的、概念性的和实用性的原理的整体，构成了对所要探索领域的可供参考的一般框架。”

我国《辞海》对“理论”的释义是：“指概念、原理的体系，是系统化了的理性认识。”

从学术研究的角度看，“理论”是实践中概括出来的关于自然和社会知识的科学且系统的结论。

对于自然科学而言，“理论”往往体现为定理、推论或命题，而且随着实验者进行实验的结果不同而不断发展和完善，最终达到约束条件下的“广泛可接受性”，所以自然科学的理论较为精确，因而获得了“硬科学”的赞誉。而对于社会科学来说，“理论”的认可度大大降低，根本原因是社会科学领域的理论难以直接进行检验。以经济学为例，有主流经济学与非主流经济学之分。就管理学而言，所谓理论往往来自一些个案的经验，有时难以得到推广，众说纷纭。作为经济学和管理学的下游，会计学领域的会计理论同样具有多样化的特征。

关于会计理论的概念，不同的会计学者和组织有着不同的解释。

1966 年美国会计学会（AAA）在发表的《基本会计理论说明书》中将会计理论定义为“前后一致地将假定性的、概念性的和实用性的原理的整体，构成对所要探索领域的可供参考的一般框架”①。与此同时，提出了会计理论研究的四项目的：

（1）确定会计的范围，以便对会计提出概念，并有可能发展会计的理论；

（2）建立会计准则来判断、评价框架信息；

（3）指明会计实务中有可能改进的一些方面；

（4）为会计研究人员寻求扩大会计应用范围以及由于社会发展的需要扩展会计学科的范围，提供一个有用的基本框架。

这一定义，强调了会计理论的构成内容及其体系问题。

英国会计学教授麦克·哈卫和弗莱德·克尔合著的《财务会计理论与准则》中认为：“会计理论可以定义为：一套前后一贯的概念性、假设性和实用性主张，用于解释和指导会计师确认、计量和传输经济信息的行为。”

美国会计学家莫斯特（Kenneth. S. Most）在其《会计理论》中认为：“理论是对一系列现象的规则和原则的系统描述，它可视为组织概念、解释现象和预测行为的框架。会计理论是由对来自会计实务的原则和方法程序的系统描述组成。”

1977 年美国会计学家亨德里克森（Eldon S. Hendriksen）在《会计理论》

① ［美］美国会计学会：《基本会计理论》，文硕等译，中国商业出版社 1991 年版，第 1－2 页。

(1992) 中，认为："会计理论可以定义为一套逻辑严密的原则，它：(1) 使实务工作者、投资人、经理和学生更好地了解当前的会计实务；(2) 提供评估当前会计实务的概念框架；(3) 指导新的实务和程序的建立。会计理论可用来说明现行实务，以获得对它们的最好理解。"[①] 这里强调的是，会计理论的表现形式是会计原则。

1986 年，瓦茨和齐默尔曼 (Watts and Zimmerman) 在《实证会计理论》中，从实证会计研究方法的认识角度，对会计理论作了如下解释："会计理论的目标是解释和预测会计实务"，"解释是指为观察到的实务提供理由"，"预测是指会计理论应能够预计未观察到的会计现象"，"包括那些已经发生但尚未搜集到系统证据的现象"[②]。他们倡导的理论研究限于对"是什么"和"将会是什么"的解释，较少涉及"应当如何"的逻辑演绎领域。

2000 年，艾哈迈德·里亚希—贝克奥伊 (Ahmed Riahi - Belkaoui) 在《会计理论》中提出，理论可以被定义为"以解释和预测会计现象为目标的，通过辨别变量之间关系来系统反映现象的系统观点的一套相互联系的概念、定义、命题。"[③] 这种观点与亨德里克森的极为相似，也是主要强调会计理论的构成内容，即认为"会计理论"应当是一套系统的原则或者互为关联的概念、定义所构成的体系。

2004 年，亨利·I. 沃尔克 (Harry I. Wolk) 等在《会计理论》(第六版) 中指出，"会计理论"可被定义为"用于起草会计准则的基本规则、定义、原则和概念，以及它们的由来。站在实用主义的角度，会计理论的目的在于改进财务会计和财务报告"[④]。这一观点是对会计理论功能表述的直接化。

美国财务会计准则委员会 (FASB) 指出，财务会计概念框架 (Concep-

---

① [美] 埃尔登·S. 亨德里克森：《会计理论》，王澹如译，立信会计图书用品社 1987 年版，第 1 页。

② [美] 罗斯·L. 瓦茨、杰罗尔德·L. 齐默尔曼：《实证会计理论》，陈少华译，东北财经大学出版社 2000 年版，第 2 页。

③ [美] 艾哈迈德·里亚希—贝克奥伊：《会计理论》，钱逢胜等译，上海财经大学出版社 2004 年版，第 65 页。

④ [美] 亨利·I. 沃尔克等：《会计理论》，陈艳等译，东北财经大学出版社 2005 年版，第 1－9 页。

tual framework of financial accounting，简称 CF)，是由相互关联的目标和基本概念所组成的逻辑一致的体系，这些目标和基本概念可用来引导首尾一贯的准则，并对财务报告的性质、作用和局限性作出规定。财务会计概念框架，实际上就是对财务会计基本理论的一种特定表述。现在大多数人认为：会计理论主要是指财务会计概念框架，它主要包括会计目标、会计假设、会计概念和会计准则，是一个旨在探索会计本质的总体性参考框架。

葛家澍（1996）在其著作《市场经济下会计基本理论与方法研究》指出，财务会计理论解释为来自财务会计实务，高于会计实务，反过来又可以指导会计实务的一套规范性的概念框架。它的任务在于解释、预测并指导财务会计实务。需要说明的是，会计理论范围有广义和狭义之分，广义的会计理论包括财务会计理论、管理会计理论和审计理论，我们研究的是狭义的财务会计理论。

研究会计理论就要科学地界定会计的概念，合理地确定会计的范围，以进一步发展会计理论，指导会计实践，并不断改进会计实务，为会计信息使用者提供信息，为会计研究人员寻求扩大会计应用范围提供有用的框架。

二、会计理论的功能

由于理论是对现实的抽象和简化，而现实世界不但错综复杂且日新月异，因此完美无缺的会计理论实际上是不存在的。人们对会计理论加以选择的一个重要标准就是会计理论所能解释和预测会计实务的范围及其对使用者的效用。

对会计理论的作用或功能的认识，有两种不同的观点，其中规范会计研究者认为会计理论的作用在于解释、预测和指导会计实务；而实证研究者认为理论的作用仅限于解释和预测。

规范研究学派的观点可以从上述 AAA 对会计理论研究的目的中发现：

（1）确定会计的范围，以便对会计提出概念，并有可能发展会计理论；

（2）建立会计准则来判断评价会计信息；

（3）指明会计实务中有可能改进的一些方面；

（4）为会计研究人员寻求扩大会计应用范围以及由于社会发展的需要扩

展会计学科范围时提供一个有用的框架。

实证研究对会计理论的认识，在瓦茨和齐默尔曼（Watts and Zimmerman）所著的《会计理论的供求：一个借口市场》中集中体现为三个方面：

（1）教学需要。通常不同的会计政策会产生不同的经济后果，为了降低企业的代理成本，需要设计不同的会计政策和会计程序，但是，程序的多样化会导致技术、格式上的不一致，增加了教学的难度，因此理论工作者往往从评价和检查现存的会计系统中总结不同程序的相似性和差别来发展会计理论。

（2）信息需要。会计理论的作用不限于对会计实务的解释和描述，还包括预测会计程序对不同利益相关者的影响。例如，在审计契约中，注册会计师往往需要会计理论去对不同的会计程序可能导致的代理成本、审计风险以及诉讼可能性进行评估。

（3）辩解需要。按照代理理论，委托方和代理方的目标函数往往并不一致，前者以追求利润为首要目的，而后者除了希望公司货币收益最大化，还希望有较多的闲暇舒服的环境、带薪休假，甚至缔造个人的经理帝国。所以不能排除代理方存在牺牲委托方的利益来追求个人利益的行为。会计理论的存在，可以使审计人员充分了解企业管理当局操纵盈余的经济后果，提升审计人员的业务技能，而且可使审计人员有充足的理由去抵制管理当局的盈余操纵行为。

概括地说，西方会计学者普遍认为会计理论的作用主要包括两方面：一是解释现存的会计实务；二是预测或指导未来的会计实务。或者说，建立会计理论的意图是对现行的惯例进行论证和批判，而会计理论形成的主要动力来自必须对会计所做或期望要做之事提供证据。然而，会计理论又要接受会计实务的验证，所以，美国会计学家贝克奥伊（Ahmed Riahi – Belkaoui）认为："某种给定的会计理论应能解释和预测会计现象，但当这些会计现象出现时，它们又反过来验证理论。"美国会计学家亨利·沃尔克（Harry I. Wolk）强调理论的作用主要在于解释和预测不同事物或现象之间的关系。他认为，会计理论对会计实务的作用主要是通过会计理论对于会计政策选择（也即准则制定）的影响而得以实现。

国内学者魏明海总结了会计理论的三种基本功能。①

(1) 信息传递和经验总结功能。作为会计理论，包含关于现实存在会计实务的信息知识和对该项实务活动的描述，起信息搜集传播和经验归纳总结的效用。

(2) 解释和评价功能。为什么现存的会计实务会被采用？为何以及如何产生？实效如何？这些问题都可借助会计理论给予回答。所谓“解释”是指会计理论为现存的会计实务说明其理由。这是会计理论指导会计实务作用的具体体现。人们之所以研究会计理论，一个重要方面就是要对现存的会计实务作出合理的解释，以说明对某项交易之所以采用这种方法和程序，而不采用其他的方法和程序的理由，从而为现存会计实务提供理论依据。

(3) 预见和实践功能。会计理论不只是解释会计实务在一定时期内如何进行，产生何种作用，而且还要预见会计实务中将要产生的新现象和新问题，并预测会计实务的发展趋势和前景。所谓“预见”是指会计理论能对未来可能发生的新的会计实务进行预测或指导。对会计人员期望所做之事提供理论依据。在众多尚未制定出会计规范的领域中，利用会计理论的指导制定会计准则和制度在内的各种规范，以解决实务中的新问题。

我国目前正处在向市场经济转型的过渡时期，会计理论面临新的发展机遇，会计理论研究空前活跃，会计改革涌现出来的新情况、新问题，迫切需要会计理论适时作出科学的解释与指导。制定适合中国市场经济特色的会计法规、会计政策、会计准则，都需要会计理论研究作为坚强的后盾。因此，我国会计理论研究，除了发挥信息需要、教学需要和政策支持功能外，还应积极吸收发达国家的先进会计理念、会计理论和会计方法，为我国会计改革服务，促进我国的经济发展和经济体制进一步完善。

① 魏明海：《会计理论》，东北财经大学出版社 2014 年版，第 4 页。

第二节 信息不对称与会计理论

一、财务会计信息的复杂性

财务会计报告作为一种信息产品，会影响信息使用者的决策。财务会计信息之所以具有复杂性有以下两方面的原因：

（一）利益相关者对会计信息的反应不同

就会计主体而言，利益相关者主要有投资者、债权人、管理者以及政府等。不同的利益相关者对会计信息的反应是不一样的。首先，对于投资者来说，因为以市场价值评估资产有利于帮助他们预测公司的前景，所以他们会对反映公司市场价值的信息感兴趣，并对市场价值评估持积极的态度。对于债权人来说，贷出资金的安全性以及资金收益的获取是至关重要的，他们从自身利益出发，关注的是公司的盈利特别是现金盈利，因而偏向于以历史成本计价的信息，而对多变的市场价值评估采取消极的态度。公司经营管理者与出资人是委托代理关系，所以他们更在乎的是在职期间的经营业绩和由此给他们带来的收益。而公司经营业绩可以通过基于历史成本的净利润来衡量，如果以市场价值来衡量，则难以被管理者所控制，而且其变动会影响财务报告中的净利润，所以管理者可能对市场价值评估不感兴趣。政府在经济活动中扮演着多重角色，因此选择倾向比较复杂，作为公共管理者，要利用税收工具来分享企业的经营成果；作为宏观经济的调控者，希望企业价值以客观的市场价值反映，从而有利于社会资源的有效配置；作为市场管理者和制度提供者，要求企业提供真实可靠的信息。因此难以控制和把握的市场价值评估，似乎又不是政府的最佳选择。

（二）会计信息对经济决策与市场有着重要的影响

首先，会计信息对上述利益相关者的决策产生影响。投资者要根据财务报告信息判断企业的发展前景，据此制定新的投资策略；金融机构利用财务会计信息对企业的获利能力与偿债能力进行判断评价，以决定是否对企业提供资金以及提供资金的相应条件；管理者同样需要利用财务会计信息为加强内部管理提供依据，并根据会计信息制定企业的发展规划；政府则需要在税收管理、市场管理等相关法规的制定中参考会计信息。其次，财务会计信息的状况直接影响到市场的运作。财务会计信息若被人为操纵、信息虚假，则不规范行为会充斥市场，使投资者失去信心，市场效率下降。反之，若会计信息真实相关、市场主体行为规范，则市场效率提高，运转良好。而经济体制的公平有效性，很大程度上依靠市场的正常运作。由于不同的利益集团在财务报告中有着不同的利益，而且各方之间的利益往往又是互相矛盾和冲突的，因此在具有如此特征的复杂环境中，财务会计及其从业人员就面临着生存和发展的挑战。

二、财务会计信息的不对称性

经济学领域的不对称性，是指在市场交易中，有些人可能拥有比其他人更多的信息，并因此具有交易上的优势。

导致信息不对称的原因主要是，交易中的一些人不能观察到另外一些人采取的可能影响到各方利益的行为。对于一个企业而言，由于所有权和经营权分离，股东和债权人不可能观察到高层管理者的工作努力程度以及工作效率，于是，管理人员就可能对其工作有懈怠心态，或将经营状况的恶化归结于不可控因素。显然，如果出现了这种情况，对投资者和整个经济的有效运行都有着严重的不利影响。

信息不对称可能导致两种后果，第一种是逆向选择。例如，公司管理者和其他内部人员与外部投资者之间存在信息不对称，前者比后者掌握更多有关公司当前以及未来前景的信息，管理者和其他内部人员可以通过各种途径，以牺牲外部投资者的利益为代价来牟取他们的信息优势利益，最常见的是通过扭曲或操纵提供给投资者的信息而获取利益，这就必然会影响投资者的决策。如果投资者担心信息的可靠性，他们在购买公司股票时就格外谨慎，甚至担心有陷阱而持观望态度，从而导致资本市场和经理人才市场无法有效运作。因此公司的财务报告及其规范化意义重大，我们通过规范企业对外公布的财务会计报告来控制企业管理者的逆向选择问题。

信息不对称可能导致的第二种后果是道德风险。现实中这一类型的情况也很多，比如，如果户主的财产已经全部投保，他们就不会尽力地去保护自己的财产；如果没有市场监管者的监督和管理，一些企业就可能不顾他人的利益而放任自己的行为；企业管理者可能采取牺牲债权人的利益的行为来为股东谋取利益。

第三节 财务会计理论体系

一、财务会计理论体系的层次划分

会计理论体系是将各种会计理论按照一定的逻辑关系有机结合而形成的一个完整的、多层次的理论系统，也就是对会计实践进行理性认识和指导的规范化理论系统。

就财务会计理论而言，它是由许多概念或要素组成的逻辑体系。因此研究会计理论体系必须正确地选择其逻辑起点和构成要素。纵观中西方会计理论体系，有会计对象、会计假设、会计目标、会计本质、会计动因、会计职能、会计环境等起点理论。其中会计目标起点论认为，作为一个体系，会计理论必须应该首先明确其目标，目标是建立会计理论的首要依据。其理论体系结构为：会计目标——会计基本准则——会计具体准则——会计实务。这种理论体系以财务报告目标作为最高理论层次，根据最高理论层次中的会计概念来推导和制定会计准则，再根据会计准则规范会计实务。

对于财务会计理论体系的层次，有诸多角度和标准。我们从两种不同的视角进行划分。从说明会计“是什么”、“为什么”、“应该是什么”的角度，可以把会计理论分为描述性会计理论、解释性会计理论和规范性会计理论。根据会计理论说明对象和说明方式不同，可分为财务会计规范和财务会计理论。

（一）描述性会计理论、解释性会计理论和规范性会计理论

1. 描述性会计理论

描述性会计理论就是通过对会计实务中各种实例的描述和论证，以期说

明会计是什么的理论。传统的会计理论基本上都是属于描述性的，西方会计职业界曾经长期认为会计是一门“艺术”，因而需要依靠会计人员的经验和判断。这种理论着重要说明的是会计“是什么”（What it is），或者试图提出和说明存在哪些会计信息及其如何加以揭示并传递给财务报告使用者。一般认为，美国会计学家保罗·格雷迪（Paul Grady）1965 年发表的《企业公认会计原则概述》、美国会计原则委员会（APB）1970 年第 4 号报告《企业财务报表的基本概念与会计原则》和美国会计学家井尻雄士 1975 年出版的《会计计量理论》，都属于典型的描述性会计理论。一般而言，20 世纪 70 年代以前的西方传统会计理论中描述性理论占主导地位。

2. 解释性会计理论

描述性会计理论可以揭示会计理论而说明“会计是什么”的问题，但这种描述不能表明对会计的解说是否科学与合理，而解释性会计理论就是以相关的经济概念为基础，通过对实践的观察从而解释会计概念和会计实务，使会计理论能充分地说明会计实务并指导会计实践。例如，我们要计量某项流动资产的价值，就要选择一定的会计计价方法，如先进先出法、后进先出法、加权平均法等，当用这些方法计算出该流动资产的价值时，就必须用会计理论解释计算结果是接近实际的，而且用这个解释去评价、说明所选择的实务计价方法。

20 世纪 80 年代以来，在以美国为代表的西方财务会计研究中，实证方法日益兴盛。概括地看，实证研究仍然属于描述性理论。实证会计研究的主要倡导者瓦茨（R. L. Watts）和齐默尔曼（J. L. Zimmerman）就明确提出，实证会计研究的基本目的是要解释现实中存在的会计现象。但是，实证会计理论又不完全等同于早期的描述性理论，因为实证会计理论并不简单地描述现存的会计实务，而且试图解释现存会计实务的依据。然而，实证会计理论又不试图回答“会计实务应当是怎样”的问题，所以不属于规范性理论。

3. 规范性会计理论

规范性会计理论，就是试图根据会计活动的规则来概括会计的理论概念，并试图导致“良好的”或“理想的”的会计实务。这种理论着重于说明会计

"应当是什么"（What should it be），而不限于说明会计"是什么"。所以，规范性理论不满足于现有的会计惯例，而是要从逻辑性方面概括或指明怎样才算是良好的会计实务。例如，在物价显著变动的情况下，基于历史成本的会计收益不能反映企业的实际经营成果，收益的计量是更为理想的替代模式。穆尼茨在1961年发表的《会计的基本假设》、澳大利亚会计学家雷蒙德·J.钱伯斯1966年发表的《会计、计量与经济行为》，以及20世纪70年代末以来FASB发表的《财务会计概念公告》，都属于典型的规范性理论。由于会计准则旨在规范会计实务，随着会计准则的研究、制定和推行，规范性会计理论在会计学界获得了更为广泛的认可和应用。

（二）财务会计规范和财务会计理论

财务会计理论层次的划分主要取决于理论说明对象和说明方式的不同。

首先，财务会计理论说明的对象都是会计实务或者与会计有关的经济现象。从对具体会计实务或现象的观察来看，有个别的会计实务或现象与整体的会计实务或现象之分，有的会计理论侧重于说明个别的会计实务，有的会计理论则侧重于说明会计实务的整体。

其次，从财务会计理论说明会计实务的方式及其特点分析，有的会计理论在说明会计实务时，所采用的说明方式有的是直接的、具体的和规范性的，有的则是间接的、抽象的和指导性的。

一般把采用直接、具体和规范的方式，侧重说明个别会计实务或现象的理论，称作财务会计规范；而把采用间接、抽象和指导性的方式，侧重说明整体会计实务的理论，称作财务会计基本理论。

会计实务、会计规范和财务会计基本理论之间的关系为：

（1）在财务会计理论研究中必须先了解会计实务，取得感性认识，然后才有可能真正理解会计规范和会计基本理论问题，从而上升为理性认识。

（2）理论对实务能起到很好的作用，会计基本理论指导会计规范的形成，并间接作用于会计实务。

（3）财务会计理论体系一般可划分为两个层次：财务会计规范和财务会计基本理论。

二、财务会计规范

财务会计规范就是会计实践活动中应当遵循的法规、规则、典范、范例或惯例。其形成既是其内在客观发展规律的体现，也是社会经济发展的必然要求。

首先，社会实践活动通过多年的实践，通常都有一定的法则、规则、典范、范例或惯例。这些法则、规则即为规范。不同的实践活动必须遵循相应的规范才能使整个社会有效的运转。例如固定资产折旧核算、各种财务报表的编制、完全成本计算、标准成本系统的建立、计划（预算）的编制、信息反馈和执行等所有会计实务中都存在一定的规范、标准，并受其制约。

其次，随着社会对信息需求的提高，会计实务中存在的随意性及其产生的不利影响也越来越引起人们的关注。早在20世纪30年代，美国各界在批评当时放任的会计实务时，就认为不规范实务泛滥的一个重要原因在于缺乏有效的约束，因此要建立一套公正的规范或标准，用来约束放任自流的会计实务。

按照财务会计规范功能的不同，可划分为两大类：目的性规范和方法程序性规范。

目的性规范是针对会计人员在开展某一特定会计实务时，由进行该项实务活动的目的所决定的会计人员应承担的责任。例如会计人员在处理经济业务并登记入账时，其责任要求记账凭证所记录内容必须要与原始凭证一致，数据准确，不得重复或遗漏；编制会计报表并披露时，应当保证信息的真实和相关，否则将承担一定的责任。

方法程序性规范是对会计人员的业务操作提出技术性要求，规定会计人员在开展该项会计实务时所能采用或可供选用的方法程序。方法程序性规范是为了实现财务会计目的而从技术上所采取的保障措施。例如，发生现金与银行存款之间的存提业务，只填制付款凭证；编制会计分录时只能一借一贷、一借多贷或一贷多借等等。

目的性规范直接影响着方法程序性规范的采用和选择，但最终方法技术规范的实际使用又影响着目的的实现；所以财务会计的目的性规范决定方法程序性规范，方法程序性规范制约目的性规范的贯彻执行。

由于现代企业的所有权与经营管理权相分离，造成企业财务会计信息的提供者与主要使用者的分离，财务会计信息的形成尽管有科学严密的方法程序，但在会计确认、计量等环节，不可避免地需要作出某些判断和估计。由于财务会计信息是经营和投资决策，特别是企业外部使用者作出投资决策、信贷决策和国民经济宏观调控的重要依据，这就决定了财务会计工作不能由企业自行其是，而必须遵循公认的会计规范。

公认会计规范得到了重大权威支持，既有权威性又有公认性的会计规范。例如美国的“公认会计原则”（GAAP）、日本的“企业会计原则”、法国的“全国统一会计制度”、国际会计准则委员会发布的“国际会计准则”等都属于公认会计规范。

公认会计规范一般仅限于财务会计领域，在世界范围内，企业财务会计的规范形式主要有：会计法律、会计准则和会计制度。

1. 会计法律

法律是由国家立法机构制定的，具有高度的强制性、严肃性、规范性和执行性等特点，它一般只说明应该如何做以及不准做什么，违反了如何处置，并不阐明道理。会计法律既可以单独成法，又可并入其他经济法律，如《公司法》和《税法》之中。荷兰的《会计年度报告法》就是一部独立的会计法；英国的《公司法》和日本的《商法》，都包括一些有关会计实务标准的条款。美国为了确保公众公司的财务会计信息准确记录并向公众披露，其证券法规定：公众公司必须向美国证监会上报经独立审计的年度财务报表，公司编制的财务报表遵循公认会计准则（GAAP）和其他的标准等。

在我国，《中华人民共和国会计法》是一部独立的会计法。我国的会计法对会计核算和会计监督作出了具体的规定，明确单位负责人和会计人员对会计报表真实性、完整性承担责任。另外，我国的证券法、税法、公司法等也涉及一些财务会计标准的条款。

2. 会计准则

会计准则是公认会计规范的重要形式。作为会计准则，在形式上要求由权威的机构或组织来颁布，并应具有书面内容。会计准则规定的内容比较灵活，因此各企业在运用时选择的余地比较大。换句话说，会计准则的目的主要在于缩小会计惯例中的差别和变化的范围，而不是形成仅此一种的解决方案。它们是按通用原则的方式表述的，当应用于某一公司的特定环境时，需要作出一定的常识判断。因而，会计准则是指导性的、灵活性的，具有选择性。美国、英国多数发达国家采用会计准则的形式，国际会计准则委员会也发布会计准则。我国 1992 年发布了企业会计基本准则。随后，陆续发布了一些企业会计具体准则。2006 年财政部又颁布了新的企业会计准则体系，包括 1 项基本准则和 38 项具体准则及其应用指南。

3. 会计制度

会计制度主要规范财务会计账务处理程序和各项业务处理等的规定，其可以是政府制定的行政法规，也可以是由企业制定的。它的主要特点是：如果它的制定权属于政府，所制定的规范就具有行政上的强制性，并强调高度统一，因而没有多大的选择余地。政府制定的会计制度通常体现为统一会计制度，如我国改革前后众多分散的行业会计制度和 2000 年的《企业会计制度》都属于会计行政法规。目前，法国是资本主义国家中采用会计制度这一公认会计规范形式的典型代表。

会计法律、会计准则和会计制度是公认会计规范的三种主要形式。会计法律是公认会计规范的最高形式，它的特点是原则性强，具体的规范需要由会计准则或会计制度来补充。在理论上，以有关法律为指导，会计准则与会计制度才能成为典型的公认规范。

三、财务会计基本理论

财务会计基本理论是构成财务会计理论的最基本、最核心的概念和原理。它是一套以会计目标为中心，相互关联、协调一致的概念体系。它们之所以是基本的，是因为财务会计的其他一系列概念和理论都由这些概念引申而来。包括财务会计规范的形成，也必须以这些概念为基础。

（1）会计目标：是会计规范责任要求的进一步归纳、概括、综合和抽象。如前所述，会计规范对每项会计实务都提出了具体的责任要求。但由于所针对的问题不同，考虑问题的角度不同，对不同会计实务提出责任要求也常常发生矛盾。为了避免和减少这类矛盾，就需要用会计目标统驭具体的责任要求，换言之，会计目标也就是对会计实务整体提出的责任要求。

（2）会计目标约束机制：会计目标最初是由投资者、债权人、政府机构和企业管理部门等以它们各自需求的形式提出来的。如投资者偏重要求提供与资产保管责任关系、经济利益分配关系和投资决策有关的信息；债权人偏重要求提供与资产保管责任关系和信贷决策有关的信息，特别是有关企业变现能力和偿债能力的信息；政府机构偏重要求提供与经济利益分配关系有关的信息；企业管理部门偏重要求提供与经营管理决策、内部资产保管责任关系和经济利益分配关系有关的信息。但是，投资者、债权人、政府机构和企业管理部门的需求能否都能成为财务会计的目标呢？显然不可能。这样在确定哪些需求可以成为会计目标，哪些需求不能成为会计目标时，必然要充分考虑现代会计的本质特征，以现代会计的本质特征为标准进行筛选。进一步看，会计定义、会计职能、会计对象、会计基本假设等基本概念都是说明现代会计的本质特征的。根据这些基本概念的作用，可把它们称为会计目标约束机制。

（3）会计目标实现技术：会计目标确定以后，就要考虑实现它的技术方法问题。正如会计规范中阐明的技术要求，对会计目标的实现也要提出技术要求。需要特别注意的是：这时的技术要求不完全是针对个别的会计实务的，而是面向会计实务整体的，即对会计实务整体提出技术要求。会计确认、会计计量、财务报告等基本概念都是说明会计整体技术要求的会计基本概念。根据这些基本概念的作用，可把它们称为会计目标实现技术。

有了会计规范，并对个别的会计实务提出责任要求和技术要求，为什么还要研究会计基本理论，并对会计实务整体提出责任要求（即会计目标）和技术要求呢？换句话说，会计理论究竟能起到什么作用呢？我们认为，会计基本理论的作用主要表现在以下几个方面：

首先，指导会计规范的制定和形成，协调各项具体的会计规范之间的关系。会计基本理论有助于促进首尾一贯、逻辑严密、协调一致的会计规范的形成。

其次，指导会计人员运用会计规范，开展会计实务。会计基本理论还可直接用来指导企业会计人员科学合理地处理那些新出现的、尚无会计规范加以约束的会计实务。

最后，加深对会计实务的了解，促进理论研究。会计规范是一个层次比较低的会计理论，开展会计理论研究不能仅停留于这样一个低水平，而应深入到会计的基本概念，提高会计理论研究水平。

我们认为，财务会计基本理论应由以下几部分构成：①财务会计的涵义，阐述会计的本质是什么；②财务会计的对象，主要解决财务会计是研究什么问题；③财务会计要素，即财务会计的具体工作内容；④财务会计的职能，说明财务会计应当具有哪些功能。下面重点研究会计定义、会计职能、会计对象和会计目标。关于会计确认和计量、财务报告将在后面的各章中讨论。

（一）关于会计的本质

这是会计理论中的一个基本论题，也是会计理论中争议最多的一个问题，即要回答会计是什么，其主要的目的是揭示会计所具有的属性和会计定义的界定。下面我们就对西方国家和我国形成的主要代表性观点进行介绍，以便把握会计本质研究的发展过程。

西方会计界对会计本质的认识，经历了艺术论、过程论、信息系统论的发展过程，在这个过程中，还引起了会计是一门艺术还是一门科学的论争。

1. 会计艺术论

会计艺术论因把会计的本质视为“描述性艺术”而得名，是因为会计人员在进行会计工作时具有一定的艺术特性。艺术有很大一部分是由艺术家通过个人的技巧和经验表现出来的，对于会计而言，其“艺术性”就在于强调会计人员运用自己对会计规律的理解和认识，在解决特定问题时所表现出来的那种创造性的技巧和能力。艺术论的代表性观点有：1941 年，美国注册会计师协会（AICPA）在其发布的第 1 号会计名词公报中首次对会计作出正式定义：“会计是一种艺术，旨在将具有或至少部分具有财务特征的交易和事项，以有意义的方式以及货币表达方式予以记录、分类和汇总，并解释由此产生的结果”；曾任美国会计师协会主席乔治·梅也认为“会计是一门艺术，不是一门科学。它是一门具有广泛和多种用途的艺术。”

2. 会计过程论

随着决策论和信息论的发展，在 20 世纪 60 年代，美国会计学界对会计有了新的认识，认为会计是一种“传递信息的过程”。“会计过程论”对会计本质的认识与“会计艺术论”相比有三个方面的变化：①明确了会计目标，即为报表使用者提供与制定决策相关的信息，以便作出可靠的判断和决策；②表明会计并不只是交易数据的简单记录、分类和汇总，而是一种将数据质变，转化为信息的工作；③会计信息的内容和范围有所扩大，它所提供的不仅限于财务信息，还包括其他经济信息。会计过程论代表性的观点有 1966 年美国会计学会（AAA）在《基本会计理论说明书》中，会计被定义为：“确认、计量和传递经济信息，从而使信息的使用者作出有根据的判断和决策的过程”。

3. 会计信息系统论

会计信息系统论，是把会计的本质理解为一个经济信息系统。会计信息系统是指在企业或其他组织范围内，旨在反映和控制各种企业或组织的经济活动，而由若干具有内在联系的程序、方法和技术组成的，由会计人员加以管理，用以处理经济数据、提供财务信息和其他有关经济信息的有机整体。也就是说，会计生产并提供信息，需要一系列相互联系的加工步骤，以财务会计来说，它通过确认、计量、记录和报告等因素，形成一个数据输入和信息输出系统。从历史上看，现代会计自产生以来就始终具有以提供数据为主，为经济管理服务的职能，它通过客观的科学信息为管理提供咨询服务，本身并不参与管理。会计信息系统论的代表性观点有西德尼·戴维森 1977 年出版实务《现代会计手册》序言的第一句中指出：“会计是一个信息系统——一种用来将一个单位的有意义的经济信息传送给有关部门的信息系统”；1978 年，美国财务会计准则委员会在其“论财务会计概念”第一号中写道：“财务会计并不是设计用于直接计量一个企业的价值，而是提供对那些希望预测企业价值的人有所帮助的信息”等等。

我国会计理论界对会计本质的认识，曾经有“会计方法论”、“会计技术论”和“会计工具论”等观点；但目前占主流的是“管理活动论”和“信息系统论”两大学派。

1. 管理活动论

管理活动论认为会计的本质是一种经济管理活动，是人们管理生产过程中的一种社会活动。会计是一种社会现象，其产生与发展虽与生产活动有关，但不能看作生产活动本身，只能视为是对生产活动进行管理的一种活动。从管理理论看，会计是加强内部管理而发展起来的，管理的核心职能是决策、指挥与协调，会计直接参与企业的决策与协调，对企业的指挥职能起到重要的参谋作用，管理——经营——决策，会计是这一过程的核心。20 世纪 80 年代杨纪琬、阎达五指出，无论从理论上还是从实践看，会计不仅仅是管理经济的工具，它本身就具有管理的职能，是人们从事管理的一种活动。管理活动论是我国 20 世纪 80 年代后在会计界的主流学派之一。

2. 信息系统论

我国最早接受会计是一个信息系统的是余绪缨教授。他在 1980 年发表文章认为："什么是会计呢？根据当前的现实及其今后的发展，应把会计看作是一个信息系统，它主要是通过客观而科学的信息，为管理提供咨询服务。"目前在我国具有代表性的提法是葛家澍于 1983 年提出的"会计是旨在提高企业和各单位活动的经济效益，加强经济管理而建立的一个提供财务信息为主的经济信息系统"，这种观点为我国很多的会计学者所承认和接受，对会计理论与实务的研究产生了巨大影响。

会计的本质讨论由来已久，但至今尚无定论。根据会计在现代企业组织结构中地位的考察分析，我们认为会计是一个经济信息系统。按照系统的功效不同，会计信息系统可以分为四个层次：

第一层：会计信息传递系统。信息传递系统不改变信息本身的结构和形态，只是把信息从一处传到另一处。就会计而言，如果企业管理中的某一职能部门直接使用（会计）原始凭证中的资料时，它就构成一个信息传递系统。实际上，这时的凭证资料仅仅是原始数据而已。

第二层：会计信息处理系统。信息处理系统是将原始数据进行加工处理，使之获得新的结构和形态，或产生新的数据资料。例如，使用数学方法输入的个别单价计算而得到的平均单价就是一种信息处理。会计经过填制凭证、登记账簿到编制财务报告实际上就是一个信息处理系统，会计信息处理系统仅仅是会计整体中的一个有机组成部分。

第三层：会计信息解释系统。信息解释就是指依据各种数据资料（大部分已经加工处理），经过调查分析，通过科学的思维和合理的推断而得到新的信息。

第四层：会计信息调节系统。信息调节系统主要是在计划制定及其实施之中或之后，为保证按既定目标运行而对差异所采取的校正措施。例如，会计监督就可以校正某些行为，起到调节的作用。

综合起来，会计本质上是一个以提供财务信息为主的经济信息系统。随着经济的发展和经济决策对财务信息需要量的增加、要求的提高，会计信息解释系统的地位日益上升。我们不能把解释简单地理解成信息处理的技术方法，解释即分析及在此基础上的预测、决策，含有极为丰富的内容。

（二）会计职能

任何事物的职能都是该事物内在的固有的功能。会计的职能也是会计固有的功能，是会计本质的体现。研究会计职能有助于更深入地理解会计定义，更准确地揭示和把握现代会计所能达到的目标。会计的职能包括以下方面：

1. 反映经济活动，评价经营业绩

会计反映经济活动，就是指借助货币单位，用会计凭证、会计账簿和财务报告等物质载体把企业中的资金运动能动地描绘和表现出来，为经营决策、管理控制及其他方面的决策提供信息。评价经营业绩主要是指在会计反映经济活动的基础上，运用分析的方法，比较与判定经营业绩的大小、高低、优劣。要知道，评价总是与某些特定的参照标准相联系的，有比较才有鉴别。由于分析等一般都有特定的参照标准（如企业最好水平、同行业最好水平、企业去年实际数和本年计划或预算数），可以得到一系列差量指标和相对数指标，对评价经营业绩能够起到较好的作用。

2. 预测经营前景，参与管理决策

反映和评价都限于历史的写实。现代企业会计已突破了反映经济活动和评价经营业绩的职能，增加了预测经营前景、参与管理决策的职能。在这里，预测经营前景主要是指运用会计的特定方法预计和测算企业单位未来的现金流量，以便提供决策支持。而会计参与管理决策则主要体现在会计参与拟订经济计划、业务标准以及编制预算之中。

3. 控制经济过程，监督经济业务

控制是与反映、评价、预测、决策相联系的，但完整意义的控制，就是使某事物的特征和变化保持在规定限度内。作为控制，它有两个基本要素：一是确定事物状态的正常轨道；二是用调节的办法使该事物的状态保持在正常轨道上。会计控制经济过程主要局限于能用货币表现方面的控制。除了控制之外，现代会计还有监督的职能。会计监督经济业务在不同国家有不同的内容和形式，表现出较大的差异。在西方发达国家，会计监督主要表现为内部审计和外部审计。在我国，会计监督的内容在《会计法》中有明文规定。

以上三个方面，反映和控制是会计的基本职能，在反映和控制这两个基本职能中，反映又是最基本的职能，没有反映，会计就不可能实行控制。

（三）会计对象

如上所述，会计是一个以提供财务信息为主的经济信息系统，并进一步讨论了会计的反映和控制职能。会计的主要工作是反映和控制企业单位的经济活动。在我国，会计究竟反映和控制什么？这个问题不清楚，就很难深刻理解会计的目标及实现会计目标所应当采取的各种专门方法。

根据对现代会计本质特征的认识，可以认为企业经营资金运动是会计予以反映和控制的对象，即人们通常所说的会计对象。为了更全面、准确地认识会计对象及其发展，需进一步讨论以下三个问题：

1. 企业过去或已完成的经营资金运动与未来的经营资金运动

资金运动从时间跨度分割，可以分成过去或已完成的资金运动和未来的资金运动。其中，过去或已完成的资金运动主要是财务会计的对象。企业过去或已完成的经营资金运动具有以下特点：①客观存在，有凭有据，可核查。②与财产物资流动相对应，可核对。③能够表现业已存在于企业与政府机构、投资者、债权人等方面的资产保管责任关系、经济利益分配关系和经济资源配置的要求。企业过去或已完成的经营资金运动的上述特点决定了它所能采用的方法。而企业未来的经营资金运动则主要是管理会计的对象。由于未来的资金运动都是按现金流量基础表现出来的，因此它具有现金流量的性质，现金流量也就常常被直接看成是管理会计的对象。与过去或已完成的资金运动相比，未来的资金运动不具备与真实的财产物资流动相对应的特点，是决策与计划性的、动态与过程性的。

2. 会计反映和控制的对象与会计信息系统处理的对象

企业经营资金运动是会计予以反映和控制的对象。但是，当把会计理解为一个经济信息系统时，在会计的反映和控制对象之外，还有系统的加工处理对象。这是因为，企业经营资金运动与经营资金运动发出的信息（严格说是原始数据资料）不是同一件事物，两者是可以相互分离的。直接输入到会计信息系统，由会计信息系统传输、处理的客体并不是经营资金运动本身，而是经营资金运动所发出的信息。这样，经营资金运动所发出信息就成为会计作为一个经济信息系统的加工处理对象。当然，经营资金运动与经营资金运动所发出的信息是有密切的联系的。它们之间的联系主要是指：一方面，没有经营资金运动，就无所谓经营资金运动发出的信息；另一方面，没有信息作为中介，经营资金运动也无法在会计中得到反映。

（四）会计要素

鉴于会计对象是比较抽象和综合的，它还不能为会计的反映和控制提供具体的内容，需对它进一步分解和具体化为会计要素。会计要素可以理解为会计对象的具体化，把企业的资金运动具体化为若干个用会计特有的术语加以表达的部分。

根据企业过去（或已发生）经营资金循环周转具体内容，企业财务会计的要素包括资产、负债、所有者权益、收入、费用和利润。财务会计的反映和控制，就是指对企业资产、负债、所有者权益、收入、费用和利润六个要素的反映和控制。

（五）会计目标

在明确了会计的定义、职能和对象之后，有必要进一步确定会计的目标。这是因为，如果会计目标不明确，会计信息系统仍无法设计和顺利运行，会计的专门方法也没法运用。

既然会计是一个以提供财务信息为主的经济信息系统，那么这个系统必然会有自己特定的目标或目的。一般说来，会计目标要明确表述会计为谁服务、服务的项目和内容有哪些、服务的质量标准如何等三个方面的内容。

会计的目标是会计的本质特征和经济管理需要综合作用的结果，会计之所以需要并应加以发展，都是因为它具有与其他事物不同的本质特征（如货币计量等），这些本质特征对会计的服务对象、服务项目和内容、服务的质量标准必然会产生重要的影响。除此之外，会计目标的确定还应充分考虑经济管理的需要，离开这些需要，会计也就失去了存在的必要和生命力。这里所说的经济管理需要主要是指国民经济宏观调控、投资决策、信贷决策以及企业经营管理等的需要。现实存在的会计目标正是需要与可能（由会计本质特征决定）的结合点。

1. 企业会计的服务对象

从会计中直接或间接、有意或无意得到服务的方面可能很多，但会计的主要服务对象基本局限于与企业有利害关系的群体，包括企业本身。具体是指：投资者、债权人、政府（如税收部门）、企业管理部门等。会计的服务对象也常称作会计信息使用者。

2. 企业会计的服务项目和内容

企业会计的服务项目有两个：一是提供会计信息；二是运用会计信息实行控制。提供信息本身不是最终目的，最终目的是运用信息进行控制，改善管理，进而提高经济效益。会计的服务内容很多，从服务项目和服务对象进行归纳和综合，可以得到会计的主要服务内容有：

（1）为协调投资者、债权人同以企业为主要代表的经营管理者之间的资产保管责任关系提供会计信息；

（2）为协调政府机构、投资者、债权人同企业、职工之间的经济利益分配关系提供会计信息；

（3）为优化经济资源配置和实行经济宏观调控提供会计信息；

（4）在一定范围内、程度上直接参与协调上述资产保管责任关系和经济利益分配关系，优化经济资源配置；

（5）为协调企业内部各个部门、车间、班组、职工之间的经济利益分配关系提供会计信息和其他服务；

（6）为优化企业内部生产要素的合理组合，提高经济效益提供会计信息和其他服务。

3. 会计的服务质量标准

如上所述，会计的服务项目有两个，即提供会计信息和运用会计信息实行控制。相应地，会计服务的质量标准包括提供信息的质量标准和会计控制的质量标准。关于会计所提供信息的质量标准，也称会计信息的质量要求或特征，其最基本的是决策有用性也即会计信息一定要对投资者的投资决策、债权人的信贷决策、企业的经营管理决策和国民经济宏观调控有用。具体内容将在后面会计信息质量特征一章中讨论。

第二章 财务会计概念框架

20 世纪 30 年代以来，为规范资本市场会计信息，西方财务会计逐渐转向接受公认会计原则的约束和指导。公认会计原则的发展需要有一定的会计理论概念作为依据。在 20 世纪 70 年代以前，这一任务主要是由会计学术团体或一些著名会计学家来承担，而且是以会计假设、基本原则和准则文告这样一个框架来建立公认会计原则的理论基础。但是，从 70 年代中期以来，西方财务会计理论研究出现一个新的发展趋势，即开始由准则制定机构直接研究财务会计的概念框架，出现了以会计目标和基本概念为基础的财务会计理论新体系。

第一节 对构建财务会计概念框架的认识

一、财务会计概念框架含义

财务会计概念框架，也称财务会计概念结构（Conceptual framework of financial accounting，简称 CF），是研究财务会计准则的理论依据，是直接用来评估现有的会计准则，发展未来会计准则的，CF 作为一个专门术语是 FASB 首先提出的。

在20世纪70年代以前，公认会计原则的理论依据主要来自传统的财务会计理论，是贴近会计实务的应用理论。例如美国早期会计原则和会计准则的制定，大都受到美国会计学会1936年的《公司财务报表会计原则的暂行说明》、1966年的《论基本会计理论》、会计原则委员会第4号报告《企业财务报表编报的基本概念和会计原则》以及佩顿、利特尔顿、穆尼茨、钱伯斯等著名会计学家有关专题研究报告的影响，缺乏内在一致的理论基础。而社会各界一直认为应有一个有效且一致的理论作为会计准则制定的依据。会计程序委员会和会计原则委员会虽然做过一些相关的工作，但都未形成一个连贯的理论体系，因而遭到了各方的指责。

进入20世纪70年代以后，一方面，西方国家社会经济形势发生重大变化。如企业经营组织规模日趋扩大，企业兼并急骤增加，资本集中加速并向国际化扩张，世界性能源危机的爆发，长期持续的通货膨胀和经济衰退，以及电子计算机技术的迅速普及，都带来会计实务的重大变革，并相继带来了一些财务会计的新领域和新问题，诸如如何处理企业合并、融资租赁、养老金计划、物价变动影响、国际结算和国际税收、外币折算、损益计算与分配等重大会计问题，这就相应产生或迫切需要许多新的会计技术方法。这样，原有的许多会计理论概念明显落后于环境形势和会计实务的发展，并在一定程度上不利于相关会计准则的制定和执行。

另一方面，过去会计被定义为一项艺术，而20世纪70年代受信息论、系统论、控制论的影响，对会计的认识转变为是一个人造的信息系统。按照系统论，任何一个系统，都应有一个明确的目标，并有一套紧密联系的系统要素。而传统的财务会计理论侧重于描述性，缺乏一套首尾一贯的理论框架，有关的重要会计文献往往观点不一，甚至互相抵触，不能消除会计实务的混乱，从而导致使用者对会计准则和财务报告的批评日趋强烈，主要表现在：

（1）对同一交易或事项存在着两种甚至多种认可的会计处理方法；

（2）逐步放弃稳健原则，越来越多地采用不稳健或有风险的会计方法；

（3）留存收益被用于人为地拉平利益波动；

（4）财务报表无法反映即将发生的企业破产危机；

（5）递延项目以后往往大幅度的冲销；

（6）对应收账款可收回性的估计存在不合理的乐观；

（7）非财务报表的信息披露日趋增多（即某些重要信息不恰当地从表内转为附注或其他报告形式）；

（8）在决定是否披露不利情况或对会计准则的背离时不合理地运用重要性进行判断；

（9）强调财务报告的形式超过其实质。

面临这种情况，传统的会计理论概念受到严重冲击，财务会计实务中迫切需要建立能适应新环境的完整的和规范性的会计理论结构，用以指导会计准则的制定和约束会计实务，于是美国财务会计准则委员会（FASB）顺应潮流，一成立便开始了对财务会计概念结构的研究。它在列入最初议事日程的7个项目中，就有“制定概念结构”这一项，以便为会计准则提供理论基础或一组普遍概念，并且是以财务报告目标为起点进行研究。该委员会在1976年12月公布的《关于企业财务报表目标的暂行结论》、《财务会计和报告概念结构：财务报表的要素及其计量》和《概念结构研究项目的范围与涵义》三个文件中，正式使用了财务会计概念结构一词。从1978年至2000年，该委员会先后发布了七号概念公告，形成了一个完整的概念结构体系。这7个概念公告分别是：

第1号《企业财务报告的目标》（1978年11月）；

第2号《会计信息的质量特征》（1980年5月）；

第3号《企业财务报表的要素》（1980年12月）；

第4号《非营利组织财务报告的目标》（1980年12月）；

第5号《企业财务报表的确认与计量》（1984年12月）；

第6号《财务报表的要素》（取代第3号1985年12月）；

第7号《在会计计量中使用现金流量信息和现值》（2000年2月）。

随着社会经济环境和需求的变化以及会计理论的发展，尤其是会计准则的国际趋同，美国财务会计准则委员会于2010年9月发布了第8号概念公告：《财务报告的概念框架》取代了第1、2号公告。

这些公告之间的相互关系是：财务报告目标是概念结构的起点，起着指引方向的作用；会计信息质量特征是连接财务报告目标与其他概念的桥梁；

财务报表的要素及其确认与计量，是财务报告目标的具体体现，也是实现财务报告目标的重要手段。

继 FASB 建立财务会计概念结构之后，西方国家纷纷开展对财务会计概念框架的研究，并发布了阐述概念结构的文件和报告。其中英国会计准则委员会（ASB）发布的相关文件《财务报告原则公告》，其内容在很多方面都体现了创新与超越美国财务会计概念结构的意图，但仍然是在美国的基础上进行，带有一定的美国色彩；加拿大会计准则委员会发布的相关文件《财务报表概念》，则是对美国概念结构的模仿；澳大利亚会计准则委员会发布的相关文件《会计概念报告》，基本是美国概念结构的再版；随后这一趋势在日本、西德等其他国家也引起积极的反应，特别是 1988 年 5 月 1 日，国际会计准则委员会公布了《编报财务报表的框架》的征求意见稿，并于 1989 年 7 月 1 日作为一项正式的准则公告《编报财务报表的框架》，其内容也与美国的基本相同。2010 年该框架被 IASB 发表的《财务报告概念框架》所取代。

美国财务会计准则委员会曾先后对财务会计概念框架下过两个定义。

1976 年，FASB 认为：概念框架是一部宪章，一套目标与基本理论相关联的，有内在逻辑性的体系。该体系能引导出前后一贯的会计准则，并指出财务会计与财务报表的性质、作用和局限性。会计目标明确会计的目的和意图，基本概念指导会计处理事项的筛选、各种事项的计量、以及汇总并使之传递给利害关系集团的手段。由于这类概念派生其他概念，在制定解释和应用会计与报告准则时又必须反复地引用它们，在这个意义上，这类概念是基本的。

1980 年 FASB 又重新对概念框架做了定义，最重要的变动是不再认为它是一部章程，而是目标与其相关联的基本概念所组成的理论体系。它不属于 GAAP 体系，对 GAAP 制定结构没有约束力。

除了美国 FASB 的定义外，财务会计概念框架的定义还有其他的提法，见仁见智，莫衷一是：

加拿大特许会计师协会是加拿大的会计准则制定机构，其发布的一份名为《财务报表概念》，认为财务报表概念的目的是描述那些指导建立和使用通用目的的会计原则的概念。其内容涉及财务报表的目标、成本与效益平衡、重大性、会计信息质量标准、财务报表要素、确认、计量等。

英国会计准则委员会是该国的会计准则制定机构，其发布的与财务会计概念框架相似的文件为《原则报告》，它确立了指导对外财务报表编报的概念，为会计准则委员会制定与审查会计准则，提供一个内在一致的参考框架。在特定情况下，它还可为选择不同的会计处理方法提供依据。其内容涉及财务报表的目标，会计信息质量要求，会计要素及其确认、计量，信息提供和报告主体等。

澳大利亚与财务会计概念框架相类似的文件是《会计概念报告》，依其解释：会计概念报告确定了通用目的的财务报告的编报所必须遵守的基本概念。该报告强调会计准则是概念报告的补充，在特殊情况下，准则具有优先权。其内容涉及财务报告的目标，会计信息质量要求，要素的定义及其确认和计量，财务报告信息的列报。

吴水澎（2000）在批判和吸收财务会计概念框架的定义的基础上对财务会计概念框架下了这样的定义：概念框架是指由一系列彼此相关的会计基本概念所构成的一个协调一致的体系，旨在为发展和完善会计准则提供必要的理论指导。其论述的内容涉及会计基本前提、会计目标、会计信息质量特征、会计要素及其确认和计量、财务报告。

葛家澎、陈朝琳（2011）认为，财务会计概念框架就是一系列由财务报告的目标和受目标决定的其他基本概念组成的一套理论体系[①]。

通过以上定义，我们可以总结这样几点：

（1）财务会计概念框架是财务会计体系中一个最基本的东西，是财务会计体系中的“宪章”，其基础作用相当于宪法在法规体系中的作用。

（2）财务会计概念框架是一个理论体系。这个理论体系不是无所不包，一般也不兼容不同观点，它是适应不同经济社会环境而选择的一个规范的理论体系。

（3）财务会计概念框架的主要作用是为具体会计规范服务的（如会计准则、会计制度），为新的具体会计规范的制定、已有的具体会计规范的完善

① 葛家澍、陈朝琳：“财务会计概念框架的新篇章”，《会计研究》2011 年第 3 期。

提供指导，特殊情况下还为具体会计规范的缺失起到拾遗补缺的作用。

(4) 财务会计概念框架依其形成的逻辑思路分为两类，即规范性的财务会计概念框架和描述性的财务会计概念框架。

FASB 是典型的规范性的财务概念框架，其形成的逻辑思路是演绎法，规范性的财务会计概念框架的逻辑起点的选择至关重要。

综上所述，我们认为，财务会计概念框架是财务会计理论体系中的基础组成部分，它由一些财务会计最为基本的概念所组成，它们相互关联，形成一个完整的框架体系，其目的在于指导会计准则的制定和应用。

二、构建财务概念框架的意义

作为理论体系的概念框架研究的意义体现在以下几方面。

(1) 为分析、评估和指导会计准则的发展提供一个“规范性”的理论基础。例如，FASB 在概念框架研究计划中明确申明：这些概念“将能够指导首尾一贯的会计准则，并且将说明财务会计和财务报表的性质、作用和局限性……制定、解释和应用会计和报告的准则将反复印证这些概念”。这样，概念框架将促使准则制定机构保持有关准则文告的内在逻辑一贯性，减少或避免不同准则的冲突，限制实务中相同交易的多种处理方法程序，尽可能做到规范化。

财务会计区别于管理会计的一个重要的标准是其具有一套统一的操作规范。财务会计概念框架通过对具体会计规范（会计准则或会计制度等）的作用来规范财务会计实务。这里规范有三层意思：其一是具体会计规范的制定要以财务会计概念框架作为理论指导。随着经济社会的不断进步和发展，新的交易和事项会不断出现，为规范这类交易和事项的会计确认、计量、记录和报告，制定相应的会计规范就离不开财务会计概念框架的理论指导。其二是已有的会计具体规范由于各种原因不能保证会计信息的质量要求时需要修改完善，此时也需要财务会计概念框架作为理论指导；其三是当实务中出现的交易和事项现有通用会计规范没有涵盖时，相应会计规则的制定就势在必行，此时的依据仍然是财务会计概念框架。

为什么要制定财务会计概念框架？对于制定目的，各国准则制定机构有不同的表述，如表2－1所示。

表2－1　　各国准则制定机构的目标

准则制定机构	财务会计概念框架的主要目的或作用
美国 FASB	概念框架是用来考虑各种准则备选方案优点的共同基础和基本推理，并指导新的会计准则的制定；可对现有的准则进行评估；在缺乏权威公告时作为解决会计新问题的指南
加拿大 CICA	对那些指导建立和使用通用目的的会计原则的概念进行描述，以便建立财务报表的会计准则
英国 ASB	为 ASB 制定和审查会计准则提供内在一致的参考框架；在特殊情况下为选择不同的会计处理方法提供依据
澳大利亚 AASB	会计概念公告确定了通用目的财务报告必须遵守的基本概念

以上各国的表述有差异，但共同点都是为制定会计准则提供理论指导。

（2）可以节约准则制定成本。“节约”说的是一套科学的财务会计概念框架可以减少会计实务对大量具体准则的需求，从而节约具体会计准则制定和执行成本，提高会计准则的制定和执行效率。由于经济形势变化迅速，往往有许多具体的会计准则难以及时适应会计实务的发展。如果有一套严密的概念结构，可以相对减少准则文告的数量与复杂性，或者在某些特殊场合或环境条件变化之时，可以为特定会计问题的实务处理提供一定的指南。所以，美国会计学家所罗门斯认为，“概念框架应该使节约精力可以实现，许多会计问题具有共同的要素，当该委员会（指 FASB）接触到这些问题时，不应该每一次都予以考虑”。以“安然事件”为代表的美国财务欺诈引起了人们许多反思，其中一个重要方面就是会计准则制定应以“原则”为导向，还是以“规则”为导向。普遍认为目前美国的会计是“规则”导向的产物，因此广受批评。如果有一套科学的财务会计概念框架，美国会计准则“规则”导向的情况可能就会有所改变，这是因为许多具体的强调可以通过概括性的原则来满足。

（3）有助于使用者理解财务会计和财务报告。概念框架可以增进报表提供者和使用者之间的沟通，帮助使用者了解财务会计与报告的一些基本概念与原理，理解财务报表各项目指标或会计信息的涵义、作用与局限性，据以作出恰当的分析判断和正确的经济决策。显然，使用者对财务报告的理解越全面和充分，他们就越有能力有效地运用会计信息，减少对会计准则制定与执行的抵触。所以，概念框架“可望加强财务会计报告的有用性，并赢得人们的信任”。

（4）抵制利益集团的政治压力。会计准则涉及不同集团的利益，其制定过程往往被认为带有政治色彩或者是一个政治过程。不同的利益集团都试图施加压力来干预准则的制定，也包括通过立法机构或政府出面接管会计准则的制定权限。“会计准则制定者唯一能够用来抵抗在准则过程中出现的政府干预就是证明其建立的会计准则来源于一套理论框架。否则，如何来劝说这些行业政客们，使他们相信对他们行业不利的准则要比没有这些准则更好。”（王建新，2002）所以，对民间性准则制定机构来说，应付这一方面挑战的关键对策，就是为财务会计或财务报告建立一套能够为各方面利益集团普遍认可、接受的概念框架，缓和或抵消各方面的政治压力。

正是由于财务会计概念结构具有指导会计准则制定与应用的作用，各个会计准则制定机构都坚信，只要建立了财务会计概念结构，就可据以形成一套完善且内在一致的质量较高的会计准则，并通过会计准则指导会计实务，最终实现财务报告的目标。因此，FASB 认为：财务会计概念结构是由互相关联的目标和基本概念所组成的逻辑一致的体系，这个体系能用来引导前后一贯的会计准则，并指出财务会计于财务报表的性质、作用与局限性。该委员会希望它所制定的概念结构能“指导机构负责建立会计准则”；ASB 则认为：概念结构确立了指导对外财务报表编报的概念。其主要目的是为会计准则委员会制定与审查会计准则，提供一个内在一致的参考结构。它还可以在特殊情况下为选择不同的会计处理方法提供依据。该委员会希望它所制定的概念结构“可以帮助委员会发展未来会计准则和评价现行会计准则，为委员会减少立法和会计准则所允许的多种备选处理方案提供基础”；IASC 则希望它制定的概念结构能够“帮助国际会计准则理事会发展今后的国际会计准则和复议现有的国际会计准则，为减少国际会计准则所允许的备选会计处理方法的数目提供基础，借以协助国际会计准则委员会理事会倡导协调与编报财务报表有关的法规、会计准则和程序”。

实际上，概念框架研究旨在指导未来会计准则的制定与发展，因为它企图根据新形势下会计实务的规范化要求进行概括，并非只是对现行会计实务处理的归纳描述。近20年来，西方财务会计已经越来越重视会计理论和会计实务的规范性。所以，概念框架的研究成果可能与现行的会计惯例、准则不一致，但它们将成为评估现有的会计惯例、准则以及制定与推行未来的财务会计准则、惯例的指导依据。例如，在1982年，当时的FASB主席唐纳德·柯克认为，“有了概念框架，会计准则的制定就有了方向。否则，它们的制定将是缓慢的。如果缺乏概念框架，势必招致外界集团的批评，比如指责会计准则的发展是毫无目标与宗旨的”。或者说，“只有以概念框架为指导，将来的会计准则才能以更为合理和一致的方式制定”。

应当明确，财务会计概念结构对会计准则的指导作用也有一定的局限性。因为会计准则虽然在性质上是一个技术性规范，但它的制定在一定程度上仍然无法完全摆脱政治干预和政治谈判的影响。同时，会计环境因素会影响人们对概念结构的理解，因而，财务会计概念结构作用的发挥也会受到一定的影响。这就是说，概念结构并非是万能的，并不能解决所有的会计问题。

第二节　财务会计概念框架的研究评述

目前，许多国家和国际性的会计准则制定机构都制定了自己的财务会计概念框架和类似公告。下面分别国外和国内方面逐一介绍。

一、国外CF研究述评

FASB的《财务会计概念报告》（SFAC 1－7）主要讨论了财务报告的目标、会计信息质量、会计要素、要素的确认与计量等。FASB的CF最重要的特点及贡献包括：将财务报表扩展到财务报告，以会计目标作为制定CF的起点，提出会计目标的“决策有用观”，提出完整的会计信息质量特征体系，给出了最具有代表性的会计要素定义、确认标准及计量属性的创新；但它也存在明显的缺陷，例如在研究方法上没有一贯地坚持演绎法，缺少财务报告研究项目，存在不少矛盾和含糊之处等。[①]

IASC（1989）的《编报财务报表的框架》（Framework for the Preparation and Presentation of Financial Statements）的主要内容包括：财务报表的目标、基础假设、财务报表的质量特征、财务报表的要素、财务报表要素确认、财务报表要素的计量、资本和资本保全。其主要特点有：所提出的财务报表的目标，既包括决策有用性又包含受托责任观；在质量特征中除相关性和可靠性外，还增加了可比性和可理解性；提出了两项假设：权责发生制和持续经营等。[②]

英国 ASB（1999 年）的《财务报告原则公告》（Statement of Principles for Financial Reporting）的第一段界定如下：原则公告确立了指导对外财务报表编报的概念。其主要目的是为会计准则委员会制定与审查会计准则提供一个内在一致的参考框架。它还可在特殊情况下为选择不同的会计处理方法提供依据。该公告分为七章，分别是财务报表的目标、信息质量、报表要素、确认、计量、财务信息提供和报表主体。英国的 CF 有许多重要特点。第一，提出了英国重要的会计概念“真实与公允观”（True and Fair View），并认为这一概念在英国始终处于财务报告的核心地位，“真实与公允”高于一切。“真实与公允”也是一个动态概念。如果财务报告遵循了会计准则，也就基本符合了“真实与公允”的观点；第二，明确了相关性和可靠性的关系（当相互排斥，所选择的方法应当是能使信息相关性最大化的方法）；第三，在计量方面提出历史成本和现行价值两种计量基础，必要时允许采用混合计量制度，对现行价值的多种方法如何选择论述相当详细；与 FASB 的概念公告相比，增加了“财务信息的列报”的相关内容。

加拿大 CICA 的《财务报表概念》（Financial Statement Concepts，FSC）

① 葛家澍、刘峰：《会计理论》（会计大典－第一卷），中国财政经济出版社 1998 年版。

② IASB. 2004：《国际财务报告准则 2004》，财政部译，中国财政经济出版社 2005 年版。

认为，财务报表概念的目的是描述那些指导建立和使用通用目的会计原则的概念。它主要讨论了如下一些概念：财务报表的目标、效益与成本约束、重要性、信息质量、财务报表要素、确认标准、计量、公认会计原则等。

澳大利亚 AASB 的《会计概念公告》（Statements of Accounting Concepts, SAC）与前述国家的 CF 有两点不同。首先，它确定了通用目的财务报告的编报所必需遵守的基本概念，即它们直接被财务报表实务所遵守，而不像上述国家那样，通过影响会计准则来间接影响会计实务；其次，强调会计准则是概念报告的补充，在特殊的情况下，准则可改变概念公告的要求。当准则与概念公告发生冲突时，准则具有优先权。澳大利亚 CF 的主要内容包括财务报告的目标、信息质量特征、要素的定义与确认、计量、财务信息的列报。

韩国 2003 年发布的《现行财务报告概念框架》原则上以 IASB 的概念框架为基础，反映了韩国财务报告环境的特殊性和财务报告手段等，被誉为面向未来、反映韩国国情的概念框架。它由 7 章组成，包括序论、财务报告的目的、会计信息的质量特征、财务报表、财务报表的基本要素及其确认和计量。韩国 CF 中一个特别重要的特点是："在会计理论上成为基本模型的配比概念消失，概念框架和会计准则向以公允价值评价资产负债表，并以净资产差异来计算综合收益的资产负债表为中心的观点转换"（郑基英、崔顺姬，2006 年），顺应了会计发展的历史规律，体现了先进的会计理论与方法。

二、国内 CF 研究述评

我国 1992 年发布的《企业会计准则》被认为是我国会计惯例与国际会计惯例的接轨的开始，在基本准则的引导下，从 1992 年到 2006 年初，我国的企业会计准则经历了"与国际会计惯例接轨"、"与国际会计协调"和"与国际会计趋同"等术语的迁徙和演变。但目前我国并没有单独的财务会计概念框架。

2005 年，葛家澍认为："在我国，可以有两种思路来制定会计的基本理论与概念：一是使之法规化，采用基本准则的形式，充实国际上 CF 的内容，成为企业会计准则中不可分割的会计基本概念部分。二是建立中国的 CF，肯定它是理论而不是法规，与具体准则分离。其用途仍是用来指导、评估和发展会计准则。”

作为我国目前的财务会计概念框架，财政部2006年颁布的《企业会计准则——基本准则》主要包括会计信息质量要求、资产、负债、所有者权益、收入、费用、利润、会计计量和财务会计报告。这个基本准则的优点是：树立了决策有用观和受托责任观，首次在基本准则中接受和体现了公允价值和现值，在会计计量上，提出了5种重要的会计计量属性：历史成本、重置成本、可变现净值、现值和公允价值，表明了对可靠性或反映真实性的特别关注，对保障和提高会计信息质量具有重要作用。其缺点是：会计基本准则和具体准则内部及其相互之间依然存在一些不足、矛盾和错误之处，如利得和损失作为会计要素的地位和定义欠妥；未很好地体现公允价值等，对现值和公允价值计量在各行业的特殊应用和影响需进一步厘清。

第三节　财务会计概念框架的国际比较

纵观上述各国和IASC的现行CF，可以发现其存在一定的差异。对这些差异进行分析，有助于我们了解会计理论和会计准则的发展规律和发展趋势。这些CF主要涉及财务报告目标、会计信息质量特征、财务报表要素、财务报表要素的确认和计量等四个方面。下面，分四个方面讨论上述各国和国际组织的CF的主要内容及其差异，以资借鉴。

一、关于财务报告目标

FASB的SFAC1确立了营利企业财务报告的6项目标，SAFC4确立了非营利组织财务报告的目标。FASB在财务报告目标方面主要立场有：一是以财务报告目标取代传统的财务报表目标；二是明确将决策有用性作为财务报告的主要目标；三是关注提供有关企业未来现金流量，包括数量、时间分布和不确定性的信息。

IASC《编报财务报表的框架》关于财务报表目标的定义与FASB的定义

极为相似，但在强调决策有用性的同时，IASC 特别指出，财务报表也显示管理层受托管理资源的受托责任。然而，在适用范围上，IASC 概念框架是针对营利主体的，FASB 立足于财务报告，而 IASC 立足于财务报表。

英国会计准则理事会（ASB）的《财务报告原则公告》是针对营利主体的财务报表编报的综合性基本原则与方法。ASB 认为“真实与公允观”构成财务报告整个体系的基础和财务报表最终检验的表征。因此，《财务报告原则公告》以“真实与公允”作为自身的基础。ASB 首先强调受托责任，其次才是经济决策。同时，ASB 在其概念框架中更强调使用者评价报告主体产生现金的能力。此外，与 IASC 的概念框架相类似，ASB 的概念框架中关于目标在范围上的“重点”针对财务报表而非财务报告。

加拿大特许会计师协会（CICA）的《财务报表概念》旨在帮助财务信息使用者进行资源配置决策和评价管理当局受托责任的履行情况，并分别对营利企业和非营利组织财务报表的目标进行了考察。此外，该框架着眼于财务报表而非财务报告，这一点与 IASC 相同。

澳大利亚会计准则理事会（AASB）会计概念公告第 2 号（SAC2）《通用目的财务报告的目标》认为，通用目的财务报告的目标是提供使用者制定和评价该主体的管理当局对稀缺资源的分配和帮助，解除该主体管理当局或董事会受托责任的有用信息。与英国、加拿大和国际会计准则委员会的情况相类似，澳大利亚的概念框架中关于财务报告目标的条款突出解除管理当局受托责任的目标。此外，如同美国一样，澳大利亚概念框架关于目标的界定也指向财务报告目标。

我国财政部（2006 年）《企业会计准则——基本准则》第 4 条指出，“财务会计报告的目标是向财务会计报告使用者提供与企业财务状况、经营成果和现金流量等有关的会计信息，反映企业管理层受托责任履行情况，有助于财务会计报告使用者作出经济决策”。

上述概念框架关于财务报告（表）的详细比较如表 2－2 所示。

表 2－2　　财务报告/报表目标比较

会计准则制定机构	目标		
	针对	适用范围	侧重方面
FASB	财务报告	企业与非营利组织	突出决策有用 兼顾受托责任
IASC	财务报表	营利主体	强调决策有用 兼顾受托责任
ASB	财务报表	营利主体（重新表述或改变重点后可适用于非营利组织）	受托责任在先 经济决策列后
CICA	财务报表	企业与非营利组织	资源配置决策 评价受托责任
AASB	财务报表	企业与非营利组织	稀缺资源的分配 评价受托责任
韩国	财务报告	企业与非营利组织	决策有用 评价受托责任
中国财政部	财务报告	企业（公司）	受托责任在先 经济决策列后

二、关于会计信息的质量特征

美国 FASB 的 SFAC2《会计信息的质量特征》指出，确认会计信息的质量特征有以下三个方面的作用：第一，为未来制定与财务报告目标相一致的会计准则提供指南；第二，为财务信息提供者在选择不同信息披露的方法时提供指南；第三，增进使用者了解企业和其他组织提供的财务信息的有用性和局限性，帮助他们更好地进行有依据的决策。

IASC《编报财务报表的框架》关于质量特征的描述与 FASB 以及其他有关组织的表述基本相同。它指出质量特征是指使财务报表提供的信息对使用者有用的那些性质。与其他概念框架不同的是，IASC 的概念框架在财务报表的质量特征部分，特别讨论了“真实与公允观点”，即“公允表述”问题，但未给出定义。

英国ASB《财务报告原则公告》第三章“财务信息的质量特征”认为，财务信息的有用性借助以下几个方面来评价：相关性、可靠性、可比性、可理解性以及重要性。这样的评价框架与美国和IASC的概念框架中有关会计信息质量特征的主要观点在总体上是一致的。该公告还确立了编报反映“真实和公允观”的财务报告所应遵循的原则。ASB的概念框架对受托责任与决策有用相提并论，这种立场与美国突出决策有用的立场有一定差异。

加拿大特许会计师协会会计手册第1000节《财务会计概念》给出的会计信息的主要质量特征包括可理解性、相关性、可靠性和可比性，在主要质量特征下也设有若干次级质量特征。

澳大利亚的第3号会计概念公告（SAC3）《财务信息的质量特征》沿用了财务信息应该服务于财务报告目标的特征。该公告明确了相关性和可靠性是通用目的财务报告中包含的财务信息的主要特征，认为实质重于形式对于信息的相关性和可靠性是很必要的，以经济实质而非法律形式作为会计的基础，将限制实务中大量的会计操纵。

主要概念框架关于会计信息质量特征的详细比较如表2-3所示。

表2-3　会计信息质量特征比较

会计准则制定机构	会计信息质量特征	次级特征	其他
FASB	可理解性、有用性、相关性、可靠性、可比性、重要性、成本效益原则	及时性、预测价值和反馈价值、如实表述、不偏不倚、可验证性	决策有用性
IASC	可理解性、相关性、可靠性、可比性	预测作用和确证作用，性质和重要性，真实反映、实质重于形式、中立性、审慎、完整性、及时性、成本效益	真实与公允观
ASB	可理解性、相关性、可靠性、可比性、重要性	预测价值、验证价值，如实反映、中立性、避免重大错误、完整性、审慎性、一致性、披露、使用者的能力、汇总和分类	重要性测试

续表

会计准则制定机构	会计信息质量特征	次级特征	其他
CICA	可理解性、相关性、可靠性和可比性	预测价值、反馈价值和及时性、真实反映、可验证性和中立性	适度运用稳健原则
AASB	可理解性、相关性、可靠性、可比性、及时性和成本效益原则	重要性的限制作用	实质重于形式
韩国	相关性、可靠性、可比性、成本效益原则、重要性	预测价值、反馈价值、及时性、真实性、可验证性、中立性	以实现财务报告目的为出发点来选择质量属性
中国财政部	可靠性、完整性、相关性、可理解性、可比性、重要性、谨慎性、及时性	一致性	实质重于形式

从表中可以看出，FASB、IASC、ASBA 大多数质量特征是一致的，而我国没有明确反馈价值、预测价值、可核性和中立性等会计信息质量特征。从各质量特征的相互关系来看，会计信息质量特征是一个存在内在联系的、多层次、完整的体系。相关性、可靠性、可理解性和可比性一般作为主要特征，其他都从属于这些特征。成本效益原则是指从信息中派生出来的效益应当超过提供它的成本，这是一个普遍存在的限定因素，我国没有提出这一质量特征。

三、关于财务报表要素

财务报表要素是财务报表的主要构成项目。这些项目通过金额和文字表明某一经济主体的各种经济资源、该经济主体的利益相关者对这些资源的要求权以及引起这些资源和权利发生变化的经济交易、事项和其他情况。对财务报表要素进行恰当的定义和分类，是正确进行会计确认、计量和报告的必要条件，也是制定、修订和应用相应会计准则的重要依据。

FASB 的 SFAC3 对企业财务报表要素进行了分类和定义，SFAC6 基于企业与非营利组织会计实务的共性部分修订 SFAC2 并完全替代 SFAC3，因而包括了企业和非营利组织的财务报表要素的分类和定义。与 SFAC3 相同，SFAC6 共提出了 10 项财务报表基本要素。FASB 关于财务报表要素的分类和定义对其他国家的 CF 特别是资产概念产生了深远的影响，进而影响到一些会计准则关于资产评估（减值）的立场和财务报表多重计量属性的发展。

IASC 在其《编报财务报表的框架》中列举了 6 项财务报表要素，要求根据某一项目的内在实质和经济现实，而不仅仅是其法律形式，来评估其是否符合资产、负债或权益的定义。与 FASB 和 ASB 不同的是，IASC 在业绩相关要素的讨论中引入了资本保持概念，认为资产和负债的重估价能引起权益的增加或减少；虽然这些增加或减少符合利益和费用的定义，但是根据特定的资本保持概念，不列入利润表，而是作为资本保持，调整或重估价公积计入权益。

英国 ASB《财务报告原则公告》第四章“财务报表的要素”确定 7 项财务报表要素。ASB 认为，要素是对财务报表项目的分类，包括这些交易和事项的影响的主要方面。英国 CF 既强调未来经济利益的概念以衡量资产和负债，又强调所有者权益的概念以衡量利得和损失。这样，势必导致多重计量属性在财务报表要素的确认中的广泛使用，同时也采纳了总括收益观。

加拿大特许会计师协会会计手册第1000 节《财务会计概念》列举了 7 项会计要素，并对这些要素进行了定义。这些概念定义与英国财务报表要素的定义一样，会导致多重计量属性在财务报表要素的确认中的广泛使用，同时也采纳了总括收益观。

澳大利亚的第 4 号会计概念公告《财务报表要素的定义和确认》明确了财务报表的 7 项要素并对这些要素进行了定义。澳大利亚的概念框架中关于财务报表要素的定义也受到美国概念框架的深刻影响。这样的定义与英国和加拿大关于财务报表要素的定义一样，会导致多重计量属性在财务报表要素的确认中的广泛使用。

主要概念框架财务报表要素的详细比较如表 2 – 4 所示。

表 2－4　　　　财务报表要素比较

会计准则制定机构	财务报表要素	适用范围	其他要求
FASB	资产、负债、权益、业主投资、业主派得款、全面收益、收入、费用、利得和损失	企业及非营利组织	
IASC	资产、负债、权益、业绩、收入和费用	企业	实质重于形式、资本和资本保全概念
ASB	资产、负债、所有者权益、利得、损失、业主投资、业主派得	企业	
CICA	资产、负债、权益/净资产、收入、费用、利得、损失	企业及非营利组织	
AASB	资产、负债、权益/净资产、收入、费用、利得、损失	企业及非营利组织	
韩国	资产、负债、资本、所有者投资、对所有者的分配、综合收益、收入、费用、营业活动现金流量、投资活动现金流量、筹资活动现金流量	企业及非营利组织	
中国财政部	资产、负债、所有者权益、收入、费用、利润		

四、关于财务报表要素的确认和计量

美国 FASB 在 1984 年发布了 SFAC5《企业财务报表要素的确认和计量》，2000 年又发布了 SFAC7《在会计计量中使用现金流量信息和现值》，作为对 SFAC5 的补充和完善。

SFAC5《企业财务报表要素的确认和计量》首次对会计确认的概念进行了界定，并明确了会计确认的标准。该公告指出："确认是指把一个项目作为资产、负债、收入和费用等等之类正式加以记录并列入财务报表的过程。确认包括以文字和数字来表述一个项目，其数额列入财务报表的合计数之内。”FASB 的 SFAC5 明确提出了财务报表信息的四条基本确认标准，即可定义性、可计量性、相关性和可靠性，并对收入、利得、费用和损失的确认提供了更为具体的标准。SAFC5 提出了五种可以在财务报表中使用的计量属性，并允许采用符合确认标准的其他计量属性。

SFAC7 研究了会计计量中现值计量的目的，提供了指导现值使用的一般原则，尤其是当未来现金流量的金额、时间分布或这两者均不确定时。该概念公告为在初始确认或新起点计量（fresh - start measurements）时，使用未来现金流量作为会计计量基础以及发挥利息法在会计摊配中的作用，提供了一个比较完整的指导框架，它强调现金流量和现值的运用。这份文告集中讨论初始确认或新起点会计计量中的现值问题，指出在初次确认和新起点计量中使用现值的唯一目的是估计公允价值。该文告指出初始确认或新起点会计计量中的现值问题涉及的主要方面：会计计量、应用现值的分配（利息分配法）、该公告中的现金流量与利率概念和在其他会计计量中的现金流量与利率概念的比较。

IASC 在其概念框架中界定了计量，支持计量基础以历史成本为主，并与其他计量基础混合使用的观点，还专门讨论了资本保持的问题。IASC 指出，尽管大多数企业在编制财务报表时采用资本的财务概念，但企业选择适当的资本概念，要以其财务报表使用者的需要为基础。企业所选择的资本概念，表明了在确定利润时所要达到的目标。IASC 并未对资本保持概念的选择予以限制。

英国 ASB 的《财务报告原则公告》界定了确认和计量，提出两项计量基础，支持采用历史成本和某些现行价值计量财务报表中的某些类别，从而使其会计计量体系具有混合计量的特征，但其对公允价值的推崇程度低于美国。

加拿大的 CF 认为，关于财务报表要素确认的一般标准必须同时满足以下两点：（1）该项目有适当的计量基础，并能够对涉及的金额作出合理的估计；（2）对于涉及未来经济利益获得或牺牲的项目，这种经济利益的获得或牺牲是很可能发生的。同时，该概念框架还对收入和费用等损益要素的确认提供了具体的指南。此外，加拿大的概念框架要求按照财务资本保持观念编制财务报表，并且不调整当期货币一般购买力的变动对资本的影响。

澳大利亚 AASB 的第 4 号会计概念公告《财务报表要素的定义和确认》研究了财务报表要素的确认和计量问题，认为确认标准是围绕要素存在的可能性而建立的，并且基于对其可靠地加以计量的能力。该公告对每一报表要素规定两项确认标准：概率测试（The Probability Test）和可靠计量测试（The Reliable Measurement Test）。该概念公告不推荐预期价值法。关于概率测试，通常认为如果发生的概率是 50% 或以上，该概率测试就被满足。概率测试对所有报表要素以同样方法应用，因而与稳健主义不一致。可靠计量测试主要指历史成本计量。可见，澳大利亚的概念框架的思路尽管在计量属性方面采纳了国际流行的概念框架的观点，但关于概率测试的做法却十分特别，明显有别于传统会计的稳健原则。

主要概念框架财务报表要素的确认与计量详细比较如表 2－5 所示。

表 2－5　　财务报表要素的确认与计量

会计准则制定机构	财务报表要素的确认与计量	其他
FASB	计量属性： 5 号概念公告提出五种可以在财务报表中使用的计量属性：历史成本、现行成本、现行市价、可实现（结算）净值、未来现金流量的现值（或折现值） 7 号概念公告建议使用未来现金流量的折现值，认为现值计量属性主要是作为一种摊销方法	公允价值
IASC	计量基础：历史成本、现行成本、可变净现值和现行价值	资本保持 公允价值
ASB	计量基础：（1）历史成本，指成本与可收回额孰低； （2）现行价值，指重置成本与可收回额孰低	公允价值
CICA	采用历史成本计量基础，也可以有条件地使用其他计量基础（重置成本、可变现价值、现值）	财务资本保持观念
AASB	历史成本会计计量属性：取得成本，主要应用可靠计量测试，某些情况下可以使用市场价值，对所有报表要素以同样的方法应用概率测试，不推荐预期价值法	概率测试 可靠计量测试

续表

会计准则制定机构	财务报表要素的确认与计量	其他
韩国	计量属性：取得成本、历史现金收取额、公允价值、企业特有价值、净值、可变现价值、履行价格	
中国财政部	计量属性：历史成本、重置成本、可变现净值、现值、公允价值	

五、财务会计概念框架国际比较的启示

从以上分析可以得到以下启示：（1）公允价值符合会计发展的历史规律，在会计中越来越多地采用公允价值计量属性是一种历史大趋势；（2）需要确定概念框架是否涵盖非营利组织；（3）需要及时追踪和准确把握财务会计概念框架和会计准则的全球趋同走向；（4）需注意对准则与框架不相一致的情况进行必要性判断和妥善取舍；（5）应当把概念框架视为一个随着时间的推移，根据在实践中的应用所积累的经验而发展的阶段性文件，而非一成不变的准则指南。

第四节　国际上典型概念框架的制定与内容

在各国和国际组织的准则制定机构制定的财务会计概念框架中，美国、英国和国际会计准则委员会（后更名国际会计准则理事会）的概念框架更具有代表性，以下我们做个比较，通过比较，可为我国的概念框架制定提供借鉴。

一、美国财务会计概念框架的制定

目前，美国 FASB 颁布的 7 份财务报告概念公告是 CF 的一个范本，美国 CF 的形成是一个不断完善的过程。

（一）ARS No. 1 与 ARS No. 3

AICPA（美国注册会计师协会）在组建 APB（会计原则委员会）取代

CAP（会计程序委员会）之后，成立了会计研究部进行了一系列会计基本理论研究，先后颁布了15份ARS（会计研究论文集），包括最具概念框架性质的ARS No. 1《会计基本假设研究》和ARS No. 3《试论企业广泛适用的会计原则》，都试图以会计基本假设为逻辑起点构建“会计基本假设→会计基本原则→会计准则”的模式，但却被APB Opinions所否定。可以说，APB时期学术界以“会计基本假设”为逻辑起点构建财务会计概念框架的尝试在当时并未获得认可，但它们的创新意义是影响深远的。

（二）APB Statements No. 4

20世纪60年代初，APB发表的第2号意见书《投资贷项的会计处理》因主张“递延法”而与SEC主张的“流尽法”相背离，不得不于1964年4月重新发布第4号意见书取代第2号意见书，允许两种会计处理均可使用，这显然打击了APB制定的意见书的威信。基于这一事件，AICPA在1964年10月通过理事会致AICPA成员的一封信表示，给予APB Opinions以重大的权威支持。此外，APB在否定了ARS No. 1、No. 3后，继续研究与会计准则相关的基本理论，并于1970年10月形成了APB的第4号报告——《企业财务报表的基本概念和会计准则》。APB第4号报告作为一份历史的财务会计理论文献，即对当时的会计实务作了描述和概括，又对若干概念以及公认会计原则的各个层次作了系统并有创见的分析，列举了财务会计的13项基本特征：会计主体、持续经营、经济资源与义务的计量、时间分期、按货币计量、应计、交换价格、近似值、判断、通用的财务信息、基本的财务报表、实质重于形式、重要性等。

（三）《特鲁伯鲁德报告》对CF的贡献

1971年1月，AICPA的理事会成立了两个委员会，分别是以Francis M. Wheat为首的会计准则建立委员会和以Robert M. Trueblood为首的财务会计目标委员会。前者研究的结果是建议组建独立、超然的FASB取代完全由AICPA控制的APB，后者则于1973年10月发表著名的《特鲁伯鲁德报告》——“财务报表的目标”。AICPA要求Trueblood Committee回答四个问题：

1. 谁需要财务报表？

2. 他们需要什么信息？

3. 会计师能够提供他所需要的信息是什么？

4. 要提供所需要的信息应建立什么框架？

Trueblood Report 共提出 12 项目标，其实是以一个目标为主，其他 11 项名义为目标，实质是对 AICPA 提出的 4 个问题分层次进行补充说明：(1) 基本目标即决策有用性；(2) 一般使用者；(3) 用途；(4) 组织；(12) 社会使用者需要的信息；(4) 盈利能力；(5) 受托责任。信息的特征：(6) 真实的和解释性的；第 (7)、(8)、(9)、(10) 项目标是指提供上述信息应编制的四类财务报表，包括资产负债表、收益表、财务活动表、财务预测表。

Trueblood Report 还提出对后来 FASB 制定 CF 有参考价值的 7 项财务报告的质量特征：相关性和重要性、实质重于形式、可靠性、不偏不倚、可比性、一致性和可理解性。

(四) FASB 的 SFACs

1973 年 FASB 在成立之初即开展了关于财务会计概念框架问题的大量研究，1978 年起，美国财务会计准则委员会陆续发布财务会计概念公告 (SFAC)，共八个公告，具体内容在下面讨论。

二、美国财务会计概念框架内容、特点及其评析

到目前，美国财务会计准则委员会共发布了八号概念公告，形成了一个完整的概念结构体系，如表 2 -6 所示。

表 2 -6　　美国财务框架概念公告

编号	公布时间	标题
SFAC1	1978 年 11 月	企业编制财务报告的目标
SFAC2	1980 年 5 月	会计信息的质量特征
SFAC3	1980 年 12 月	企业财务报表的要素
SFAC4	1980 年 12 月	非营利组织财务报告的目标
SFAC5	1984 年 12 月	企业财务报告的项目的确认和计量
SFAC6 (取代 3)	1985 年 12 月	财务报表的要素

续表

编号	公布时间	标题
SFAC7	2000 年 2 月	在会计计量中使用现金流量信息和现值
SFAC8（取代 1、2）	2010 年 9 月	财务报告的概念框架

这些公告所涉及的理论元素主要有：会计信息使用者、基本会计目标、会计信息质量特征、会计报表要素、确认与计量、会计假设、会计原则、操作性限制、会计程序与方法。它们之间体现的理论逻辑可分为目标理论、基础理论、运行理论和呈报理论四个层次，如表 2－7[①] 所示。

表 2－7　**FASB 的 SFAC 理论逻辑结构**

<table>
<tr><td>目标层次</td><td colspan="6">目标理论（第 1 号，第 4 号）</td></tr>
<tr><td>基础层次</td><td colspan="3">要素理论
（第 3 号，第 6 号）</td><td colspan="3">质量特征理论（第 2 号）</td></tr>
<tr><td>运行层次</td><td colspan="2">确认标准
（第 5 号）</td><td colspan="2">财务报表与财务报告</td><td colspan="2">计量（第 5 号）</td></tr>
<tr><td>呈报层次</td><td colspan="2">盈利报告</td><td colspan="2">报告资金流量与流动性</td><td colspan="2">报告财务状况</td></tr>
</table>

（一）概念框架的主要内容

1. 第 1 号公告

该公告与企业财务报告目标相关，认为企业财务报告的目标是为生产经营和经济决策提供有用信息，即通常所说的决策有用观，体现了以使用者为导向的观点。该公告假定财务报表的使用者通晓财务信息和报告知识。该公告也注意到受托责任的重要性，即根据管理层对所有者和其他利益集团履行职责的评估情况以决定是否解除管理层的受托责任。该报告认为：会计信息的提供与使用受成本效益原则的约束；财务报告信息无法覆盖所有企业信息；

① ［美］艾哈迈德·里亚希-贝克奥伊：《会计理论》，钱逢胜等译，上海财经大学出版社 2004 年版，第 133 页。

权责发生制在评估和预测企业盈利水平及现金流动性时具有重要作用；信息提供者提供信息应充分考虑其对预测和评估的有用性，预测和评估则是信息使用者的自我行为。

2. 第 2 号公告

该公告主要涉及的是会计信息质量特征的内容，即决策有用的信息的标准是什么。FASB 以决策有用观为目标导向，建了一套会计信息质量特征体系，这个体系中关于会计信息质量特征有主有次，还有约束条件和确认质量的界限。约束条件是财务信息的效益一定要超过其成本。这个普遍性的约束条件援引的是信息经济学的观点。虽然这是概念框架中必要的组成部分，然而也可能是概念框架在实际应用过程中最难操作的部分。实际上，不可能找到一种衡量不同的成本和效益的、可靠的和量化的标准。会计信息的效益主要以投资者和债权人为主的各种信息使用者，在决策过程中利用效益的效用表示的。因而，会计信息的效益是指关于会计信息与决策、经营责任目标相关的有用性。而会计信息的成本则包括两块内容：其一是信息产生的直接成本，发生在搜集、整理和传播的过程中；其二是间接成本，一是公开信息会产生竞争劣势，二是信息的可理解性。

3. 第 3 号公告

第 3 号财务会计概念公告涉及的是财务报表的要素内容，提出了十项财务报表要素，并对其下了定义。第 6 号财务会计概念框架后来替代了第 3 号财务会计概念框架。

4. 策 4 号公告

该公告主要涉及非营利组织的财务报告的目标。

5. 第 5 号公告

该公告涉及的是确认和计量中的难题，并没有试图完全解决确认和计量问题。正如公告第二段所指出的："该公告中的确认标准和指南通常与实际情况相一致，因此并不意味着有根本的变化，也不能排除在实际中未来变化的可能性。委员会把未来变化看作是一个具有过去变化特征的逐步演变过程。"公告指出，公告中讨论的概念严格应用于财务报表中，并非其他披露方式。公告提出的呈报财务信息的不同形式，对盈利和全面收益、确认标准、计量属性进行了阐述。

6. 第 6 号公告

该公告替代第 3 号公告，而不是对第 3 号公告的修订。第 6 号财务会计概念公告关于会计要素的定义与第 3 号公告是相同的，增加的是对非营利组织的财务报表要素的讨论以及第 2 号公告关于会计信息质量特征被扩展应用到非营利组织中。实际上第 6 号公告对财务会计概念框架没有增加新内容，有的只是原有内容的拓展。第 6 号公告对财务报表十大要素定义为：

（1）资产（Assets）指特定主体由于过去的交易或事项所拥有或控制的可预期的未来经济利益。

（2）负债（Liabilities）指特定主体由于过去的交易或事项而在现在承担的在未来向其他主体交付资产或提供服务的责任，这种责任将引起可预期的经济利益的未来流出。

（3）权益或净资产（Equity）指主体的资产减去负债后的剩余权益。在企业中，权益是业主的权益。非营利组织和企业不同，不存在业主权益。其净资产根据是否存在出资人限定的用途分为三类：永久限定、暂时限定和非限定。

（4）业主投资（Investments by Owners）指由于其他主体为取得或增加在某一企业中的权益，而把有价值的东西交付给企业，从而形成某一特定企业的资产的增加，是经营企业中权益的增加。业主投资最常见的形式是投入资产，但是投入的标的物也可以包括服务，或是企业负债的偿还与转让。

（5）分派业主款（Distributions to Owners）指由于企业对业主拨付资产、提供服务或承担负债而形成的某一特定企业的净资产的减少。分派业主款减少了企业中的业主权益即净资产。

（6）全面收益（Comprehensive Income）指一个主体在某一期间与非业主方面进行交易或发生其他事项和情况所引起的权益（净资产）变化。它包括报告期内除业主投资和分派业主款以外的一切权益上的变化。

（7）收入（Revenues）指一个主体在某一期间通过销售或生产货物、提供服务或来自构成该主体不断进行的主要经营活动的其他业务所形成的现金流入，或其他资产的增加，或负债的偿清（或两者兼而有之）。

（8）费用（Expenses）指一个主体在某一期间由于生产和销售产品、提供服务，或由于从事其他经济业务（构成该主体不断进行的主要经济活动）而发生的现金流出或其他资产的耗用，或负债的承担（或两者兼而有之）。

（9）利得（Gains）指一个主体由于在其主要经营活动以外的或偶然发生的交易，以及在某一期间除了由于收入、业主投资所引起的，影响该主体的所有其他交易和事项（事件）导致的权益（净资产）的增加。

（10）损失（Losses）指一个主体由于在其主要经营活动以外的或偶然发生的交易，以及在某一期间除了由于费用、分派业主款所引起的，影响该主体的所有其他交易和事项（事件）导致的权益（净资产）的减少。

7. 第7号公告

第7号公告讨论的是一些具体的计量问题。它不是对第5号公告的否定和替代，而是会计计量问题上的补充和完善。FASB是根据特鲁伯鲁德委员会报告中强调的现金流量的重要性于1988年启动了该研究项目，在2000年公布。

（二）概念框架的特点及其评价

美国的概念框架概括而言，所叙述的内容是比较详细的，充实而且相当严谨，公告基本做到了自成一个完整的体系，存在很多独创性，值得我们借鉴。

其特点和优点有几个方面；

（1）不再以会计假设作为起点，而是以目标为概念框架的起点，这一做法，几乎影响了后来所有的概念框架制定者。

（2）首先提出了提供对经济决策有用的信息是财务报告的目标，即“决策有用性”，概括为三点：提供现在和潜在的投资者、债权人和其他使用者作出合理的投资、信贷有用的信息；提供有助于现在和潜在的投资者、债权人和其他使用者估计一个企业预期现金净流量的金额、时间安排和不确定性并依此为基础估计他们自己的现金流入的信息；提供与企业有关经济资源，及对资源的主权变动产生影响的信息。

（3）提出了会计信息质量特征的完整性框架及其层次联系，把相关性和可靠性列为主要质量特征。这一点被其他CF所仿效，后来英国增加了可理解性和重要性，加拿大增加了可理解性和可比性。

(4) 会计要素的划分及其定义具有新意，对其他国家和 IASC 有影响：10 个要素中，资产、负债、所用者权益是资产负债表的基本要素，收入、费用是收益表的依据，业主投资和派给业主款是使用者权益变动表的要素，而全面收益是全面收益表的要素（包括利得和损失）。由于权益普遍采用权责发生制为确认基础，通过转换，可以产生另外一张报表——现金流量表，因此没有为现金流量表规定其特有的要素。

在会计要素方面有重要的突破，突出表现在：

一是它不是定义而定义，对要素的定义有明确的目的，是为了在记录和报表中通过一项最基本的标准。

二是要素的定义由若干特点合成的。换言之，把定义拆开就是其特点，组合起来就是定义，这样在确认某项目是否属于某要素时，不是抽象地说它符合要素的定义，而应该检验其符合要素的所有特点。

三是定义时充分考虑财务会计是以提供历史信息为主的基本属性，认为一些要素特别是资产、负债、权益都来自过去的交易或事项，但都代表着面向未来的一系列可能的、经济利益的不同变化。

(5) 在确认与计量方面的重要创新是提出确认的四项标准：可定义性、可计量性、相关性、可靠性，同时补充了对盈利构成内容（主要是收入和费用）确认的指南，在计量方面，主张根据项目的性质和计量属性的相关性和可靠性的不同，各种计量属性同时并存。但 7 号公告倾向于采用公允价值。

以上是其优点，给其他国家制定 CF 包括 IASC 制定概念框架提供了有益的借鉴。

存在的缺点是：

(1) 内容过于详细，与其制定的会计准则有同样的缺点：面面俱到，主次不分，重点不突出而且论述重复甚至有明显的矛盾。

(2) 缺少非常重要而必要的一项，财务报表的列报和财务报表其他手段的披露。本来在 5 号公告后应该是有关报表列报（确认）和表外披露的内容，但最终却是第 7 号《会计计量中应用现金流量和现值》，其目的在于探求在不可观察到市场价格下的公允价值。可见美国制定和发展 CF 的项目不但重点研究基本概念，而且服从于当前的会计实务积极推广公允价值的需要。

（3）7 份公告中存在不少含混不清和矛盾之处。例如 2 号公告对于相关性和可靠性发生矛盾时的取舍问题一直避而不谈。还例如在 6 号公告中，定义负债、所有者权益都把它们同一个主体的未来经济利益联系起来，认为它们“都属于相同的一批可能的未来经济利益。”但定义综合收益（全面收益）及其组成要素却不再提未来的经济利益（例如收入、利得是流入或增加，费用损失时流出或减少），导致定义提法不一致。

三、英国财务会计概念框架

英国的财务会计概念框架研究主要由其准则制定机构组织，在有关财务会计概念结构的内容上，先后有两个文件。

（一）ASSC 发布的《公司报告》

1976 年 7 月，英格兰及威尔士特许会计师协会（The Institute of Chartered Accountants in England and Wales，简称 ICAEW）所属的会计准则筹备委员会（The Accounting Standards Steering Committee，简称 ASSC）发表了题为《公司报告》（The Corporate Report）的征求意见稿，虽然它不能称之为严格意义上的财务会计概念框架，但却被视为研究英国财务报告的使用者、目的和方法的第一份理论文件，并为概念框架的发展奠定了基础。这份报告在目标、确认、计量、特别是应发展的新的财务报表和报告等方面均有新意。对传统的会计与报告模式进行了抨击，它主张用现行成本取代历史成本。《公司报告》中的诸多观点，直接影响到 ASB 制定的具有财务会计概念框架性质的公告《财务报告原则公告》，该报告的主要内容包括如下几部分：

1. 概念与目的

（1）基本宗旨。主要包括谁应该向谁报告什么、公共责任、公司报告的使用者等。

（2）使用者及信息需求。主要包括使用者群体的辨别、投资者、雇员、债权人、分析咨询者、企业契约集团、政府、公众。

（3）公司的报告目标。包括基本目标、需要的特征及披露限制等。

（4）财务报告的现状评论。包括传统的观点、公司报告的特征、公司以外其他主体的公司报告、公司法、私有部分主体、地方政府、中央政府、其他公共组织、社会及行业发展部门、企业目标、额外需要的业绩指标等。

2. 计量与方法

（1）信息交流、公开、频率与传播。

（2）公司报告的范围与内容。包括现行报告实务的缺陷，需要的其他报表、增值表、雇员报告、与政府之间的货币互换报表、外币交易报表、未来发展前景报表、公司目标表述、社会会计、披露与分解、其他报表等。

（3）财务报表中的概念与计量。包括基本报表、收益表、财务状况表、资金流动表、利润概念、计量基础、历史成本、现行购买力基础、重置成本、可变现净值、企业价值。

（二）ASB 发布的《财务报告原则公告》

1990 年英国新的会计准则理事会（Accounting Standards Board，简称 ASB）成立，取代了会计准则委员会，1999 年 12 月发表了完善的《财务报告原则公告》。该原则公告不仅包括了各国和 IASC 概念框架中所有已包括的内容，并有自己的独特见解，而且还增加了“财务报告表述”和“报告主体”两个新的部分。它的全部内容如下：财务报表的目标、报告主体、财务报告的质量特征、财务报表的要素、财务报表的确认、财务报表的计量、财务报表的呈报、对在其他报告主体中的权益的会计处理。

四、IASC 的财务会计概念框架

1989 年 7 月，IASC 正式发布了《编报财务报表的框架》，同时，IASC 颁布的《财务报表的可比性》的征求意见稿和 1990 年由 IASC 理事会发布的文件《财务报表的意向书》，这两份文件的作用与概念框架相似，1995 年 IASC 着重研究《财务报表表述》，以指导 IAS1、IAS5 和 IAS13 的改革，并完善充实《编制财务报表的框架》中未曾涉及的财务报表“表述”的基本概念。IASC 的概念框架发布近 20 年，从未进行过任何修订。IASC 改组为国际会计准则理事会（IASB）后，有意在近期内考虑该框架的有关方面。

IASC 1989 年的概念框架也有一些自己的特色：

（1）与 FASB 相比，IASC 的概念框架里直接涉及基础假设的内容，分别为权责发生制和持续经营。

（2）会计目标兼容了决策有用观和受托责任观。

（3）会计信息质量特征与 FASB 的差别主要包括主要质量特征的数量不同，主要质量特征所含的次要质量特征不一。

（4）会计五个要素分别为资产、负债、权益、收益和费用。

（5）与 FASB 的四项确认标准不同，IASC 为两项，分别是“与该项目有关的未来经济利益将很可能流入或流出主体”和“对该项目的成本或价值能够可靠地加以计量”。

（6）计量属性为历史成本、现行成本、可变现价值（结算价值）、现值。

（7）增加了资本和资本保全概念。

第五节　构建我国财务会计概念框架的思考

我国至今没有严格意义上的财务会计概念框架，构建财务会计概念框架在我国具有特别意义。

1992 年《企业会计准则》（后被称为基本准则）颁布前，我国实行与计划经济体制相适应的会计制度。随着计划经济向市场经济转型的过渡，在基本准则的引导下，从 1992 年到 2006 年我国的企业会计准则体系经历了“与国际会计惯例接轨”、“与国际会计协调”和“与国际会计趋同”等术语的演化，其间借鉴国外会计规范构建了一套较为完整的会计规范体系。新旧两套会计规范，基本能满足财务会计的确认、计量、记录和报告的需要，但仍存在不足。

一、有关讨论与我们的观点

我国自 20 世纪 80 年代末期开始会计准则的系统研究以来，学术界和实务界围绕是否应该拥有中国的财务会计概念框架一直存在争论。特别是我国《企业会计准则》1993 年 7 月实施后，对这一问题的研究愈加深入。

围绕这一问题的讨论主要有三个方面：一是关于财务会计概念框架与会

计理论的关系如何认识；二是关于制定我国财务会计概念框架的基本方式，究竟是以《企业会计准则——基本准则》代替财务会计概念框架，还是专门制定财务会计概念框架；三是关于我国财务会计概念框架的基本内容，及其会计层次的划分问题。其中最突出的是会计基本准则与概念框架的关系问题。

特别是由于 1992 年《企业会计准则》运行效果并不十分理想，人们在探求其出路时，概念框架就顺理成章地成为会计理论研究的热点，以至于怎样处理《企业会计准则》与财务会计概念框架之间的关系，仍是目前会计理论界争论的焦点问题。有人认为可将《企业会计准则》称为我国的“财务会计概念框架”。对此，我们尚有疑问。

首先，从中西方会计准则体系比较来看，美国、英国等许多国家包括国际会计准则委员会，都把概念框架作为一份（或一系列）单独的会计文件独立于会计准则进行公布，只不过各国对概念框架的称呼不一样，而我国则将会计的基本概念归集到基本准则之中，并没有另外单独公布财务会计概念框架。

其次，从我国基本会计准则的功能来看，基本会计准则统驭具体会计准则，具体会计准则的制定是以基本会计准则为依据的。但是，由于我国的《企业会计准则》存在以下两个重大缺陷，并不具备为制定具体会计准则提供理论的功能：第一，理论阐述不够充分。作为具体会计准则制定依据的一些基本会计概念，必须在理论上阐述清楚，而《企业会计准则》对此仅作了原则上的规定，行文过于简略，作为理论依据的理论阐述成分太少。第二，缺乏理论深度。财务会计概念框架，是评估现有的具体会计和发展新的具体会计准则的理论，因而必须对其所包含的一些基本会计概念的内涵、外延、作用和适用范围进行深入的论述。而《企业会计准则》只是将一些基本概念作了抽象的描述，未作深入透彻的原理性论证，理论揭示的深度、力度都不够。

再次，从我国基本会计准则的适用范围来看，《企业会计准则》规定适用于我国境内的所有企业，但在实际运行中愈来愈表现出缺乏调整力度的问题，许多企业的会计人员感到无所适从。

最后，从我国基本会计准则的内容来看，《企业会计准则》目前存在着会计目标表达抽象；会计信息质量特征之间的关系模糊，缺乏可操作性；会计要素定义不够科学、完整等问题，因而尚不能用来指导具体会计准则的制定。

针对二者之间的关系，当前我国会计理论界主要有三种观点：

（1）“同一论”，将《企业会计准则》认同为我国的财务会计概念框架，并对其进行适当修改；

（2）“并存论”，在对《企业会计准则》进行适当修改的基础上，再构建一份概念框架，这样我国的会计准则体系就分成了三个组成部分：财务会计基本前提概念、基本准则、具体会计准则；

（3）“替代论”，取消《企业会计准则——基本准则》，重新构建我国的“财务会计概念框架”，并且，不再赋予其基本会计准则的身份。

葛家澍教授在其论文《制定中国的财务会计概念框架，可以分两步走》（《会计研究》2005 年第 6 期）中认为：“在我国，可以有两种思路来制定会计的基本理论与概念框架：一是使之法规化，采用基本准则的形式，充实国际上 CF 的内容，成为企业会计准则整体中不可分割的会计基本概念部分；二是建立中国的 CF，肯定它是理论而不是法规，与具体准则分离，其用途仍是用来指导、评估和发展会计准则。

我们赞成第三种做法。对于“同一论”，前文已进行了剖析．在此不再赘述；对于“并存论”，其做法在现实中也无必要，一是容易导致一些不必要的重复与矛盾；二是会增加会计准则与会计理论之间相互协调的难度。笔者之所以赞同第三种做法，即“替代论”，理由如下：

（1）财务会计概念框架的形式可以避免基本会计准则理论深度不够、理论阐述不多、有些原则空泛抽象、缺乏可操作性的弊端，摆脱因具体会计准则的修改而不断修改的局面。而且在财务会计概念框架中，可以对一些重要理论问题进行充分论述，以便在理论发展的基础上，对实践起指导作用。

（2）运用财务会计概念框架形式，可以避免基本会计准则与具体会计准则的重复问题，加强会计约束机制的严肃性。因为基本会计准则中包括的许多内容可以在具体会计准则中得到体现，如对会计要素的定义、确认与计量，在具体会计准则的要素准则中必然要涉及。

（3）以财务会计概念框架取代基本会计准则之后，也就不存在所谓基本会计准则的适用范围问题，而是将其作为评估、理解和发展具体会计准则的理论依据。

（4）以财务会计概念框架取代基本会计准则，可增强会计信息使用者对财务报告所提供信息的理解，便于广大会计人员对具体会计准则的理解。

二、《企业会计准则——基本准则》所体现的财务会计概念框架

2006年发布的会计准则体系，将西方同行的财务会计概念框架的核心内容体现于《企业会计准则——基本准则》中，基本形成了具有过渡性的财务会计概念框架。在“总则”部分规定了准则制定的目的和依据、适应范围、财务会计报告的目标、会计主体、持续经营、会计期间、货币计量、权责发生制、会计要素和记账方法等，还指出企业会计准则的结构包括基本准则和具体准则，具体准则的制定应遵循基本准则的关系。在“会计信息质量要求”部分提出可靠性、相关性、明晰性、可比性、实质重于形式、重要性、谨慎性和及时性等。“会计要素”部分明确了资产、负债、所有者权益、收入、费用和利润六大要素，分别定义并规定了它们的确认条件。在“会计计量”部分，指出企业在将符合确认条件的会计要素登记入账并列报于会计报表及其附注时，应当按照规定的会计计量并确定其金额，并规定了历史成本、重置成本、可变现净值、现值和公允价值等五种计量属性，要求企业在对会计要素进行计量时，一般应该采用历史成本，采用重置成本、可变现净值、现值、公允价值计量的，应当保证所确定的会计要素金额能够取得并可靠计量。在“财务会计报告”部分分别规定了财务会计报告的概念和内容以及资产负债表、利润表、现金流量表和附注的基本内涵。

从中可以看出，现行《企业会计准则——基本准则》所包含的内容，已经比较完整地体现了西方通行概念框架所涉及的会计目标、会计假设、会计信息质量特征、会计要素及其确认、会计计量与财务报告等主要方面，是一个适应目前我国会计实务和理论研究不统一的过渡时期的概念框架，财务会计概念框架的构建和完善将是一个长期的过程，需要根据环境的变化而不断地修订和完善。

三、如何构建我国的财务会计概念框架

借鉴西方的研究成果，结合我国国情，我们认为，我国的财务会计概念框架应由以下三个层次构成。

第一层次，主要包括会计目标、会计对象和会计假设三项内容。会计目标，主要应确定：(1) 谁是会计信息的使用者？(2) 会计信息使用者需要什么信息？(3) 财务会计可提供什么信息？在充分考虑会计对象和会计假设的情况下，会计目标对具体会计准则的制定起着指引方向的作用。我国的财务会计目标应定位于三个目标：国家宏观调控需要、外部利益相关者需要、企业内部经营需要。会计对象，即会计所要反映和管理的内容。会计假设，是由财务会计所处的经济环境（市场经济）所决定的若干基本前提，这些基本概念代表了财务会计的基本特征。会计目标、会计对象、会计假设，都受会计环境的影响决定；会计对象来自于财务会计的客观环境，三者相互作用，相互影响，处于同等地位，所以会计目标、会计对象、会计假设构成财务会计概念框架的第一层次。

第二层次，主要包括三部分内容：即会计要素、会计信息质量特征和会计核算的一般原则。受基本假设的制约，考虑财务会计的目标，会计对象便具体化为财务会计的要素。为了实现会计目标，保证会计信息的有用性，会计信息应具备规定的质量特征。为了正确地进行会计要素的确认、计量，提供有用的会计信息，会计核算必须坚持一般原则。

第三层次，主要包括会计要素的确认、计量、记录与财务报告四部分内容。根据确认与计量的概念和标准，将应由财务会计系统处理的数据按照会计要素的定义与特性，分别当作不同会计要素及其所属的账户来计量、记录，并通过会计报表和其他财务报告等手段，转变为有用的会计信息，传递给会计信息使用者，这就是财务会计的最终要求。因此，这一系列的会计处理过程构成了财务会计概念的第三层次，也是最终层次。

第三章
财务报告目标的争论及其融合

第一节 财务报告目标研究的简要回顾

一、财务报告目标及其理论价值

财务会计作为一个人造的信息系统，通过财务报告体系向企业的利益相关者传递决策有用的信息。这个系统总是依存于产生和运用它的经济政治法律等环境，所以，出现了若干基本假定和假设，为系统的运行设定了来自客观环境的基本前提。因为按照系统论的观点，会计是一个经济信息系统，而经济信息系统要运行，就必须要有一个明确的财务报告目标以指引运行的方向。财务会计的目标的研究实际上就是人们为什么需要财务会计的问题。由于处在会计主体外部的利益关系集团需要了解有关该主体的许多重要经济信息，以便用于进行投资、信贷和其他经济决策，并用于评估管理当局对受托资源的经营管理责任，从而进行经济决策和人事管理与监督，这就是会计信息系统的目标。

财务会计是几个系统的结合：一是行为系统，二是准则系统，三是概念系统。行为系统包括确认、计量、记录和报告等程序，最终形成外部使用者所需的会计信息。但是，由于会计信息提供者和使用者的分离，客观上需要对会计这个行为系统进行规范和约束，以保证会计信息的真实与公正，这就导致了会计准则系统的产生。但在会计行为和会计准则中都需要运用内在一致的财务会计概念，一系列的概念及其相互关系构成了财务会计概念系统。财务会计概念系统着重研究财务会计的目标。财务会计准则系统制定的准则体现着目标并用目标指引准则的制定方向。而会计行为，则是直接实现目标的。会计行为系统是解决会计人员"做"的问题，会计准则系统是规范"怎么做"，而财务会计概念系统是解决"为什么应该这样做"的问题。三个体系的作用都是为了达到目标。总之，概念系统确定目标，准则系统通过行为规范目标，行为系统在会计信息的输入、加工、存储、生成中实现目标。它们相互结合，是会计理论和会计实践的统一。

财务报告目标是人们通过会计实践预期所要达到的境地或标准。它是会计基本理论的中心，也是财务会计概念结构的起点。在财务会计概念结构体系中，财务报告目标起着指引方向的作用。以财务报告目标为基础，财务会计信息的质量特征、财务报表的要素及会计确认与计量就可有机地建立并联系起来。只有以财务报告目标为起点和核心，研究制定的概念结构，才能指导会计准则的制定与应用。如果不研究财务报告目标，所制定的概念结构必将与会计准则存在着不一致性，难以被会计实践所接受，甚至可能对会计实践产生负面影响。

财务报告目标之所以是财务会计概念结构的起点与核心，首先是因为它具有连接会计系统和会计环境的特征。即财务报告目标是会计系统对外的直接"接口"，经济业务是会计环境的综合反映，而任何经济业务都需要进行会计处理，最终以财务报告的形式对外公布。其次是因为它具有连接会计理论和会计实践的特征，即财务报告目标属于会计理论，但它又能指导会计准则，并通过会计准则指导会计实务。最后是因为它具有能制约其他会计理论，并不能被其他会计理论所推倒的特征，即财务报告目标明确了会计系统的方向，以检验其他会计理论是否脱离了会计系统的运行轨道。

二、财务报告目标的研究概况

（一）美国关于财务报告目标的研究及成果

学术界对财务报告目标的认识经历了从模糊趋向清晰的过程。有关文献记载，1921 年美国的一本著作最早提出“会计目标”一词。1938 年，美国注册会计师协会的一份研究报告对会计目标做了解释，它认为会计目标“有助于企业的运行，以达到其既定的目的”。到三四十年代，美国的会计研究仍不太注重会计目标问题，但在他们的研究成果，大都间接地涉及会计目标的概念、有少数甚至直接去解释会计目标，如 1940 年佩顿和利特尔顿在《公司会计准则概论》中指出，会计目标是“提供关于企业的财务数据，加以汇集、整理与提供，以满足管理当局、投资人、社会公众的要求”。到 20 世纪 50 年代，利特尔顿在他的《会计理论结构》中，详细地对会计目标进行了论述，并认为，会计目标可以划分为前提目标、中间目标和最高目标，会计是以数据为手段来帮助人们了解企业的。会计必须对数据如实分类、正确计量并充分报告。

1966 年，AAA 发表了《论基本会计理论》的报告。这份报告最早提出会计是信息系统的概念，并指出会计为下列目的提供信息：“对有限资源的利用所作出的决策，包括辨认决定性的决策领域，并确定目标与方向；有限地管理和控制一个组织的人力资源和物质资源；记录与报告资源的受托责任；促进会计主体的社会职能并控制此种资源。”这份报告阐明了会计目标是财务理论的重要内容之一。在它的影响下，人们开始重视对财务目标的研究，并取得重要的研究成果。

1970 年 AICPA 所属的会计原则委员会发布了第 4 号公告《企业财务报表编制的基本概念和会计原则》。这份公告认为财务报表的目的，就是提供关于一个企业的数量化的财务信息且这些信息有助于报表使用者进行经济决策。通过财务会计和财务报表的目标。可以确定财务会计信息的适当内容和财务会计信息的有用属性。同时，这份报告还把遵守公认会计原则、公允地反应财务状况、经营成果和财务状况的其他变动等，作为具体财务报表的目标。

1971 年 AICPA 又委托特鲁伯鲁德委员会专门研究财务报告目标，并提出以下 4 个参考课题：（1）谁需要财务报表？（2）他们需要什么信息？（3）在他们所需要的信息中有多少是由会计师提供的？（4）为了提供所需要的信息，要求有一个什么结构？经过认真的研究，特鲁伯鲁德委员会于 1973 年发表了一份题为“财务报告目标”的研究报告。该报告指出，财务报表的基本目标就是提供“据以进行经济决策的信息”并将财务报表目标分解为基础目标、使用者和用途、需求的信息、信息性质、财务报表、特别推荐的报表等12项。

1978年11月，FASB发表了第1号概念公告——《企业财务报告的目标》。该公告对财务报告的目标做了具体的论述，明确指出编制财务报告的目标是“提供对投资和信贷决策有用的信息”。财务报告“应为现在和潜在的投资者、信贷者以及其他用户提供有用的信息，以便作出合理的投资、信贷和类似的决策，”并且进一步将财务报告目标确定为以下七个方面：

（1）财务报告应提供对现在的和潜在的投资者、信贷者以及其他使用者作出合理的投资、信贷及类似决策有用的信息。这类信息对那些相当了解经营活动并愿意花费精力去研究这类信息的人来说，应该是全面的。

（2）财务报告应该提供有助于现在的和潜在的投资者、信贷者以及其他使用者来评估销售、偿付、到期证券或借款等的实得收入的金额、时间分布和不确定性的信息。

（3）财务报告应该提供关于企业的经济资源、对这些资源的要求权以及使资源和对这些资源的要求权发生变动的交易、事项和情况影响的信息。

（4）财务报告应该提供关于企业在某一期间的财务经营业绩的信息。由计量收益的尺度及其组成成分所提供的企业经营业绩的信息，正是财务报告主要的中心。

（5）财务报告应该提供关于企业如何取得并花费现金的信息、关于企业举债和偿还借款的信息、关于资本交易的信息以及关于可能影响企业偿债能力的信息。

（6）财务报告应该提供企业管理当局对受托资源使用情况的信息。

（7）财务报告应该提供对经理人员和董事们在按照业主利益进行决策时有用的信息。

透过这份报告，我们也发现，AICPA的目标明显地坚持了决策有关观。报告发布后，财务报告的目标研究受到广泛重视，财务报告目标作为研究财务会计概念结构的起点和核心概念，逐渐为人们接受。

（二）英国的财务会计原则公告提出的会计目标

1999年12月，英国的ASB在《财务报告的原则公告》中将财务报告目标阐述为:“财务报表的目标是提供关于报告主体的财务业绩和财务状况的信息,从而有助于各种使用者评价报告主体管理当局的受托责任以及制定相关的经济决策。有助于使用者评价报告主体产生现金的能力以及评价主体财务适应性。”

ASB 提出的会计目标具有以下特点:

(1)ASB 的会计目标将“决策有用观”和“受托责任观”进行了融合。

(2)认为最具决策有用性的信息除了与现金流动相关的信息之外,还包括财务适应性。

(3)将会计信息使用者统一对待,不像 FASB 提出的会计目标对投资者格外侧重。究其原因,英国推崇利益相关者的公司治理模式,而美国一直奉行股权导向的公司治理模式。

如前所述,财务报告目标就是人们通过会计实践预期所要达到的境地或标准。从国外对财务报告目标的研究情况来看,在 20 世纪 70 到 80 年代,会计理论界对财务报告的目标已经形成了两种不同的观点。即:“受托责任观”和“决策有用观”。

(三)国际会计准则中的会计目标

1989 年国际会计准则委员会的《编报财务报表的框架》中认为,财务报表的目标为“提供有助于在经济决策中有助于一系列使用者的关于企业财务状况、经营业绩和财务状况变动的信息,还反映企业管理层对交付给他们的资源的经营成果或受托责任。使用者之所以评估企业管理层的经管情况,是为了能够作出经济决策。”

与 ASB 的会计目标相仿,IASB 的提法兼顾了“决策有用性”和“受托责任”两方面。但是它将前者作为主要目标,后者作为次要目标。更进一步,IASB 含蓄地指出,“决策有用性”和“受托责任”其实互相包容,认为评价“受托责任”往往意味着决策有用:可以决定是否撤换或续聘管理层。

2004 年 4 月底,IASB 和 FASB 在伦敦的一次联合会议上讨论了一个重要的议题,即双方是否应该共同制定一套财务会计理论框架。双方同意将共同努力来建立一个单一的、完整的、具有内部一贯性的理论框架,两个委员会都会应用这一 CF。在两委员会的现行 CF 中最重要的目标是提供对投资者、债权人和其他人在作出投资、信贷和类似资源分配决策时有用的信息。委员会在讨论财务报告目标和得出现有结论时依然基于该最重要的目标。两委员会决定：

（1）正如其现有框架一样，两委员会的趋同框架将关注外部用户共同信息需求的通用目的的财务报告。趋同框架将以现在和潜在的投资者和债权人（及其咨询者）为主要的信息用户，而不是关注现有普通股东的信息需求。在该项目后期两委员会将考虑财务报告是否也应满足特定类型用户（比如不同种类的权益参与者）的信息需求。

（2）通用目的的财务报告提供的信息不可能满足每一位信息需求者的需求，只能是在成本效益原则下，尽可能地提供高质量的财务信息，最大程度地满足众多使用者的信息需求。

（3）通用目的的财务报表应提供有助于用户评价一个个体流动性和偿债能力的信息，这种信息应与向广大外部用户提供决策有用信息的总目标是一致的。但这并不意味着，财务报表信息仅用于满足那些主要用财务报表评价个体流动性和偿债能力的特定类型用户的信息需求。

（4）受托责任不应是企业个体财务报告的一个单独的目标。两委员会一致认为，趋同框架应明确说明这样一种观点，即与上述主要目标相一致的财务信息应包括对评价管理层受托责任有用的财务信息，即受托责任观应寓于决策有用观之中。

第二节　财务报告目标的核心问题

财务报告要实现它的目标，其所描述的核心问题是：谁需要财务报表？他们需要什么信息？现行财务报告能提供哪些主要信息？

一、财务报告信息的使用者

自从1966年美国会计学会开创了以用户为导向的会计原则制定方向后，人们已逐渐意识到，会计的目的就在于向会计信息使用者提供有用信息。就会计信息使用者而言，若不加限定的话，将不胜枚举，诸如投资者、债权人、有关政府管理部门、管理当局、企业内部职工、供应商、客户、证券经营机构等都可视为会计信息使用者。

由于不同类别的使用者众多，而各类使用者各有不同的信息需求，因此，从理论上来说，会计人员应针对每一类型使用者的特定需要提供特定目的的财务报告，才能达到会计的目的。

然而，就会计实务而言，由于使用者类别繁多，且各自的信息需要也非会计人员所能知悉。因此，美国财务会计准则委员会在承认特殊目的财务报告具有说明性的同时，又认为具有共性的一般目的的财务报告便足以满足大多数使用者的需要。因此，FASB 将投资者和债权人视为主要的信息使用者："显而易见，使用财务报告所提供的信息，而又没有能力去指定所需信息的外部使用者，最突出的为投资者和债权人以及他们的顾问。对于他们的各种决策，以及他们对信息各种用途的研究和论述，远比其他外部使用者更为深入。他们的决策对于资源的分配具有重大的影响。此外，为满足投资者和债权人的需要而提供的信息，一般地对其他使用者亦属有用。"英国、加拿大、澳大利亚等国的会计准则制定机构及国际会计准则委员会对主要信息使用者的界定也大体与此相同。投资者和债权人是从广义上来讲的，既包括以个人身份出现者，也包括以法人身份出现者；既包括现有的投资者和债权人，也包括潜在的投资者和债权人。

财务会计目标取决于会计环境，尤其是相关会计环境中会计信息使用者的特征，有什么样的会计环境，就有什么样的会计信息使用者，从而就应该有什么样的财务会计目标。就我国当前情况来看，主要的信息使用者有：

（一）政府部门与企业管理当局

我国 1993 年实施的《企业会计准则》第 11 条规定：会计信息应当符合国家宏观经济管理的要求，满足有关各方了解企业财务状况和经营成果的需要，满足企业加强内部经营管理的需要。据此而言，准则将有关政府部门及企业管理当局视为主要信息使用者。即使经济发展至今，在经济管理体制上，我国还是市场调节与国家宏观调控相结合的体制，由于我国的市场经济体制尚未发育成熟，所以，国家各职能部门在国民经济管理发展中，很大程度上直接参与国民经济的调控和发展。比如，目前我们在证券市场、产权市场、外汇市场以及国民经济中一些重要产业部门等多方面，政府仍然在进行着直接干预。从企业角度来看，不论是上市公司还是非上市公司，都需要按照国家规定向政府有关监管部门提供相关的会计信息，以便于国家进行宏观经济管理。因此，政府相关职能部门仍然是企业会计信息主要的和直接的需求者。有关政府管理部门是否构成主要的信息使用者，取决于各国的国情。在法国、德国会计模式下，政府重视从宏观上对国民经济的发展进行有计划的引导和调控，推行一系列集中化的管理措施，对经济生活干预程度较高，其会计制度构建具有明显的税收导向；故而，税务部门被视为主要的信息使用者。而在英、美会计模式下，政府对经济生活的干预程度较低，相对较为推崇自由竞争式的市场经济，税法并不直接干预会计准则的制定，所得税会计与财务会计明显分离，因而，税务部门一般仅被视为普通的信息使用者。就我国当前情况而言，所得税会计与财务会计的分离，税务部门作为主要信息使用者的地位较计划经济时虽有所下降，但当前国内企业偷、漏、逃税现象较为严重以及税收征管及稽查人员整体素质偏低，在此情况下，仍然有必要为其提供更为详尽的会计信息，可见，税务部门仍是我国主要会计信息使用者。另外，证监会的主要职责是保护投资者合法权益，根据我国《公司法》、《证券法》等法律文件的规定，中国证监会也是上市公司或准备上市公司的信息使用者之一。

（二）投资者

我国2000年6月份发布的《企业财务会计报告条例》第32条指出："企业应当依照章程的规定，向投资者提供财务会计报告。"指出投资者是主要信息使用者，而在第32条的补充内容"国务院派出监事会的国有重点大型企业、国有重点金融机构和省、自治区、直辖市人民政府的国有企业，应当依法定期向监事会提供财务会计报告"中进一步指出了国家作为这类国有重点企业投资主体的派出监事会是重要的会计信息使用者。该《条例》第34条规定："非按照法律、行政法规或者国务院的规定，任何组织或者个人不得要求企业提供部分或者全部财务会计报告及其有关数据"。据此可以认为，作为《企业会计准则》的补充准则，《企业财务会计报告条例》只考虑法定使用者的要求，而将潜在的使用者排除在外。从我国资本市场来看，个人投资者所占比重比发达国家要高，他们是投资者中应视为基本服务对象的一类信息使用者。我国的国资委是依法行使国有股东权利的政府部门，作为我国国有企业产权的代表人，理所当然成为最重要信息使用者之一。

（三）债权人

从企业资产的来源来看不外乎来自两个方面，一是投资者，二是债权人。也就是说，债权人与投资者一样是企业会计信息的基本服务对象之一。特别是当前在我国，银行贷款是企业主要的外部融资来源，银行这一债权人必然成为最大信息需求者之一。据此可推，存在的其他资产或权利的委托人也属于信息使用者范围。

我国于2006年修订后的《企业会计准则——基本准则》，在第一章中明确指出，财务会计报告使用者包括投资者、债权人、政府及其有关部门和社会公众等。

上述界定中，会计信息使用者除了投资者、债权人、政府及有关部门外，还提出了“社会公众”，由此看来，新准则（2006）扩大了财务报告服务对象的范围，其中包括潜在的投资者和债权人。

二、主要信息使用者需要的信息

确定财务报告主要服务对象以后，下一个面临的问题是：他们需要什么信息？不同的信息使用者有不同的信息需求，因此对这一问题的回答也就众说纷纭，然而从信息使用者使用信息的目的来分析，会计理论界形成了两种观点，这就是“受托责任观”与“决策有用观”。

“受托责任观”关心的是受托资源的使用及其管理情况，所以一般只要求信息供应者提供受托责任履行情况的信息，而有效反映受托责任履行情况的信息是关于经营业绩的信息，因此，财务报告应以反映经营业绩及其评论为重心。

“决策有用观”的信息需求要广于受托责任观，它要求提供一切于决策有用的信息，其中亦包括受托责任履行情况的信息。决策有用观最为关注的信息为未来现金流量的金额、时间分布和不确定性。对于投资者而言，利用上述几项信息及当期无风险利率，便可通过折现方式对企业整体价值进行估计、测量，这对于理性投资决策的制定无疑是最为重要的。而要合理把握上述未来现金流动状况，其信息需求显然不止于企业经营业绩，当期财务状况和一定时期以来的现金流动状况等信息同样是重要的。

目前在理论界“决策有用”这一观点更占上风。从受托责任观到决策有用观的转变，信息需求的核心内容亦发生转移，而这种转移的发生与外部经济环境的变化是相关的。众所周知，从 20 世纪 80 年代到现在，我国的经济环境经历了根本性的转变。20 世纪 80 年代以前，我国实行的是计划经济体制。经过二十多年经济理论界的探索和经济体制改革的试验，我国经济发展的目标已确定为社会主义市场经济。但是，从我国经济发展的阶段而言，我国目前的经济环境还不具备美国 FASB 在其概念公告第 1 号中对美国经济环境基本特征的界定。比如，市场在经济中分配资源的作用，特别是要素资源的分配作用要小于政府，一个极端的例子就是公司上市发行股票募集资本，这一过程被政府牢牢掌握，一度成为扶持国有企业的重要场所，市场本身的功能在此很难得到发挥。资本市场的效率总体不高，缺乏将有限资源从低效企业向高效企业转移的能力，资本市场已被大股东作为“圈钱”的场所，而相应对中小股东保护的法律也相当不足。要素市场尚未完全建立，内外部治理环境不健全，使得当前上市公司会计信息造假成为制度性的特征。从以上环境分析来看，我国信息使用者当前对信息的要求首先是可靠的经营业绩信息。

在上述经济环境下，各类主要信息使用者对财务信息有哪些需求呢？我们分别从投资者、债权人以及政府有关部门的角度来观察。

投资者可分为控股股东、一般投资者和职业投资者三类。

（1）控股股东：在委托经营的情况下，控股股东作为企业资产的最大所有者，其最关心的是资产的保值增值情况。控股股东需要会计信息，一是为了解企业的资产状况、财务状况、经营成果的真实情况，确定资产是否得以保值增值；二是为对企业经营者进行有效的评价，以决定对其是否继续聘用。

（2）一般投资者：一般投资者指的是非控股的管理型投资者，这类投资者直接参与企业经营与管理，他们对企业会计信息的需求不完全依赖于对税务公开的财务报表，且有机会了解大量的其他会计信息，比如管理会计信息。从管理和考评经营成果的角度看，一般投资者更希望通过财务报表了解企业真实的财务状况和经营管理状况。

（3）职业投资者：目前我国资本市场中的大众投资者，其投资股市的目的不是为了拥有对企业的控制权，而是为了“利益均沾”，共享收益。由于证券市场中投资者的逐利性，使他们更关心买卖股票的风险和收益。买卖股票的收益由股票价差和所得股利组成。由于股票价格是未来现金流的贴现值，而现金股利的分配更是取决于企业未来获取现金的多少，因此，在完善的市场条件下，理性的投资者需要会计信息来预测企业未来现金流的金额、时间以及不确定性，从而作出买、卖或持有的决策。另外，与管理投资者相比，其获取信息的途径较窄，一般通过公开的财务会计信息，因此，他们会要求披露对他们决策有用的一切会计信息。

银行及其他金融机构等债权人关注的是贷款的风险和收益，其需要了解贷款企业的资产状况、经营成果的真实情况以及未来现金流的金额、时间以及不确定性的会计信息，据此作出贷款与不贷款、以什么样的条件贷款即确定贷款的价格的信贷决策；同时，为了防止呆账、坏账的发生，需要能及时反映企业财务状况的会计信息，以防范、减少贷款风险。对于企业的供应商来说，主要担心贷款能否及时收回，其对会计信息的需求与银行等债权人相似。

政府有关部门需要了解企业纳税情况、遵守政府法规和市场秩序的情况，还有职工收入和就业的状况。而我国的政府部门“国资委”作为国有投资的代表人则要了解上述投资人需要的一切信息。

除了以上几方面信息使用者以外，企业经营管理者也对会计信息有着需求：一是了解企业经营管理的真实情况，这是加强经营管理的需要；二是解除受托责任、获取自身利益的需要。由于经营管理者对企业经营管理情况的了解，除财务会计信息外，还有管理会计信息、成本会计信息等其他信息来源，因此，其对财务会计信息需求的目的主要是解除受托责任。

三、财务报告的信息含量

所谓信息含量，就是信息的有用性。财务报告的信息含量就是财务会计信息是否有用，能提供哪些信息且这些信息在多大程度上满足上述信息使用者的信息需求。

从总体上看，不同的信息使用者需要不同的信息，其中最主要的是关于企业未来现金流动的金额、时间分布和不确定性信息。但就技术条件以及企业出于商业秘密的考虑，目前还无法也不能针对不同的信息使用者提供不同的信息。因此，最适当的方法就是提供能满足绝大部分信息使用者最为共同需要的信息。就某一个企业而言，在设计财务会计信息系统时，理想境界是能针对它的信息使用者专门提供一套会计信息，然而这是不太现实的。而最可行的处理办法是：根据市场长期实践所形成的惯例，提供目前市场上最为通行与认可的会计信息。

市场对企业所提供信息的需求，也是随着外部环境的变化而相应改变的。比如，我国过去长期实行计划经济，国有企业财产国营，国家从管理国有财产的角度出发，要求企业提供详细、全面的国有财产使用情况、企业经营活动等信息。随着社会主义市场经济的逐步建立，国家作为国有资产的所有者和社会经济管理者的身份有所分离，各自对会计信息提出不同的要求。同时，市场特别是资本市场，也要求企业提供必要的信息。

财务报告所能提供的信息也会随之而改变，我国现行财务报告（会计报表、附注、财务状况说明书）所能提供的信息包括一个会计主体的经济资源、经济义务、资源与业务的变动，财务业绩、现金流量、流动性、偿付能力、发展前景的预测等财务与非财务信息。

为了提供有用的信息，另外两个问题需要明确：一是要提供有用的信息，则信息必须具备一定的质量特征；二是要编制哪些会计报表来实现这个目的，目前我国这些报表包括资产负债表、利润表、现金流量表和所有者权益变动表。

四、对财务报告目标的界定

在回答了有关财务报告目标的上述三个问题后，在此可以明确，当前我国财务报告的目标可概括为：（1）财务会计应该提供有助于各类会计信息需求者进行各种决策时所需要的会计信息，包括控股股东、管理型投资者、职业投资者、企业经营者、贷款人、政府及公众。（2）根据我国的会计环境，目前企业应主要为管理型投资人提供真实可靠的财务会计信息。从相当长的历史时期来看，为管理型投资人提供真实可靠的会计信息基本上可以满足我国各类信息使用者对会计信息的需求。（3）随着会计环境的变化，在制度允许的范围内，企业可以适当提供对职业投资者投资决策有用的会计信息。

我国会计准则（2006）中的第四条指出：财务会计报告的目标是向财务会计报告使用者提供与企业财务状况、经营成果和现金流量等有关的会计信息，反映企业管理层受托责任履行情况，有助于财务会计报告使用者作出经济决策。由此我们可以发现，新准则已明确地将会计信息的决策有用性作为财务会计报告的目标，同时也兼顾了受托责任的反映。

第三节　两种观点的争论与融合

20 世纪 70 到 80 年代，国外对财务报告目标的研究，逐渐形成了“受托责任观”和“决策有用观”两种不同的理论观点。

一、受托责任观及其评析

受托责任观认为，财务报告的目标就是向资源的所有者如实反映资源的受托者对受托资源的管理和使用情况，财务报告应主要反映企业历史的客观的信息，即强调信息的可靠性。这是早期财务报告目标的主导观点。它是在 18～19 世纪股份公司成为企业基本组织形式的情况下形成的。在企业的所有权和经营权相互分离之后，所有者和经营者形成了一种以企业契约为基础的委托－受托关系。在这一关系中，股东以权益最大化作为目标，希望在变化中保证公司资产的安全，而对经营者来说，除股东权益最大化以外，他们希望有高度的冒险性，实现销售量最大化，建立“公司帝国”，成本最小化，积累权力和威望，晋升时付出的努力最小化。因此，这一关系的维持就需要一种监督机制，当财务报告被认为是用来充当这一监督机制的主要手段之一时，就产生了受托责任观。

美国著名会计学家井尻雄士和西特尔于 1973 年共同发表论文《财务报表

目标的理论框架》，认为会计的基本目标是确保受托责任，使管理当局向有关联的各方面交代受托责任的履行情况。他们依据代理理论认为："受托责任可因宪法、法律、合同、组织的规则、风俗、习惯甚至口头合约而产生。一个公司对它的股东、债权人、雇员、政府或有关联的组织、公众都承担受托责任，在一个公司内部，一个部门的负责人对部门经理负有受托责任，而部门经理对更高一层的负责人也承担受托责任。就这个意义来说，我们今天的社会是建立在一个巨大的受托责任网络之上的，毫不过分。"①

受托责任观的主要观点是：

（1）财务报告的目标是以恰当的方式有效反映资源受托者的受托责任及其履行情况。

（2）会计人员作为独立的第三者介入委托代理关系之中，以客观的立场反映受托责任及其履行情况，其行为不受任何一方面影响，只接受会计规范的指导。

（3）由于最有效地反映受托责任履行情况的信息是关于企业经营业绩的信息，故财务报告应以反映企业经营业绩及其评价为重心。

这种观点的研究方法以描述为主，财务报告揭示的内容应主要是历史的、客观的信息，即信息的可靠性至关重要，因此也被称为描述性会计目标。多数会计专家和学者认为，在资本市场不很发达的情况下，受托责任观较为切合实际，可以使企业的会计行为与经济行为一致。

根据受托责任观，管理人员受资金提供者（股东和债权人）的委托，对一部分财务资源进行管理和经营。在这种背景下，财务报告主要是为资金提供者提供借以评价管理人员管理职能履行情况的依据。换言之，它是一种控制机制。随着社会、政治和文化环境的进一步发展和企业经营活动的日益社会化，人们认识到，受托责任并不仅仅限于管理人员与股东和债权人的关系，企业管理人员还应该对所有相关的社会利益集团承担某些方面的责任，这些相关社会利益集团与企业存在着直接的利益关系。受托责任是一个比较广泛

① 井尻雄士：《三式记账法的结构与原理》，娄尔行译，立信会计图书用品社 1989 年版，第 52 页。

的概念，它要求把企业的经济资源、义务以及引起资源与义务变化的交易与事项加以记录、说明。企业管理人员不但要向业主，而且要向政府、职员、顾客等报告资源的经营管理情况与结果。

可见，所有权和经营权的分离是受托责任存在的前提条件，在这样的“两权分离”中，委托者和受托者都很明确，双方都关注着受托资源的保值和增值情况，财务报告能否提供有助于了解受托资源是否得到有效运用的信息就显得十分重要，而这些信息必须是以客观信息为主，因为客观地反映经营业绩的信息对资源的委托人评价受托责任履行情况最为有用。所以，受托责任观认为财务报告应该以反映经营业绩以及评价为其重心。财务报告应主要反映企业历史的客观的信息，即强调信息的可靠。

受托责任观作为一个会计理论流派形成于股份公司制盛行之时，它的发展与股份公司制和现代产权理论的发展休戚相关。按照产权理论，资源所有者将其资源委托给受托者，同时赋予受托者以资源的保管权和运用权，受托者接受委托者的委托对资源进行自主的运用、经营。通过有关组织规则，如公司章程和法规制度等约束机制，明确委托者和受托者之间的委托－受托关系。而在股份公司制下，资源的委托－代理关系十分明显，客观上要求会计系统反映受托责任，从而形成了以受托经管责任为目标取向的委托责任观。

受托责任观强调编制财务报表所依据的会计准则和会计系统整体的有效性，它认为会计人员应以客观的立场反映受托责任及其履行情况，其行为不受委托者和受托者的影响，只接受会计准则的指导。

受托责任观产生于特定的会计环境，它具有特定的历史意义，但是存在以下问题：

（1）受托人难以做到客观公正。理论上说，在代理关系中，会计是作为独立的第三者，站在公正、客观的立场向委托人报告受托责任的履行情况。受客观因素制约，将财务报告目标定为报告受托责任的履行情况，可行性不大。相反，它可能成为会计造假、操纵利润的一个根源。当然，受托责任观也并非一无是处，其关键点是对第三者的客观性、公正性要有强有力的保证措施。

（2）受托人无法完成各类委托人的委托责任。“受托责任可因宪法、法律、合同、组织的规则、风俗、习惯甚至口头合约而产生。一个公司对它的股东、债权人、雇员、政府或有关联的组织、公众都承担受托责任。在一个公司内部，一个部门的负责人对部门经理负有受托责任，而部门经理对更高一层的负责人也承担受托责任。就这个意义来说，我们今天的社会是建立在一个巨大的受托责任网络之上，毫不过分。”（井尻雄士，1992）代理关系多种多样，具体财务报告目标自然是千头万绪，按此观点实际操作必然是无所适从。

（3）受托人难以按不同委托人的要求有效地反映受托责任的履行情况。由于代理关系多种多样，受托责任的内容和形式千差万别。会计作为客观、独立、公正的第三者要合理有效地反映受托责任的履行情况，财务报告和确认、计量、记录的方法、程序以及形式必须在相当程度上要以各不同受托责任为导向具体设计和操作。这一方面加重了各具体单位的内部会计制度的设计工作，同时也有悖于“对外报告会计”的特性。

（4）受托人不能满足所有财务报告使用者的要求。一般而言，财务报告的作用至少包括以下内容：

①报告受托责任的履行情况；

②为投资者、债权人等进行有关决策提供有用的信息；

③为企业各利益相关者分配财富提供依据；

④为企业内部管理当局改善经营管理提供有关信息；

⑤为宏观调控和社会资源的有效配置提供依据。

财务报告的使用者既有外部的也有内部的，既有全局性的也有局部性的，而受托责任观关注的只是部分使用者，难免有失偏颇。

二、决策有用观及其评析

决策有用观是美国会计学界在批评古典会计学派注重会计数据的准确性而忽视会计信息的有用性的基础上形成的。后来，随着证券市场的发展，会计信息对决策作用的重要性日益凸显，这为该观点的确立进一步提供了基础条件。

决策有用观的主要观点是：

（1）会计信息是经济决策的基础，财务报告的目标是提供有助于经济决策的有用信息。

（2）强调会计人员和会计信息使用者之间的关系，而不过多地强调信息使用者与公司经济活动之间的关系。

（3）重视财务报告本身的有用性，而非编制财务报告所依据的会计准则和会计系统整体的有效性。

具体言之，财务报告目标就是向会计信息的使用者（主要包括现有的和潜在的投资者和信贷者以及企业管理当局和政府等）提供对他们进行决策有用的信息，强调会计信息的相关性和有用性，而对决策有用的信息主要是关于企业现金流动的信息和关于经营业绩及资源变动的信息，财务报告应主要反映现时的信息，同时还要披露那些可能发生的、对企业有重大影响的经济事项，也就是更强调信息的相关性。同时不应固守历史成本的计算方法，还要提供预测性的信息为使用者作出决策提供依据。

决策有用观适用的经济环境是所有权和经营权的分离，并且资源的分配是通过资本市场进行的。在这种环境下，股东和债权人虽仍参考受托责任的履行情况，但是，由于所有者与经营者的委托与受托关系已变得比较模糊，他们更关注资本市场的平均风险和报酬水平及其所投资企业的可能风险和报酬。此时，财务报告已不仅仅反映受托责任的履行情况，反映企业所面临的风险和机会也是它的一个重要内容，其目的便是提供决策有用的信息。

决策有用观在西方市场经济发达的国家，特别是资本市场发育成熟的国家得到了广泛的认可：

FASB 发布的第 1 号财务会计概念公告就是按决策有用论的观点确立财务报告目标的。其他一些会计准则制定机构也倾向于这种观点，他们在制定财务报告目标时，将向信息使用者提供对其决策有用的信息放在首位。如澳大利亚会计准则委员会于 1987 年指出：通用目的的财务报告的目标是向信息使用者提供有用的信息，从而有助于使用者制定或评价其资源配置决策。它还用作管理当局免除向报告使用者所承担的受托管理责任的手段。

IASC 在 1989 年指出：财务报表的目标是提供在经济决策中有助于使用者决策的一系列关于企业财务状况、经营业绩和财务状况变动的信息。财务报表还反映企业管理当局对交付给它的资源的受托管理责任或经管责任。使用者之所以评估企业当局的受托管理工作，是为了能够作出相应的经济决策。例如，是保持还是卖出对企业的投资，是续聘还是更换管理者等。

ASB 于 1991 年指出：财务报表的目标是提供有关企业的财务状况、业绩和财务适应能力的有用的信息，从而有利于广泛的使用者进行经济决策。

决策有用观主要采用了规范研究的方法，因而也被称为规范性目标。它的主要代表人物有罗伯特·N. 安东尼和亨德里克森等，FASB 和 AAA 也是该观点的积极倡导者。依此观点，财务报告应主要反映现时的信息，即强调信息的相关性。大多会计学者认为，决策有用观适用于资本市场发育十分成熟，并对整个社会经济的运行具有全面影响的情况。

决策有用观是目前较为流行的一种观点，但是存在如下不足之处。

（1）财务报告难以确定企业各相关利益集团的重要性并满足其不同决策内容、决策模型和决策偏好的需要。企业有不同的相关利益集团，如投资者、债权人、政府及其有关部门、职工、供应商和顾客等。不同的利益集团有不同的决策内容、决策模型和决策偏好。第一，这些不同的决策内容、模型和偏好会计能否知晓，有无能力知晓，带有很大疑问，更何况许多内容是变化的。第二，即使知晓上述内容，究竟哪个利益集团是主要的，这也是值得研究的内容，更何况不同企业有不同的主要利益集团。因此，将财务报告目标定为提供决策有用的信息缺乏可行性。

（2）财务报告信息形成模式与决策对信息的要求不相符。现行财务会计采用的是历史成本模式，而且在可预计的未来这一状况不会改变。历史成本模式下财务报告提供的信息主要是历史信息，它注重信息的可靠性，而决策是面向未来的行为，它所需要的信息是未来信息，对信息的相关性要求很高。显然，将财务报告定为提供决策有用信息与现行的财务会计模式不相符。

决策有用观是在证券市场日益扩大化和规范化的历史背景下形成的。在比较发达和正常的市场条件下，投资者进行投资决策需要大量相关并可靠的财务信息，而信息的提供又必须依赖于会计系统。因此，会计系统必须以为决策提供信息服务为目标取向。在决策有用观的形成和发展过程中，资本主义市场的加速发展、投资者对会计信息的能动反映以及现代信息理论和现代决策理论的出现，又加强了决策有用观的现实基础和理论基础。

决策有用观从信息使用者的立场出发，强调财务报告本身的有效性，而不是编制财务报表所依据的会计准则和会计系统整体的有效性，研究和制定会计准则不过是为了对会计行为加以制约，促使其提供对决策有用的信息。

三、两种观点的比较与融合

以上两种观点虽然侧重点有所不同，但根本上并不互相排斥，即使在高度发达的资本市场环境，会计信息与受托责任之间，仍然存在着较大的一致性。每种观点都与具体的经济环境相关联。如果离开具体的经济环境去争论孰优孰劣，是无法达成一致结论的。总之，财务报告目标并非一成不变，它将受到经济、法律、政治和会计环境的影响，同时，也受到财务报告所能提供信息的特性和局限性的影响。

财务报告的目标与企业所处的外部经济环境相适应的，决策有用观与受托责任观所认定的经济环境既有相同之处，也存在着较大的差异。

决策有用观与受托责任观的相同点表现在：（1）都需要向外部提供信息，这反映了会计的基本职能是提供信息。（2）都以两权分离和受托经济为前提条件。（3）报告的主要内容相同，都是报告关于资产、负债及所有者权益情况，收入、费用、利润情况以及资金流入、流出情况。（4）这两种观点都是财务会计的目标。

决策有用观在强调信息有用性的同时，并不否认会计在报告经管或受托责任方面的职责。FASB 也认为，财务报告应该提供企业管理当局怎样履行经营责任的信息。但是，与决策有用性相比，报告受托责任则处于次要的位置。从时间观念看，受托责任观立足于过去，而决策有用观则面向未来。

决策有用观与受托责任观的不同点表现在：

（1）立论角度不同。决策有用观显然是站在以投资者为主体的外部使用者立场对会计主体提出的要求，这时会计主体是处在被动报告的地位；而受托责观是站在经营管理者的角度，为了解除自身的经济责任而行使的一种义务，这时会计主体处在主动报告的地位。

（2）提供报告的内容范围不同。决策有用观要求提供信息的目的是对决策有用，因此不仅要求提供受托经营业绩和资产管理方面的信息，还要求提供诸如管理者情况和市场占有率等非财务信息，以及面向未来的背景性信息及前瞻性信息，其口号是“满足使用者需要”；而受托责任观报告受托责任的履行情况，其目的显然是解除自己的经济责任，当然也愿意提供资产管理方面的信息和经营业绩的信息，以便受到更多方面的关注，而更好地提升自己的业绩，但是这种信息对投资者是否有用，投资者根据这些信息将作出什么样的投资决策，则不是经营者所考虑的问题。

（3）服务对象的广度不同。决策有用观对使用者的认识已由单一论逐步向多元论转化，即包括投资者、债权人、潜在投资者、管理部门、董事会、雇员、竞争对手、主管部门、学术机构、新闻媒体等在内的法人或自然人都是使用者，信息提供人应着眼于这些使用者的需要；但是从受托责任观来看，信息的服务对象不是多元的，而是单一的，即资产的委托人或投资者。

葛家澍认为决策有用观和受托责任观的相同点在于：二者均以商品经济即市场经济和通过现代企业来表现，以资源的所有权和经营权相分离为前提。不同之处在于：决策有用观下的社会资源的分配是通过资本市场进行的，这使得资源的委托和受托关系可以通过资本市场来建立，从而使委托方变得模糊不清，资源的所有者对受托资源的管理则被淡化。这意味着资本市场的介入将资源受托方的管理重心从有效地管理受托资源引向最大限度地向资本市场树立“良好”形象——报酬与风险比例最优。

此外，由于决策有用观与受托责任观对财务报告目标的不同解释，导致各自所要求提供的信息侧重点不同：决策有用观认为相关的财务信息是企业未来现金流动的金额、时间分布及不确定性，所以财务报告的重心放在这一信息的提供上；受托责任观则认为经营业绩才是最有效地反映受托责任履行情况的信息，因此，财务报告的重心放在反映经营业绩及其评价方面上，这意味着财务报告应是日常会计核算的继续和总结。

第四节　我国财务报告目标的研究与界定

20 世纪 90 年代以前，在我国，财务报告的目标问题一直没有引起重视，会计理论研究领域几乎没有出现过“会计目标”、“财务报告目标”等术语。20 世纪 50 年代早期，我国会计界比较重视对会计任务的研究，到 20 世纪 60 年代，我国对会计职能的讨论较多，认为“反映”和“监督”是会计的两个基本职能。80 年代后，学术界再次展开了对会计职能的热烈讨论，形成了两大代表性的流派，一是认为会计的职能以反映为主，认为会计是一个经济信息系统，另一流派则认为会计的职能应以监督为主要职能，认为会计是一种经济管理活动。直到 20 世纪 90 年代初，随着《企业会计准则》和具体会计准则的陆续发布和实施，会计界才认识到，要想建立科学性强、理论性高、运用性广的会计准则，就必须首先明确财务报告的目标。

在 1992 年发布的《企业会计准则》的第 10 条中规定：“会计信息应当符合国家宏观经济管理的要求，满足有关各方了解企业财务状况和经营成果的需要，满足企业加强内部经营管理的需要。”这一规定虽然被认为是我国的财务会计目标的表述，但过于笼统，对我国会计准则的制订没有什么指导意义。因此，2000 年国务院发布的《企业财务会计报告条例》和财政部发布的《企业会计制度》中没有重申这一提法。

2006 年 2 月 15 日修订后的《企业会计准则——基本准则》中，对财务报告的目标作了比较准确的描述。在总则第 4 条中规定：财务会计报告的目标是向财务会计报告使用者提供与企业财务状况、经营成果和现金流量等有关的会计信息，反映企业管理层受托责任履行情况，有助于财务会计报告使用者作出经济决策。财务会计报告使用者包括投资者、债权人、政府及其有关部门和社会公众等。

从我国新会计准则的变化，可以看出，我国会计目标是融合了两种观点，将“决策有用性”和“受托责任”同时列为财务报告的目标，但在顺序上与西方有别。总体来说，符合我国多种所有制和经济转型的特点。

第一，“受托责任观”和“决策有用观”的实质基本相同，都要求财务报告提供信息，信息使用者都要根据财务报告进行决策，只是决策的目的不同：前者要对是否更换受托人进行决策；后者对是否追加或转让投资进行决策，仅是需要的信息多少、质量特征、信息的形式不同。

第二，我国的资本市场发展速度迅速，20 多年里，全国性的股票市场已经形成，资本市场的国际化进程取得了突破。在知识经济来临、经济全球化迅速发展的背景下，从长远观点看，在坚持受托责任观的同时，决策有用观所需的环境已经具备。新的基本会计准则中体现了目标定位的转变。

第三，有利于推动财务会计概念结构和会计准则的国际化，避免经常修改报告目标，节约准则制定成本。

总之，财务会计目标受企业所处政治、经济环境、技术水平、企业制度以及信息使用者素质的影响，因而不是一成不变的，按决策有用观和受托责任观建立财务会计报告目标后，还应该根据我国经济环境变化的实际情况去进行具体的理解和运用。

第四章 财务报告信息的质量特征

第一节 财务报告信息质量特征的界定

在概念框架研究中，SFAC No. 1 集中解决财务会计和报告有哪些使用者，他们有什么信息需求以及财务报告应当为他们的决策提供什么样的有用信息等问题。很明显，财务会计目标不会自动地实现，只有通过良好的、必要的具体会计准则、程序和方法，最终通过提供有助于决策的会计信息得以实现。

一、会计信息质量特征的意义

会计信息质量特征是选择或评价会计准则、程序和方法的标准，是对财务报告目标的具体化。会计信息是会计主体的一种“产品”。作为产品，都要有质量，而且产品的质量越高，对消费者的影响就越大。会计信息也是如此，虽然主要以数字形式表现出来，但它并不是抽象的数字，这些数字代表着一定的经济意义，数字不同对使用者决策的影响就不同。因此会计信息必须要有一定的质量，越是高质量的会计信息，对信息使用者进行经济决策的影响就越大，会计信息的使用者就会越多，财务报告的目标也才能较好地实现。反之，低质量的会计信息，即使提供了，对使用者的经济决策也没多大用处，财务报告的目标也就难以实现。信息质量特征主要回答：什么样的会计信息才有用或有助于决策。会计信息质量特征比目标更具体地指导财务会计的确认、计量和信息传递。FASB 认为，“会计信息的质量特征或质量的确定构成信息有用性的成分。因此，它们是在进行会计选择时所应追求的质量标志”。因此，会计信息质量特征研究在整个概念框架中占有很重要的地位。

会计信息的质量特征，就是使会计信息有用的特征，即会计信息所要达到或满足的质量标准，它是进行会计选择时所应追求的质量标准，在财务会计概念体系中，会计信息的质量特征与财务报告目标存在着内在的逻辑关系。一方面财务报告是会计信息的载体，财务报告目标是一般目标，是判断会计信息质量的基础，有了目标，才能对会计信息的质量特征作规定；另一方面会计信息的质量特征是质的目标，它是联系财务报告的目标与实现该目标的各种手段之间的桥架，它对财务报告所提供的会计信息起着约束作用，使其能符合财务报告目标的要求。

二、判断财务报告信息质量特征的前提

在讨论具体的财务报告信息质量特征之前，首先应对财务报告信息质量特征的前提标准作一个界定，以便对财务报告信息质量特征的规定有更清楚的认识。

财务会计是工业社会的产物，其主要目的是通过财务报表反映一个企业历史经济活动及其结果的真实图像。财务会计的特点是立足于企业，面向资本市场，通过确认、计量、记录、报告为利益相关者提供各自决策所需要的通用财务信息。而反映了企业整体财务状况、经营成果、现金流量变化的财务报表就成为财务信息的主要载体。财务报表的生成必须严格遵守准则制度的安排，因此财务报表是企业外部利益相关者关键的信息来源，为了确保各利益相关者作出正确决策，也为了保证资源的有效配置，社会必须作出制度安排。

世界各国众多专业机构、学者都对财务报表功能作过研究并对其功能给予肯定。比如，1994 年美国注册会计师协会（AICPA）发表的《论改进企业报告——着眼于用户》，通过调查得出对财务会计十分肯定的结论：“本委员会研究指出财务报表是捕捉并组织财务信息的一种卓越的模式。没有使用者

建议，财务报表应当予以放弃，而由一个基本不同的组织财务信息的手段来取代它。”AICPA 研究了财务报表的作用及其重要性，认为财务报表是一种有组织形式的相互关联的财务信息体系，它能够显示存在于经济数据中的企业经营趋势和结果，其中包括使用者进行决策所必须了解的一个企业发展中的机遇、风险、成本、生产能力、盈利能力和流动性等主要项目。这就是说，通过会计界和企业界财务报表分析，对经济决策尤其对投资决策是具有相关性的。而 FASB 也一再强调，财务报表是中心，是核心，最有用的信息应当在财务报表中确认。

众所周知，进入财务报表的经济信息是要经过严格的确认、计量过程的，而目前逐步扩充的表外披露信息不必经过严格的确认，其中很多信息也没必要经过审计，它们是对财务报表的一种补充。在此，可以明确会计信息质量特征前提的三个内容：（1）财务会计经过对其会计要素的记录、确认和计量，所产生的是财务信息，判断财务报告信息特征时应基于财务信息的范围。而当前理论界在“决策有用”这一观点引导下，将所有对决策者决策相关的公司信息都加于财务会计的范围之内，这样不但使财务报告超负荷，而且也会不适当地加重审计的责任和负担。（2）财务会计的基本职能是反映企业经济真实情况，是可靠地记录并报告企业经济活动的历史，以过去的交易事项所引起的企业资源及义务的变化为对象，它的这种本质决定了对其信息质量的限定。（3）传递财务信息的主要载体是财务报表，其内容是要经过严格确认的，表外披露只是财务报表的附加物，其披露的许多内容最终将随着确认技术的完善而进入报表。因此财务报表这一“主体产品”的质量如何是决定会计信息这一“总体产品”质量的关键。

第二节　会计信息质量特征研究回顾与借鉴

人们对会计信息质量特征的研究和探索时间只有 50 年左右的历史，却已经取得了很大的成绩。会计信息质量特征的研究往往与会计目标研究并行，甚至被视为会计目标研究的一部分。

一、美国的研究概况

美国是最早研究这一问题的国家，所取得的研究成果也最具有代表性。

美国会计学会（AAA）1966年发表的《基本会计理论说明书》（ASOBAT）提出的会计信息的目标和质量特征如表4-1所示。这是第一次将会计信息质量特征与会计目标联系起来的研究，也是最早提出评价潜在的会计信息时采用的四条标准。

表4-1　　会计信息的目标和质量特征

提供会计信息的目标	会计信息质量特征
利于作出利用有限资源的决策	相关性
利于内部人、财、物管理和控制	可验证性
保护资源，并报告其管理情况	超然性（不偏不倚）
利于履行社会职能和社会控制	可定量性

1970年，该学会在发布的第4号报告中规定，会计信息的质量应满足相关性、易懂性、可验证性、中立性、及时性、可比性和完整性等7条标准。显然，这些标准不太完善。经过进一步的研究，该学会1977年发布了题为《会计理论与理论认可》的报告，明确指出为了使财务报告对投资者和信贷者的决策有用，会计信息必须具备几个标准的质量要求：首要的是相关性，其次是可靠性，并指出客观性、可验证性、不偏不倚以及精确性等是与可靠性重叠的术语，即包括在可靠性之内。其他的质量，如可比性、可理解性、及时性以及节约性等也很重要。这份报告对会计信息的质量特征作了比较全面的论述，为财务准则委员会制定会计信息质量特征奠定坚实的理论基础。

美国会计原则委员会（APB）在1970年发布的第4号报告（APB statement No. 4）将会计目标分为特定目标、一般目标和定性目标。在此，会计信息质量特征被当作会计目标来研究，信息质量被视为定性目标。具体如表4-2所示。

表 4－2　　财务报表目标

财务报表一般目标	财务报表定性目标
提供有关主体的经济资源和责任的可靠信息	相关性
提供企业正常经营业务导致的净利润	可理解性
资源变动的可靠信息	可验证性
提供评估企业盈利能力的财务信息	不偏不倚/及时性
提供有关经济资源和责任变动的其他相关信息	可比性
披露与报表使用者相关的其他信息	完整性

美国注册会计师协会（AICPA）1971 年 4 月组织以特鲁伯鲁德为首的研究小组，专门从事财务报表的目标研究，1973 年 10 月发表了《财务报表目标研究小组报告》或称《特鲁伯鲁德报告》，其提出的财务报表目标及会计信息质量特征，如表 4－3 所示。

表 4－3　　财务报表目标及会计信息质量特征

财务报表目标	会计信息质量特征
提供有助于经济决策的信息	相关性与重要性
主要为那些因只拥有有限权力、能力或资源去取得信息而依靠财务报表作为了解企业事务的主要来源的使用者提供信息	实质重于形式 可靠性 免于偏见
为投资者和债权人提供有助于他们预测、比较和评估未来现金流量的金额、时间分布和不确定性程度的信息	可比性 一贯性 可理解性
为使用者提供有助于预测、比较和评估盈利能力的信息	
提供有助于判断企业管理当局在完成企业目标时对资源的有效利用的信息	
提供有助于预测、比较和评估企业盈利交易和其他事件的事实性和解择性信息	
提供财务状况表	
提供定期收益表	

续表

财务报表目标	会计信息质量特征
提供财务事项表	
提供利于预测程序的信息	
提供利于评估在完成组织目标中的资源管理效益的信息	
披露企业影响社会的信息	

1978 年 11 月，FASB 发表第 1 号财务会计概念公告（SFCA No.1）——《企业财务报告的目标》，阐述了企业财务报告的七个目标：

（1）财务报告应提供对现在的和潜在的投资者、信贷者以及其他使用者作出合理的投资、信贷及类似决策有用的信息。这类信息对那些相当了解经营活动并愿意花费精力去研究这类信息的人来说，应该是全面的。

（2）财务报告应该提供有助于现在的和潜在的投资者、信贷者以及其他使用者评估来销售、偿付、到期证券或借款等的实得收入的金额、时间分布和不确定性的信息。

（3）财务报告应该提供关于企业的经济资源、对这些资源的要求权以及使资源和对这些资源的要求权发生变动的交易、事项和情况影响的信息。

（4）财务报告应该提供关于企业在某一期间的财务经营业绩的信息。由计量收益的尺度及其组成成分所提供的企业经营业绩的信息，正是财务报告主要的中心。

（5）财务报告应该提供关于企业如何取得并花费现金的信息。关于企业举债和偿还借款的信息，关于资本交易的信息以及关于可能影响企业偿债能力的信息。

（6）财务报告应该提供企业管理当局对受托资源使用情况的信息。

（7）财务报告应该提供对经理人员和董事们在按照业主利益进行决策时有用的信息。

1980 年 5 月发布的第 2 号公告（SFAC No.2）《会计信息的质量特征》。这份公告的发布标志着美国对会计信息质量特征的研究从纯粹的理论研究走向实际应用。在报告中，财务会计准则委员会对会计信息的质量特征进行了全面详细的论述。它认为会计信息质量的各种特征具有一定的层次结构，它可以划分为四个层次与两个约束条件。其中最重要的特征是决策有用性。相关性和可靠性是决策有用性的重要质量特征，而相关性又包括预测价值、反馈价值和及时性，可靠性则包括真实性、可核性和中立性，可比性（包括一贯性）是决策有用的次要质量特征。可理解性是针对用户质量。另外，会计信息的效益大于成本和重要性是会计信息质量特征的两个约束条件。会计信息质量的层次结构如图 4－1 所示。

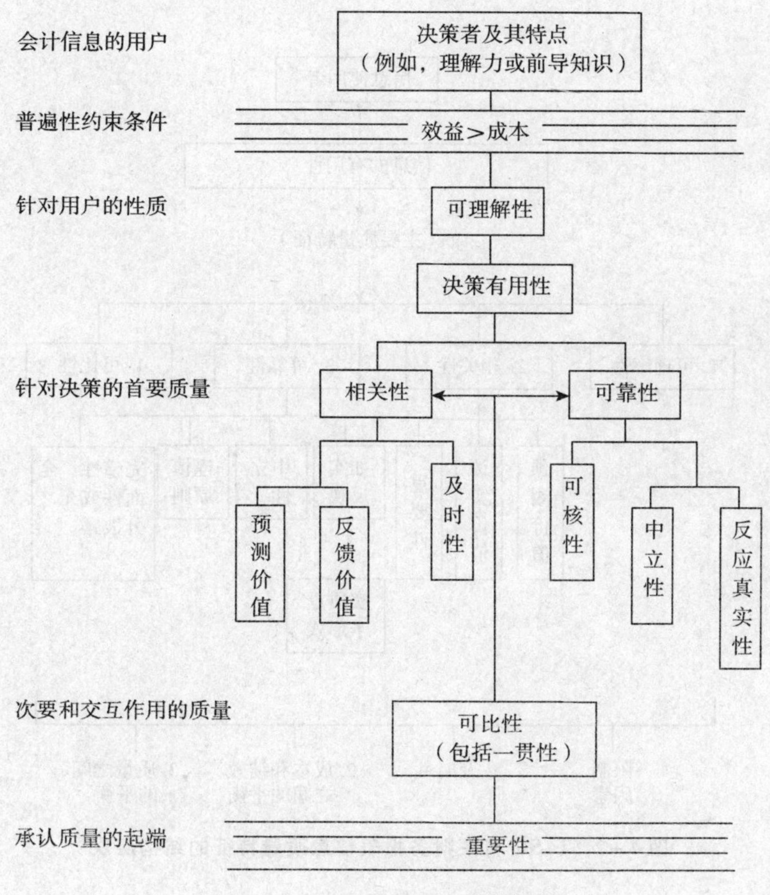

图 4－1　会计信息质量的层次结构

二、国际会计组织的研究

1989 年 7 月，IASC 发表的《编报财务报表的框架》提出了财务报表的目标和信息质量特征。财务报表目标是提供在经济决策中有助于使用者决策的一系列关于企业财务状况、经营业绩和财务状况变动的资料；还反映企业管理当局对交托给他的资源保管工作或核算工作的结果。并提出：财务报表的质量特征（使财务报表提供的信息对使用者有用的那些特征）主要有四项：可理解性、相关性、可靠性和可比性。其内容如图 4－2 所示。

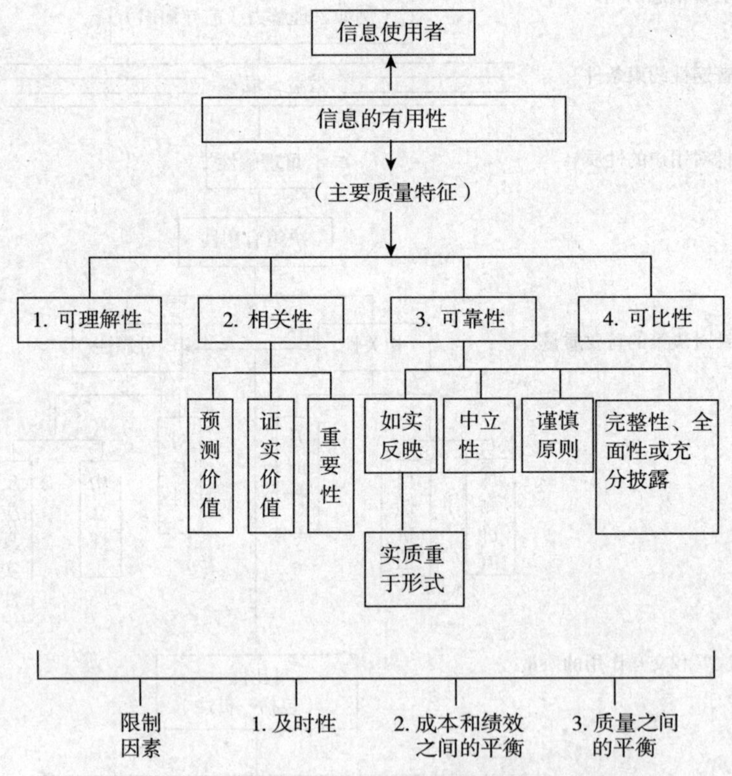

图 4－2　IASC 有关财务报表信息质量特征的结构层次

可见，IASC 对会计信息质量特征的理解与美国大不相同，认为相关性包括重要性、可靠性包括如实表述、实质重于形式、中立性、谨慎性和完整性，并将及时性作为相关性和可靠信息的制约因素加以考虑，提出三项有关可靠性和相关性信息的约束条件：及时性、效益大于成本、在不同质量特征之间的权衡。

在 FASB 的影响下，英国、加拿大等国的会计准则机构以及 IASC 也都将会计信息的质量特征作为各自财务会计概念体系的重要内容，进行了研究。

三、其他国家的研究

1. ASB 提出的会计信息质量特征

英国 ASB 的研究成果有一定的创新，在它 1999 年发布的《财务报告原则公告》中，将会计信息质量分为三大部分：（1）与内容有关的质量。主要有相关性和可靠性，相关性包括预测价值和证实价值，可靠性又包括如实表述、实质性、中立性、谨慎性、完整性等。（2）与报表表述有关的质量。主要有可比性和可理解性，可比性又包括一致性和会计政策的充分披露，可理解性包括汇总与分类、使用者能力要求等。（3）对会计信息的约束。主要有在质量标准间的权衡、及时性、效益大于成本等，此外，还有作为先决质量的重要性，以及英国财务报表信息的传统要求——真实性与公允性。

2. ACSB 提出的会计信息质量

加拿大会计准则委员会对会计信息质量特征的规定比较简单。其发布的财务会计概念中提出，会计信息要具备有可理解性、相关性、可靠性和可比性等四项质量特征，并指出可靠性包括如实表述、可验证性、中立性、稳健性等具体特征，而相关性包括预测价值、反馈价值和及时性等。

3. AASB 提出的会计信息质量特征

1990 年 8 月，澳大利亚会计准则理事会（AASB）发布的“会计概念公告”第 3 号——《财务信息的质量特征》中，将质量特征分为三个层次：财务信息的选择，包括相关性、可靠性和重要性的测试；财务信息的列示，包括可比性和可理解性；相关性和可靠性的财务信息之间的矛盾，包括及时性和成本效益的考虑等。

通过以上会计信息质量特征研究的回顾，可以得出这样几点结论：

（1）所有质量特征研究都是围绕着会计目标进行的。一般而言，关于财务报告目标的主流观点是决策有用观和受托责任观。从某个角度讲，受托责任观实际上也是一个决策问题。因此，虽然各组织机构对财务报告目标观各有侧重，但相关性质量特征是其共同追求。财务报告的目标是会计信息质量特征的逻辑起点之一，是会计信息质量特征之导向。同时，也是会计服务属性的必然要求和具体体现。

（2）会计信息要有用，首先必须考虑可靠性。因此，可靠性这一质量特征也是各个机构对会计信息质量的共同追求。有的直接提到可靠性，如特鲁伯鲁德、FASB、IASC；或间接涉及，如：从 AAA 和中国 1992 年《企业会计准则》。

（3）会计信息质量特征的研究随着时间的推移而不断发展、丰富和完善。从最初的 AAA 的几项简单特征，到 FASB 和 IASC 有主有次、内容丰富、逻辑严密、紧密联系目标的会计信息质量特征体系就很好地说明了这一点。会计环境的不断发展变化和会计目标研究的不断深入，是推动会计信息质量特征研究这进程的两大驱动力。

（4）信息质量特征研究前行过程始终不变的是相关性和可靠性。每一次研究的深入都是相关性或可靠性的深化或拓展。关于会计信息质量特征的研究虽然成果颇丰，但是要走的路还很远。回顾研究过程，至少可得这样的启示：信息质量特征的研究的立足点应是会计环境（含会计前提），出发点则是报告目标，研究的主题是相关性和可靠性。

第三节 FASB 与 IASC 对会计信息质量特征的研究比较

一、FASB 对会计信息质量特征的研究

根据 FASB 于 1980 年颁布的 SFAC2《会计信息的质量特征》，FASB 的有关表述大致可归纳如下：

（1）针对决策的首要质量。会计信息的首要质量是：相关性和可靠性。

会计信息必须具有这两个首要质量，才能对报表使用者的决策具有有用性。

①相关性。指会计信息能够影响使用者的决策。相关性包括三个组成部分，即：预测价值、反馈价值和及时性。预测价值是指过去和现在的会计信息能够通过提高预测未来的能力来影响决策。反馈价值是指通过证实或修正使用者以前作出的决策以期用来影响将要作出的决策。及时性是指会计信息能在使用者作出决策前送达。及时性本身并不能使会计信息达到相关的要求，但若信息不及时，则相关的会计信息也变得与决策不相关了。

②可靠性。指信息使用者可以信任所有被提供的信息。只有当会计信息反映了其所打算反映的内容，不偏不倚地表述了实际经济活动的结果，既不倾向于事先预定的结果，也不迎合某一特定利益集团的需要；能够经得起验证核实，才能认为是具有可靠性的。可靠性包含了三个构成部分：反映真实性（即如实反映）、可验证性（可核性）和中立性。

（2）次要和交互作用的质量。可比性是指会计信息的使用者能够在两组经济现象中指认出相似和相异之处的质量。投资和信贷决策总是在评价各种可行方案之后才作出的，如果没有可以比较的信息，评价就难以合理地进行。从不同企业销售额的比较，可以知悉企业的规模大小。对同行业同期指标的比较，其可比性要高于综合性或多种经营企业间的比较。提高可比性是建立会计准则或核心准则的主要理由之一。

可比性不仅指在同行业的不同企业间的比较，而且指同一个企业在不同时期之间的比较，如通常的本期与前期的比较，为此要求一个企业采取的会计政策（包括会计方法）保持一贯性或一致性，不能任意变更。

（3）可理解性。它是针对会计信息使用者的质量，在质量特征的层次上，构成了信息使用者（也是决策者）质量特征和信息中针对决策的各种质量之间的纽带。可理解性受下列两个因素的制约：一是使用者的特点，如掌握经济知识的广度和深度，愿意钻研与否；二是信息固有的特征，即只能为少数人所理解或使用的信息应不予提供，也不能仅仅由于某些人理解有困难，而把重要的有关信息排除在外。

（4）限制或约束条件。提供会计信息受到一些条件的约束，约束条件有两个：成本效益原则和重要性。

①成本效益原则。提供会计信息既会带来某些效益，也必定会发生一定的成本。对一项信息资料来说，即使它的披露将与决策相关，能有利于投资者了解企业的财务状况和业绩，以及作出相应的决策，但如果为了提供这项信息花费的成本大于所产生的效益，得不偿失，那么企业将不会提供这项信息。成本效益原则是一个普遍性的限制条件。提供一项信息，只有当利用它所带来的效益高于取得它的花费才是合理的。

②重要性。指会计信息对决策的影响程度。重要性一般是指项目的金额、性质和金额与性质的综合。美国 APB 第 4 号公告认为，重要性的基本特征："财务报告是涉及那些重要的足以影响评价或决策的信息"。如果是微不足道就没有重要性。必须注意的是：重要性是相比较而言的，对甲企业不重要的，对乙企业则可能是重要的。

二、IASC 对会计信息质量特征的研究

IASC 在其《编报财务报表的框架》中将质量特征定义为"使财务报表提供的信息对使用者有用的那些性质。四项主要的质量特征是可理解性、相关性、可靠性和可比性"。

（1）可理解性。财务报表提供的信息的一项基本质量特征是便于使用者理解。在这里假定财务信息所面对的是有一定的工商经营活动和会计方面的知识并愿意花费工夫去研究信息的使用者。凡是为使用者的经济决策所需要的财务信息都力求在财务报表内及附注中予以披露。

（2）相关性。指有用的财务信息必须与使用者的决策需要相关联。提供的信息可以帮助使用者评估过去、现在或未来的事项，或者通过确认或纠正使用者过去的评价，从而影响使用者的经济决策时，信息就具有相关性。IASC 认为相关性不仅包含预测价值、证实价值，还包括重要性。这是 IASC 与 FASB 所论述的不同之处。IASC 认为，如果由于信息在财务报表上省略或差错，以致影响使用者作出有关的正确经济决策，此项信息就具有重要性。

（3）可靠性。指有用的信息必须是可靠的或可信的。当提供的信息没有重要差错或偏见，能如实反映其所应反映、理当反映的情况，可供使用者决策做依据的，这项信息就具有可靠性。可靠性的内容包括如实反映、实质重

于形式、中立性、审慎性和完整性。如实反映，其意为如实地描述，既不粉饰现实，也不杜撰造假。企业发生的交易或其他事项的实质与它们的法律形式或人为形式的明显外表，有时是不一致的。因此，提供的信息打算如实反映其所拟反映的交易或其他事项，就必须根据它们的经济实质即经济现实，而不是仅仅根据它们的法律形式予以反映。同时，可靠的信息也意味着不偏不倚，没有个人偏见，这就是中立性。可靠性还意味着审慎。当存在不确定因素的情况下，要作出所要求的预测或预计时，在推测的判断中应持审慎或谨慎的原则或态度，以使不任意抬高资产或收益的数值，也不压低负债或费用的金额。完整性，也就是要求充分披露：内容上没有遗漏、空缺，做到公开、透明。

（4）可比性。财务报表信息的使用者为了更好地理解和分析企业的财务状况和经营业绩的变化趋势，不仅需要比较企业不同时期的财务报表数据，还需要对同一时期不同企业的财务报表的数据进行比较。为此，要求财务报表提供的信息必须具有可比性，要求同类交易或其他事项的计量和列报必须按一致的方法进行。IASC 宣称："遵循国际会计准则，包括揭示企业所采用的会计政策，有助于达到可比性。"鉴于国际会计准则委员会的宗旨，其一直将会计准则在全球范围内可比作为努力的目标之一。

IASC 在《编报财务报表的框架》中提出了对信息质量特征的限制因素，它们是及时性、效益和成本之间的平衡以及质量特征相互之间的平衡。信息要对决策有用，必须是及时的。如果是过时的信息，即使它再可靠，也失去其及时性。效益或成本之间的平衡或效益大于成本，则是一个普遍存在的限制因素。在会计实务中，由于有些质量特征是此消彼长的，这就常常要在质量特征之间权衡取舍，以达到质量特征之间的适当平衡，以免顾此失彼，更好地满足信息用户作出经济决策的需要。

三、FASB 和 IASC 对信息质量特征研究的比较

FASB 和 IASC 对信息质量特征的研究在许多方面是相似的，但也存在差异。

（1）相似点。FASB 和 IASC 所要求的会计信息质量特征从整体上来说都

有严密的体系和明晰的层次。两个体系都服从财务会计的基本目标，为决策提供有用的信息。为保证信息的决策有用性，两者提出了大同小异的主要信息质量特征及其内容成分的构成。从第三节所列的两个图解中可以发现，IASC 的四项主要质量特征，完全相同于 FASB 图解中的上、下、左、右四个特征成分。而 FASB 图解中的层次明晰性则更胜一筹，有利于理解不同质量特征之间的关系。

（2）差别点。①FASB 把相关性和可靠性视为首要质量特征，而且强调相关性；而 IASC 则将四项主要的质量特征平等对待。②FASB 的相关性的构成包含及时性，而 IASC 则将及时性列为制约因素，将重要性视为相关性的成分。美国曾经尝试将重要性规定为用货币表示的数额，但因企业规模有大小，而且币值不稳定，以致不能确定下来。重要性只能是一个相对地来观察的一项质量特征，不能绝对化；将其视为确认的起点或质量的起端，也是一个不确定的因素。③FASB 的可靠性包含了可验证性，而 IASC 则删除了它。他们认为，可靠的信息数据具有可验证性是必然的，既不能掩饰，也不能杜撰。④FASB 和 IASC 对稳健主义（Conservatism）持否定态度；FASB 的图解中没有它，不认为是信息质量特征的成分，而且在 SFAC2 的第 96 和 97 段中明确表示编报财务报表必须采取审慎（Prudence）态度和原则。IASC 在《编报财务报表的框架》在可靠性的构成中则包括审慎或稳健。

IASC 在《编报财务报表的框架》第 46 段中写道："财务报表体现了……真实和公允的观点或是公允地表述了企业的财务状况、经营业绩和财务状况的变动。""真实和公允"（True and Fair）概念最初出现在 1844 年英国股份公司法中，该法规定公司的资产负债必须是"充分和公允"（Full and Fair）的。其后，1945 年公司章程法（Companies Classes Act 1845）要求资产负债表应是一份真实的报表（A true Statement），损益表需要显示"清楚的盈亏"（A Distinct View of Profit or Loss）。从 1897 年《公司法》到 1947 年《公司法》，报表中必须断定财务报表是否显示"真实和正确的观点"（True and Correct View）。1947 年英国特许会计师公会（ICAEW）建议用"真实和公允"代替"真实和正确"。从此，"真实和公允"便在 1947 年公司法中第一次出现，一直沿用至今。IASC 在《编报财务报表的框架》第 46 段还说：

“本框架虽然不直接涉及这些概念，但是，运用主要的质量特征和适当的会计准则，通常可以产生表达一般所理解的真实和公允信息的财务报表，或是公允地表述信息的财务报表。”

四、主要概念框架质量特征的内容比较

英国 ASB《财务报告原则公告》第三章“财务信息的质量特征”认为，财务信息的有用性借助于以下方面来评价：相关性、可靠性、可比性、可理解性及其重要性。这样的评价框架与美国和 IASC 的概框架中有关会计信息质量特征的主要观点在总体上是一致的。该公告还确立了编报反映“真实与公允观”的财务报告应遵循的原则。

加拿大特许会计师协会会计手册《财务会计概念》中列示的会计信息的主要特征包括可理解性、相关性、可靠性、可比性，在主要质量特征下也设有若干级次质量特征。

澳大利亚的第 3 号会计概念公告（SAC3）《财务信息的质量特征》沿用了财务信息应服务于目标的特征，明确了相关性和可靠性是通用目的的财务报告中包含的财务信息主要特征，认为实质重于形式对于信息的相关性和可靠性是必要的，以经济实质而非法律形式作为会计的基础，将限制实务中大量的会计操纵。

主要概念框架关于会计信息质量特征的详细比较如表 4－4 所示。

表 4－4　　主要概念框架的会计信息质量特征

会计准则制定机构	会计信息质量特征	次级特征	其他
FASB	可理解性、有用性、相关性、可靠性、可比性、重要性、呈报效益原则	及时性、预测价值和反馈价值、如实表述、不偏不倚、可验证性	决策有用性
IASC	可理解性、相关性、可靠性、可比性	预测作用和确证作用、真实反映、实质重于形式中立性、审慎性、完整性、及时性、成本效益	真实与公允观

续表

会计准则制定机构	会计信息质量特征	次级特征	其他
ASB	相关性、可靠性、可比性、可理解性、重要性	预测价值、验证价值、如实反映、中立性、避免重大损失、完整性、审慎性、一致性、披露、使用者的能力、汇总和分类	重要性测试
CICA	可理解性、相关性、可靠性、可比性	预测价值、反馈价值、及时性、真实反映、可验证性、中立性	适度运用稳健原则
AASB	相关性和可靠性、可比性、可理解性、及时性和成本效益原则	重要性的限制作用	实质重于形式
韩国	相关性、可靠性、可比性、成本效益原则、重要性	预测价值、反馈价值、及时性、真实性映、可验证性、中立性	以实现财务报告目的为出发点来选择质量属性
中国财政部	可靠性、完整性、相关性、可理解性、可比性、实质重于形式、重要性、谨慎性、及时性	评价作用、预测作用、一致性	

许家林教授以会计信息质量特征内容项目为中心，统计了不同组织的差异。如表 4－5 所示。

表 4－5　　会计信息质量特征比较表

会计信息质量特征	中国	FASB	ASB	ACsB	AASB	IASC	ISAR	合计
相关性	√	√	√	√	√	√	√	7
可靠性（真实性）	√	√	√	√	√	√	√	7
可理解性（明晰性）	√	√	√	√	√	√	√	7
可比性（含一致性）	√	√	√	√	√	√	√	7
及时性	√	√	√	√	√	√	√	7

续表

会计信息质量特征	中国	FASB	ASB	ACsB	AASB	IASC	ISAR	合计
重要性	√	√	√		√	√	√	6
稳健性（谨慎性、审慎性）	√	√	√	√		√	√	6
如实反映		√	√	√		√	√	5
中立性		√	√	√		√	√	5
预测价值		√	√	√			√	4
反馈价值		√	√	√			√	4
实质重于形式	√						√	3
可验证性		√		√			√	3
完整性			√			√		2
避免重大错误			√					1
充分披露			√					1
合计	8	12	14	11	6	11	13	

从表4－5中显然会得到以下的结论：FASB、IASC、ASB和ISAR大多数质量特征是一致的，而我国没有明确反馈价值、预测价值、可核性和中立性等质量特征。从各质量特征的相互关系分析，会计信息质量特征是一个存在内在联系的多层次、完整的质量特征体系。相关性、可靠性、可理解性和可比性一般作为会计信息质量的主要特征，其他特征都是从属于这些特征。成本效益原则是指从信息中派生出来的效益应该超过提供它的成本，是一个普遍存在的限定因素，我国并没有提出这一特征。

第四节　对会计信息质量特征的解析

在以上的第二、三节中，我们详细地阐述了不同国家和国际会计组织对会计信息质量特征的观点，并进行了比较。接着我们试图对信息质量特征进行一个粗线条的解读。

如上节中图4－1，我们可将最具有影响力的美国会计信息质量特征划分为四个层次，并进一步阐明会计信息各个质量特征之间的关系。

第一层是有用性。这是会计信息质量的总体要求。

第二层是相关性和可靠性。它们是会计信息的两个重要特征。

第三层是预测价值、反馈价值、及时性、真实性、可核性、中立性。它们是对相关性和可靠性的具体说明。

第四层是可比性（包括一贯性）。它是会计信息的次要特征。

此外，提供会计信息时应当满足两个约束条件：效益大于成本和重要性。至于可理解性，它主要是对会计信息使用者的知识水平提出的要求，当然，为了让使用者更充分地理解和使用会计信息，会计人员在提供信息时，应使用通俗易懂的表达方式。

一、会计信息的相关性和可靠性

在会计信息的各个质量持征中、相关性和可靠性是会计信息质量的两大重要特征，有用的会计信息既要相关又要可靠，已是会计信息提供者和使用者的共识。

（一）相关性

相关性其实是一个比较模糊的概念，很难具体说明，至少会涉及三个问题。

1. 与谁的需求相关？

相关性是指财务报告所提供的会计信息应该与投资者、债权人和其他部门或人员所做的投资、信贷和类似的决策有关。这里回答似乎过于简单。信息使用者不仅影响财务报告目标的确定，而且关系到会计信息是否会达到质量要求。相关性最初是指一般相关性，即财务报告是通用的会计信息，目前财务报告已经达到一般相关的要求。但是在共同信息需求外，还面临着一些特殊决策问题，一些使用者还有自己特定的信息需求。例如投资者会更加关注投资报酬和投资风险，更需要作出“或购或持或售”的信息，需要评估企业股利支付情况的资料。贷款人则会重点关注企业的偿债能力信息。所以，会计必须在提供通用信息和特定信息之间作出选择。

2. 会计信息应该与什么相关?

亨德里克森认为，相关性包括三种解释，即决策相关、目标相关、语义相关。决策相关性如前所述，而目标相关是会计信息要与使用者所要达到的目标相关，他还认为目标相关是评价相关的最好概念。由于使用者的目标要比他们的特定决策更明确和容易把握，目标相关性也更容易实现。但是目标相关性又带来一个新问题，它比较主观，不同使用者有形形色色的目标，会计信息又很难满足其主观性的所有需求。语义相关性是指会计信息应该能够令使用者理解财务报告的用意，理解会计信息比了解使用者的决策和目标更为容易。因此，语义相关性比前两者更易达到。但是，可以理解的会计信息是否对使用者有用值得怀疑，需要的信息必须具有予以相关性，但具有语义相关性的信息未必是使用者要求的。

3. 会计信息与决策相关几何?

SFAC No. 2 指出，会计信息只有具备“导致差别”的能力，方能确定它与某一决策相关。这是因为，会计信息要能与投资人、债权人和其他人士所作的经济决策相关，就必须通过帮助使用者对过去、现在和未来事件的结果作出预测，或是能证实或改正先前的期望，从而具备在决策中导致差别的能力。“导致差别”是指既可增加也可减少信息的差异，以便使用者能减少对经济事件的不确定性，增进决策的把握性。

在承认决策相关性的前提下，对相关性的理解可以归纳为四种。[①]

（1）会计信息包含了股票价格的内在价值，股票价格随会计信息的发布波动，即会计信息领先于股票价格波动。这一理解假设只有会计信息才能反映企业的内在价值，而股票价格不具有这个功能，这与理论界和实务界关于改进财务报告的建议不符。已有研究表明，股票市场能够充分了解权责发生制所不能及时反映的信息，从而领先于会计信息的发布。

（2）如果会计信息能有助于使用者进行决策，它就是相关的。例如，在运用股利贴现计价模型预测未来股利、现金流量贴现计价模型预测未来现金流量等过程中，盈利预测能力高低，体现会计信息相关性的高低。

① 魏明海：《会计理论研究（第二版）》，东北财经大学出版社 2012 年版，第 59 页。

（3）会计信息相关性是指其“俘获”或“汇总”能影响股票价格的信息能力，而不要求会计信息是各种信息中最先影响股票价格的。这一理解与现有文献对会计信息的相关性讨论相符。

（4）会计信息相关性是指在一个严格的实证研究环境下，会计信息的发布如与股票价格的反应之间没有明显的关联，就认为会计信息不具备相关性。这需要同时考虑两个不同的概念：一是投资者是否会关注会计信息；二是会计信息的及时性和预测价值。

相关性反映了会计信息对决策的影响能力。要做到这一点，相关的会计信息应同时具备预测价值、反馈价值和及时性等三者共同成为相关性的主要成分。

预测价值，是指会计信息能增强决策者的预测能力，能帮助决策者预测未来事项的可能结果。目前的财务报告所提供的会计信息，虽然主要是过去经济活动的信息，但未来是现在的延续，如果不明白历史，预测就会缺乏基础。

反馈价值，是指会计信息能帮助决策者证实或更正过去决策时的预期结果。预测价值和反馈价值同时存在并相互影响，反馈的目的是为了更好地进行预测。例如，一个企业的月报对于当月的实绩只有反馈价值，对于年度业绩则同时具有预测价值。

及时性，是指会计信息应在使用者失去影响决策能力以前予以提供。如果会计信息提供过晚，已失去决策的时机，信息的相关性将会大打折扣，甚至完全没有用处。及时的信息不一定相关，但相关的信息必须及时提供，否则，相关的信息也就成为不相关的了。及时性显然有程度不同之分，这要根据特定会计主体的具体经济活动而决定，在某些情况下，为保证信息的及时性而牺牲一些准确性是允许的，因为迅速得出的近似值往往要比花费更多的时间所得的精确信息更有用。但如果因及时性而在很大程度上牺牲了可靠性则是不允许的，因为可靠性牺牲的太多，就会影响信息的有用性。

（二）可靠性

FASB 认为：“一个指标的可靠性，以真实地反映它意在反映的情况为基础，同时又通过核实向用户保证，它具有这种反映情况的质量。当然，必须承认可靠性有程度之分。它几乎从来不是一个或黑或白的问题，而是一个可靠性更强或更弱的问题。”

可靠性是指财务报告所反映的会计信息应使决策者足以信赖，不受错误或带偏向性的影响。这要求会计信息要避免错误并减少偏差，真实地表达企业的财务状况和经营成果。只有可靠的会计信息，才可能引起决策者的注意，如果所提供的信息不可靠，就对决策没有任何用处。通常，如果一个理性的、对会计信息有充分理解能力的人依据所提供的会计信息，能够作出合理的决策，我们就认为这些会计信息是可靠的。可靠性有程度不同之分，决不是简单的“黑与白”的问题，而且比较可靠和不大可靠的问题，完全可靠是无法达到的。可靠性的具体标志主要有真实性、可核性和中立性三个方面。

所谓真实性，即公允披露，指会计信息应能如实地反映其所要表达的现象或状况。真实性并非要求会计信息百分之百地反映客观实际。事实上，会计信息往往是近似计量的结果，而不是正确计量的结果。只要选择运用的会计处理方法和程序合规、合理，并进行无误的加工整理，会计系统所输出的信息就认为是真实的。

所谓可核性，是指会计信息具有重复验证的特征，也叫可验证性。即对同一事项，由不同的人依据相同的方法和程序，应当得出相同或基本相同的结论，现行财务报表以历史成本为主要计量属性，可以保证会计信息的可核性。

所谓中立性，是指会计人员在根据会计准则选择会计方法和程序时，应主要考虑所提供的信息是否对决策者有用，而不能根据个人的偏好或其他不正当目的故意去选用会计方法或歪曲会计信息。中立性要求会计人员应站在客观的立场，不偏不倚地选择会计方法。

（三）对相关性与可靠性的矛盾与协调的思考

事实上，相关性与可靠性这两个概念并无确切的定义，IASC 对它们比较模糊但表述比较适当的解释是“当资料通过帮助使用者评估过去、现在或未来的事件或通过确认或纠正使用者过去的评价，影响到使用者的经济决策时，资料就具有了相关性；当资料没有重要差错或偏向并能如实反映其所拟反映或理当反映的情况而能供使用者作依据时，资料就具备了可靠性。”但是，这两者在很多时候往往是矛盾的，在特定条件下，甚至是“鱼”和“熊掌”的关系。如何正确地认识两者的矛盾以及尽可能地协调这种矛盾是以下试图探讨的问题。

FASB 在 1980 年发布的第 2 号概念公告《会计信息的质量特征》中，认为：相关性与可靠性是决策的首要质量特征。而 IASC 在 1989 年《编制和提供财务报表的框架》中认为：可理解性、相关性、可靠性、可比性是四项主要的质量特征。两者的观点并不完全一致，但其共性也是比较明显的：可靠性与相关性是重要质量特征。

相关性和可靠性是同等重要的会计信息质量特征，二者紧密相连，它们总是同时影响或决定会计信息的有用性。一般而言，越是可靠性的信息，其相关性也越大、而相关性越大的信息，其可靠性也越强。凡是对决策起了作用的信息，肯定既具有相关性，又具有可靠性，这早已成为所有信息使用者的共识。这种共识是由会计信息的不同用途决定的：用于传统财富分配的会计信息要求具有很高的可靠性，用于投资决策的会计信息则要求有很强的相关性。但是，如果说信息的有用性是其相关性和可靠性的函数的话，那么相关性和可靠性之间就不一定是互为函数关系。在某种情况下，有的信息相关性很好，但可靠性较差；有的信息可靠性很好，但相关性较差。相关性和可靠性并非总在同一方向上影响信息的有用性，但又必须尽可能统一于信息有用性的原则之下。如果相关性失去可靠性的支持，就会降低甚至失去相关性，会对使用者产生误导作用；如果信息虽然真实可靠，却与使用者的需求相去甚远，也会因不具备相关性而失去可靠性存在的意义。可见，相关性和可靠性是紧密联系在一起的，既不能离开可靠性去谈论相关性，也不能离开相关性去谈论可靠性，它们总是在同时影响或决定着信息的有用性。我们必须对二者给予同等程度的重视，它们的排列孰先孰后并不重要，重要的是当二者不能同时兼顾时，是牺牲相关性还是牺牲可靠性？这要根据具体情况进行取舍，历史上的不同时期各有侧重，在某一时期突出对相关性的要求，而在另一时期则突出对可靠性的要求。

由于财务会计本身的缺陷，相关性与可靠性也常常相互冲突。有的信息相关性很好，但可靠性较差；有的信息可靠性很好，相关性较差。在某种情况下，相关性和可靠性对信息的有用性也有不同的影响。强调了可靠性，就会影响信息的相关性；而强调了相关性，又会以牺牲可靠性为代价。例如，为了保证及时性，相关性的次级质量特征（FASB）或限制因素（IASC），就需要更多的估计与判断，这就势必会损害会计信息的可靠性。举个例子，如中期期末，为了及时编报中期财务报告，对存货不可能像年终那样采取实地盘点的办法，而往往代之以其他较简捷的办法，如毛利率法等。因此中报的信息质量将是相关性与可靠性权衡的结果。再比如，如实反映（真实性）是可靠性的主要质量标志之一，但资产计价真实有历史的真实（以历史成本计价）、现时的真实（以重置成本或现行市价计价）和未来的真实（以可变现净值计价）。问题在于，信息使用者要求的是哪种真实？情况是很复杂的，在历史成本计价原则下，显然是历史的真实。在物价变动条件下，我们保证了以历史成本计价从而反映了历史真实的可靠性，但对投资决策者而言，此时的会计信息显然已经失去了相关性的质量特征。现实就是这样，往往让我们陷入可靠性和相关性的两难选择。这使得在理论上尽可能地解决和协调这对矛盾成了当务之急。

如上所述，作为会计信息的质量特征，相关性与可靠性是同等重要的。如果相关性失去了可靠性的支持，就会降低甚至失去相关性，这种数字游戏将对使用者产生不可估量的误导作用；如果信息虽然真实可靠，但与使用者的需求相去甚远，也会因不具备相关性而失去可靠性的存在意义。可见，既不能离开可靠性去谈论相关性，也不能离开相关性去讨论可靠性。它们总是同时在影响或决定着信息的有用性，片面强调其中任何一方的改进，都极有可能给信息的有用性带来严重后果。

但现实是复杂的，绝对的均衡或不偏不倚是不存在的。不同的信息使用者有不同的需要。对信息质量的相关性和可靠性有不同的偏好，有的使用者更关心相关性，而有的使用者则更关心可靠性。同一信息使用者在不同的时期，对相关性和可靠性的侧重也有所不同。以美国为例，在资本主义经济危机过后，人们十分关心会计信息的可靠性而不是相关性。1980 年的第 2 号概念公告虽然把相关性和可靠性摆在同等重要的地位，但社会各界普遍认为：会计信息的相关性实际已降低很多。据一些会计学家的观点，美国在 20 世纪

60 年代就已基本解决了可靠性问题。在可靠性得到保证的基础上，适当弱化可靠性去换取相关性是可以理解的。于是，AICPA 理事会成立了特别委员会，对会计信息质量问题进行了广泛深入的研究，并于 1991 年 4 月完成了一份综合报告——《改进企业报告——着眼于用户》。该报告以相关性为主线，而对可靠性的论述只有短短的两段。其目的显然是要提高信息的相关性。有些人认为，近年来，美国将要以弱化可靠性为代价而换取相关性，过一时期再转而强调可靠性。另一些人则认为，美国即使面临提高相关性的巨大压力，也不会以牺牲可靠性为代价。如果在可靠性得到基本保证的前提下，尽可能提高相关性，进而实现会计信息的决策有用性，则是一种较好的选择。而我国的绝大多类会计学家强调当前我国应把会计信息的可靠性放在第一位，这也与我目当前经济生活中的会计信息严重失真的背景是分不开的。

如何协调相关性与可靠性的矛盾？笔者认为应该强调两点。

一是要结合会计主体所处的具体会计环境进行权衡与取舍。根据我国当前的实际情况，ASB 在 1999 年公布的《财务报告原则公告》中提出的见解值得我们借鉴：“有时候会计信息是非常相关但不是非常可靠或者相反，在此种情况下选择一项资产或负债的计量金额将产生冲突。这时通常利用最可靠信息中的最相关的信息是恰当的。”报告中又说：“相关性与可靠性之间的矛盾还可能由信息的及时性所引起，那是因为在信息提供过程中的延误使信息过时，将影响它的相关性；然而在交易事项所包含的全部不确定性被解决之前，报告交易和事项又影响了它的可靠性。另一方面，主体应当尽一切合理的努力尽快使得信息达到可靠，在信息具备可靠性之前是不应当予以提供的。”

二是采取多元信息披露方式。相关性与可靠性的矛盾在很多时候是可以迎刃而解的。例如，如果以历史成本为基础的会计信息更具有可靠性，而以评估价值为基础的会计信息更具有相关性，那么两种不同属性的会计信息同时提供，便可同时满足不同用途的信息要求及其质量特征。

二、其他质量特征

（一）可比性

可比性（包括一贯性）是指经济情况相同时，提供的会计信息应该相同；如果经济情况不同，会计信息应能反映其差异。可比性要求不同企业之间或同一企业的不同时期之间的信息应能够进行对比，对比的目的在于发现和说明异同，对比不是等同。如果信息能够对比，将会大大提高信息的有用性。但有些时候，可比的信息不一定相关和可靠，而相关和可靠的信息也不一定能够比较。企业应在保证信息相关性和可靠性的前提下，尽量使信息可比。绝不可为了信息的相互可比，而牺牲信息的相关性和可靠性，这是因为可比性是会计信息的次要特征。

如果不同的企业或同一企业的不同时期一贯地使用相同的会计方法和程序，而且使用过长，就可能阻碍会计发展，因此，包括在可比性之内的一贯性允许在一定的条件改变会计方法和程序，但应在财务报告中进行适当的披露。

（二）可理解性

可理解性指财务报告所提供的信息，必须考虑会计信息使用者的理解能力，对于那些对企业的经济活动具有合理程度的知识，而且自身又愿意用适当的精力去研究会计信息的人士，应当是可以理解的。这是使会计信息有用的前提条件。可理解性一要看会计人员对会计信息的表达方式，二要看信息使用者的知识水平和理解力。

对会计人员来说，为了增强使用者对信息的理解力，应使用通俗易懂的表达方式；应在财务报表附注中对存在重大不确定性的资产和负债项目作出披露，交代对未来事件的估计和判断依据，说明计算过程。

对会计信息使用者来说，应具有一定的知识水平和对会计信息充分的理解力。如果使用者能充分理解会计信息，就有利于其作出经济决策；反之，如果使用者不能理解信息，信息的作用便发挥不出来，即使这些信息是相关和可靠的，也会被白白地浪费掉。同时，信息使用者应当认识到，财务报告所能提供的会计信息是有局限性的。如这些信息往往是关于个别会计主体的，而不是行业和整个经济的；往往来自近似的，而不是精确的计量，这些计量常包含许多估计、分类、汇总、判断和分配；主要是反映已经发生的交易和事项的财务影响等。因此，会计信息只是他们进行决策所需要的依据之一，除了会计信息以外，有些非会计信息也对决策有用，但财务报告不能提供，因为财务报告不是企业报告，它只是企业报告的重要组成部分，它所提供的信息要受会计本质的限制。

（三）实质重于形式

实质重于形式是指会计人员应根据会计事项的实质和经济现实进行会计处理并提供会计信息，而不能根据其法律形式或人为形式。这一质量特征是国际会计准则委员会提出的，已越来越受到世界各国会计准则机构的重视。

实质重于形式质量主要应用在两个方面：一方面是在确认经济事项是否符合会计要素定义和应计入哪一会计要素时；另一方面是在确定会计信息是否应在财务报告中揭示和如何揭示时。如果要真实地反映拟反映的交易和事项，那就必须根据它们的实质和经济事实，而不是仅仅考虑它们的法律形式进行核算和反映。交易和事项的实质，不总是与法律形式的外在面目一致。比较典型的当属对融资租入固定资产的确认与计量。从形式上看，该企业只是拥有使用权和控制权，并不是企业购入的资产，不该纳入固定资产核算，但是，由于融资租入固定资产的租赁期限一般超过了资产使用年限的大部分，而且到期企业可以购买，因此，为正确反映企业资产和负债，应该将融资租入固定资产作为企业自己的一项资产核算，并同时确认为一项长期负债加以反映。

（四）谨慎性

也称稳健性，是指在处理不确定经济事项时，应持谨慎态度，如果一项业务有多种处理方法可供选择时，应选择不导致夸大资产、虚增利润的方法，这就要求在教学会计核算时，应当合理预计可能发生的损失和费用，而不是预计可能实现的收入和过高估计资产的价值。采用谨慎性的理由是：（1）管理当局通常对企业充满自信，这种乐观倾向会在会计选择上体现，会计人员的悲观倾向会对这种倾向有所抵消；（2）对企业来说，高估利润和资产比低估危险更大，甚至导致破产的可能；（3）会计人员估计风险是危险的，这与操作利润和责任划分有关系。而反对谨慎性的理由是：（1）会导致会计信息的失真，违背可比性、一致性，甚至是相关性，谨慎性不过是处理资产计量和收益确定中不确定的一种较差的方法，甚至于是差的方法，会导致会计数据的扭曲；（2）会计人员拥有更充分的信息，应该对风险进行估计如果会计人员无法估计风险，投资者更无法对风险进行评估。谨慎性原则并不意味着可以滥用，更不是任意计提各种准备的理由。

总之，遵循谨慎性应该适度，不能走向极端，而过低地估计企业资产和收益，否则也会导致财务报告的失真。美国会计准则抛弃了谨慎性，而是按收入或损失的概率作为确认标准。

三、会计信息质量的约束条件

（一）效益大于成本

效益大于成本也称之为成本效益原则，是指企业从所提供的会计信息中所获得的效益应大于其为提供信息所花费的成本，这是对会计信息的普遍性约束条件，而且在性质上主要是一个数量方面的约束条件。有些会计信息可能是有用的，但如果所花费的成本过高就不值得提供。有时只花费不多的成本便可获得很多的信息，但如果这些信息对决策的用处不大，也就不必提供。信息既要有用，又要值得提供。

会计信息的使用者众多，各类使用者各有其不同的要求，即使是同一会计信息使用者，由于其使用的决策方法和程序不同，对会计信息的要求也不尽相同。从会计信息成本与效益的角度出发，所提供的会计信息不可能满足所有的使用者的所有决策的需要。

（二）重要性

重要性指提供的信息要能够影响会计信息使用者的决策。判别某项会计事项是否具有重要性，很大程度取决于会计人员的职业判断，因此重要性的应用有很大的主观性。从性质方面讲，只要该事项发生能对决策重大影响，就属于具有重要性的事项；从数量方面讲，该事项的发生达到一定数量，则可能对决策产生影响，则被认为是重要的事项。凡重要的事项必须单独提供，不同的企业以及同一企业不同时期，其重要的会计事项可能不一样。某种情况下提供的会计信息中可能包括不重大的误差，即使如此，信息仍然能达到可靠性的要求，因为不重大的误差不会贬低信息的有用性。也就是说，可靠性要求凡是重大的信息都必须可靠。相关性与重要性有相同之处，都需要对决策产生影响。

尽管美国、英国等经济发达国家的会计准则委员会以及 IASC 都规定了会计信息的质量特征，并起到了应有的作用。但从总体来看，还存一些缺点。如对会计信息质量的表述具有某种程度的“模糊性”，即构成会计信息决策有用性两大特征的相关性和可靠性，是两个含义不能确指的概念。以相关性为例，多数人认为会计信息的相关性包括一般相关和特殊相关，目前的会计信息早已达到了一般相关的要求，即目前编报的通用财务报告已经能够基本满足现有的和潜在的投资者和债权人以及其他使用者的一般决策需要，但还远远不能达到个别使用者进行特殊决策的要求。这是财务会计目前以历史成本作为计量属性，以名义货币作为计量单位所决定的，除非改变财务会计计量属性和计量单位，可是到目前为止，在这方面所做的努力大都未见良好成效。此外，会计信息各个质量特征之间的关系也不是非常明确。

第五节　新世纪会计质量特征研究的发展

FASB 在发布了 SFAC No. 7 以后，没有再单独研究和发布概念公告（SFACs）。原因是已发布的 SFACs 需要完善，并且整个概念框架也需要发展，进入 21 世纪，IASB 与 FASB 合作进行一个联合概念框架的研究项目，目的在于制定一个单一的、完整的、高质量的、内在一致的概念框架，于 2010 年 9 月完成了单一的联合概念框架的第 1 章和第 3 章。FASB 随之发布的财务会计公告第 8 号《财务报告的概念框架》也取代了第 2 号概念公告《会计信息的质量特征》。第 8 号概念公告的第 3 章“有用财务信息的质量特征”，其特点概括为两点。

一、内容与层次都大为简化，结构更为严谨

第 8 号概念公告第 3 章是用来取代原来的第 2 号概念公告的。对比第 2 号概念公告，除第 2 号公告的背景资料之外，其他删减了 73%。而层次结构由 7 个层次也减为 3 个层次，即基本的质量特征、增进的质量特征和信息约束条件。

基本质量特征指“相关性”、“重要性”与“如实反映”；增进质量特征指可比性、可稽核性、及时性与可理解性；成本与效益则是约束条件。

第 8 号概念公告第 3 章突出地说明：有用的财务信息至少具备相关性和如实反映两项基本质量特征，但若再具备可比性等四项增进质量特征，就能进一步提高（即“增进”的含义）财务报告信息的质量。这样，财务信息质量特征就显得更为严谨。

二、几个概念的改进，使信息质量特征服从于通用财务报告的目标

第 8 号概念公告第 3 章修改了几个重要概念。

一是把过去“会计信息的质量特征”（第 2 号概念公告）修改为“有用财务信息的质量特征”，而提供对决策有用的财务信息就是第 1 章规定的通用财务报告的目标。

二是把主要质量和次要质量（原第 2 号概念公告的层次分类）改为基本质量特征与增进质量特征。

三是把基本的质量特征之一的可靠性（原第 2 号概念公告的提法）改为如实反映（faithful—representation），使之更符合财务信息的特点。因为信息本来就是客观事物的反映。通用财务报告中的财务信息理应如实地反映一个主体客观存在的经济资源，对资源的要求权和引起两者实际变动的现实交易、事项与情况，只有如实反映，才有可能通过财务信息确切描绘主体的经济现实。

上述三个方面概念的修改，使第 3 章财务信息质量特征更贴近财务报表目标。

对于第 8 号概念公告第 3 章，总体上也是应当肯定的，简化与严谨的统一比第 1 章更为突出，但遗憾的是，在附录第 3 章的结论从基础上却明确指出：透明度（Transparency）、高质量（High Quality）、内在一致性（Internal Consistency）、“真实与公允观点”（True and Fair View）或公允表述（Fair Presentation）与可信性（Credibility）都被排斥在第 3 章“有用财务信息的质获特征”之外。总的理由是，这些“用语”（表述）不过是基本信息质量与

增进信息质量的不同表述（描绘），有些人建议用另外的标准作出信息质量咨询的决策与 FASB 不同，而 FASB 则认为自己的标准是简化、实用并容易接受的。

不过，我们认为，任何概念之出现并得到流行，都有它的理由，尽管上述概念与概念公告中的提法相似或一致，但它们被人们广泛采用，就不应视而不见。比如“高质量”一词，现已是 IASB 制定的国际财务报告准则努力的方向。至于“透明度”或“透明的”信息则多次见于美国 SEC 向国会提交的关于《调到市价会计研究》的重要报告之中。而且，早在美国 2002 年制定的“萨班斯—奥克斯莱法案”第四章第 401 节“定期报告中的披露”（C）、“特别目的实体的报告研究”（2）中的（E）即用了透明度（Transparency）一词，即说“任何 SEC 关于改进在财务报表中与披露报告资产负债表外交易的透明度与质量，必须由发行人向 SEC 填报”。

高质量（主要是对会计准则的质量要求）与透明度（主要是对财务报告信息的质量要求）这两个概念既然如此广泛流行，准则制定机构应当认可、接受并予以定义。

自 2004 年 IASB 与 FASB 联合制定概念框架的项目启动以来，经过七年的精心研究、讨论和反复征求意见，其中通用财务报告的目标和财务信息的质量特征两个部分，终于完成了研究的应循程序，取得最终的成果。2010 年 9 月，由 FASB 公布的第 8 号概念公告和由 IASB 公布的 2010 年概念框架就是两份内容趋同（甚至一致）、公布的文献形式不同的成果，作为财务报告概念基础和质量要求的两章框架内容。总体上说，这是有着显著改进和提高的高质量框架文献，是编报企业财务报告基础概念的新篇章，虽然联合概念框架才完成两章，但已能预测到，IASB 和 FASB 的合作确能大大提高国际财务报告准则（IFRSs）的质量，从而有可能建立起一个全球有威望的制定会计准则的示范和领导机构。由于财务会计信息是国际商业语言，会计准则将规范这种商业语言，使之按高质量、透明度的要求被各国广泛接受。概念框架则是会计准则的基础，因而，它能使依据会计准则所编制的财务报告更具有可理解性和可比性，能更好地沟通国际投资、理财等活动，这对于促进后金融危机时代的全球经济复苏和各国经济的紧密合作有着重要的意义。

第六节 我国的会计信息质量要求

20世纪90年代以前，我国会计界并没有将会计信息质量特征作为专门的研究对象来研研究，只是在有关的会计制度中，对编制财务会计报表规定了基本要求：数字真实，即必须以账户记录为依据；内容可靠，即不得臆造数据；项目齐全，即所有报表项目均需要列完整；编报及时，即月报、季报与年报必须在规定期限内报出，不得延误。

在我国，与会计信息质量特征类似的概念是会计原则。

1992年我国颁布的《企业会计准则》中，也没有明确提出“会计信息质量特征”等名词，但是规定了12条会计核算原则，其中有7条是针对财务报表所提供的会计信息提出的质量要求，即：可靠性、相关性、可比性、一致性、及时性、明晰性和重要性。其中虽未明确提出会计目标和信息质量特征的说法，但通过对其具体内容的分析，也不难发现与会计目标和信息质量特征相似的内容。如表4－6所示。

表4－6　会计目标及信息质量特征

会计目标	会计信息质量特征
会计信息应当符合国家宏观经济的要求，满足有关各方面了解企业财务状况和经营成果的需要，满足企业加强内部经营管理的需要	可靠性、相关性
	可比性、一致性
	及时性、可理解性
	谨慎性、完整性
	重要性

具体会计准则实施以后，对会计信息的要求又有所增加，在2001年开始实施的《企业会计制度》中又新增一条实质重于形式原则等。从表述上看，这些会计原则都是针对企业会计核算提出的一般要求，实质上也是对会计报表质量的要求。

真正体现我国会计信息质量特征的是财政部2006年颁布的《企业会计准

则——基本准则》，对以前的基本准则进行了修订后，在新的基本准则中取消了会计原则的提法。其中的第二章《会计信息质量要求》中规定了如下八条具体要求。

（1）可靠性：企业应当以实际发生的交易或者事项为依据进行会计确认、计量和报告，如实反映符合确认和计量要求的各项会计要素及其他相关信息，保证会计信息真实可靠、内容完整。

（2）相关性：企业提供的会计信息应当与财务会计报告使用者的经济决策需要相关，有助于财务会计报告使用者对企业过去、现在或者未来的情况作出评价或者预测。

（3）可理解性：企业提供的会计信息应当清晰明了，便于财务会计报告使用者理解和使用。

（4）可比性：企业提供的会计信息应当具有可比性。包括一致性，同一企业不同时期发生的相同或者相似的交易或者事项，应当采用一致的会计政策，不得随意变更。确需变更的，应当在附注中说明。不同企业发生的相同或者相似的交易或者事项，应当采用规定的会计政策，确保会计信息口径一致、相互可比。

（5）实质重于形式：企业应当按照交易或者事项的经济实质进行会计确认、计量和报告，不应仅以交易或者事项的法律形式为依据。

（6）重要性：企业提供的会计信息应当反映与企业财务状况、经营成果和现金流量等有关的所有重要交易或者事项。

（7）谨慎性：企业对交易或者事项进行会计确认、计量和报告应当保持应有的谨慎，不应高估资产或者收益、低估负债或者费用。

（8）及时性：企业对于已经发生的交易或者事项，应当及时进行会计确认、计量和报告，不得提前或者延后。

从这些要求或原则的内容上看，与国外的会计信息质量特征有很多相似之处，实质上就是我国的会计信息质量特征。只是与国外相比，没有划分层次，没有指出哪些是主要质量要求，哪些是次要质量要求，内涵不深刻，这就在一定程度上影响了会计信息的决策有用性，形成这一局面的原因主要是我国目前市场经济相对落后，资本市场不太发达、会计理论研究缺乏深度，以及会计信息使用者对信息质量要求不高等等。

在以后一段时间内，我国应借鉴美国等发达国家思路，在构建我国会计信息质量特征时以会计目标的实现为最终目的，以会计实践的可操作性为约束条件。我国会计信息的质量特征主要是公允性和可靠性。其中，公允性包括真实性和中立性，可靠性包括如实反映和可验证性。此外，可比性和及时性应作为理解信息和使用信息的次要特征。

公允性就是要求财务报表提供的信息能公平、公允地反映委托、受托双方的经济利益关系。在我国，会计信息还被认为具有利益协调或参与分配的作用。公允性是利益协调和分配所必须持有的基本立场，真实性要求财务报表信息真实地反映企业的经济现实。针对我国目前会计信息失真严重的实际情况，强调真实性，有利于维护委托方与受托方的经济利益，特别是有利于维护国家这一委托人的经济利益。如果物价变动剧烈，对经济活动造成较大影响，真实性还要求采用适当的物价变动会计模式，来消除财务报表信息的不真实性。中立性，就是不偏不倚地要求财务报表的提供者在具体加工、生成财务报表信息的过程中，不应偏袒任何一方的利益。财务报告的目的是为具有多种不同利益的信息使用者服务，没有一个预定的结果能符合所有使用者的所有利益，尽管会计人员提供信息时不可避免地会受到一些人为的干扰，但中立性要求企业决不能根据某一个或一类使用者的利益，预先确定了所期望的结果，再去选择信息来得到结果。

我国现阶段的会计信息在相关性和可靠性方面还存在着很多问题。从目前我国法律法规的角度看，我国会计信息的相关性和可靠性是兼顾的。新会计准则对信息有用性有着较为明确的要求：“企业应当编制财务会计报告（又称财务报告）。财务会计报告的目标是向财务会计报告使用者提供与企业财务状况、经营成果和现金流量等有关的会计信息，反映企业管理层受托责任履行情况，有助于财务会计报告使用者作出经济决策。”

但是，在我国企业经济决策主要不是依据会计信息的情况下，或者说信息使用者对会计信息的相关性要求并不很高时，会计信息的可靠性问题更为突出。我国会计信息的可靠性一直是衡量会计信息质量的最重要标准，而多年来的会计信息失真问题总是困扰着各方面的信息使用者，与美国在信息可靠性问题大体已获得解决前提下更关注相关性有很大不同。因此，目前我国应主要强调会计信息的可靠性，在可靠的基础上再讨论相关性。随着我国资本市场的不断完善，会计改革及其国际趋同的不断加快以及信息使用者对会计信息理解能力的增强，我国会计信息的质量特征会日趋完善。

第五章 财务报表要素研究

在会计理论体系中，财务报表要素具有重要的地位。它既是最基本的会计概念，也是财务会计概念结构中的重要内容之一。在财务会计概念结构中，财务报表要素是会计信息质量特征的表现形式，会计信息质量特征和财务报表要素共同构成概念结构的基础层次。有了报表要素，才能进一步对要素进行确认与计量，最终实现财务报告目标。

第一节 财务报表要素的理论价值

要素是指某一事物总体中必要的组成部分，它是构成事物的必要元素。财务报表要素是构成财务报表的“材料”，也就是财务报表所包含的各类项目。它是从财务报告目标出发，对会计信息的经济特征所作的基本分类。它也是设置会计科目、规范会计核算指标体系及编制会计报表的理论依据。由于财务报表是财务报告的主体，财务报表要素也叫基本的会计要素，它们在本质上没有区别。

FASB 在第 6 号财务会计概念公告中将财务报表要素定义为“构成财务报表的模块，而这些项目的分类构成了财务报表。财务报表的这些项目通过文字和数字描述了特定主体的资源、对资源的要求权以及交易、其他事项和环境导致的这些资源和要求权变化的结果”。“要素涉及大的分类，诸如资产、负债、收入、费用。特殊的经济情况和事项，诸如库存现金和待售商品……不是报表使用项目的要素。”

从广义角度理解，财务报表要素是财务会计对象的具体体现，是对资金运动两种形态的基本分类。它通过文字和金额对特定会计主体的财务状况、经营成果以及财务状况变动在财务报表上作出反映。

作为财务会计的客体，财务会计要素有如下几个特性：客观性、目标性、相互依存性、假设性和可分性等。

1. 客观性

财务会计要素的客观性，是指财务会计要素具有自身变化规律（如资产与负债和所有者权益在同一时间点的等量性、资产与费用的相互转化等），不受企业主体及会计主体（会计人）的人为影响。企业主体与会计主体不能按照自己的意志去改变或者废除它，而只能按照财务会计对象要素固有的规律来改变其存在形态，并且改变了存在形态的新的客体仍然具有客观存在性。财务会计要素的客观性，要求会计主体在财务会计确认、计量、记录与报告的过程中，必须认识和遵循财务会计对象要素的内在规律。

2. 目标性

财务会计目标体现了报表使用者利用会计信息的目的，同时影响财务会计要素的存在与形式。例如，20 世纪 80 年代以来，投资者及债权人等信息使用者逐渐意识到现金流量信息与企业价值及其未来发展的前景相关性较高，因而开始重视“现金流量要素”，产生了现金流量表。

3. 相互依存性

财务会计中不同的会计要素以及同一要素不同内容之间相互联系、相互制约、相互依存。其包含两层含义：一是各种不同财务会计要素相互联系组成了财务会计对象整体，并且其内部结构是有机的，也是有序的；二是企业发生价值运动时，财务会计要素的变化具有特定的规律，这些规律体现了价值运动的规律。例如：实现收入时导致资产增加、发生费用时导致资产减少。财务会计要素相互依存的特性表明的是要素之间的内在联系，财务会计确认、计量、记录和报告均建立在财务会计要素内在变化规律的基础上。

4. 假设性

财务会计信息的产生是建立在会计假设基础之上的。会计假设是基于会计目标对会计信息产生的前提条件所作的适当限定的认可，会计假设来自于市场经济环境并由市场经济环境所决定。财务会计要素作为财务会计行为的基础对象，同样受到来自市场经济环境的各种限制。比如，财务会计要素存在的经营状态不同，因而财务会计要素存在较大差别。持续经营状态下财务会计对象是资产、负债、所有者权益、收入等，而非持续经营状态下财务会计对象则是清算资产、清算债务、清算净权益等。

5. 可分性

财务会计要素的可分性是根据本身规律及财务会计目标的要求对各个要素所做的划分的结果，形成了财务会计基本要素、分要素、支要素的多层次结构。从理论上讲，其划分是无尽的，但财务会计目标的要求将使要素的层次结构合理化。比如，将资产要素划分为现金、存货、固定资产等，再将存货划分为原材料、产成品等。

第二节 财务报表要素的研究概况

一、西方主要国家的研究及成果

（一）FASB 的研究及成果

美国对财务报表要素的研究经历了四个阶段：1953 年 8 月至 1957 年 1 月，美国会计协会所属的会计名词委员会对相关会计术语作出了定义；1970 年，会计原则委员会发布的第 4 号研究公告中，将基本要素归纳为资产、负债、业主权益、收入、费用和净收益六个方面；1980 年 12 月，FASB 在其发布的第 3 号财务会计概念公告中，正式提出了资产、负债、业主权益、业主投资、派给业主款、全面收益、收入、费用、利得和损失等 10 项要素；1985 年 12 月，又发布了第 6 号概念公告《财务报表的要素》，为使其同时适用于企业和非营利组织，在名称上去掉了企业二字。10 个会计要素的范围有所扩大，除了业主投资、派给业主款、全面收益外，其余 7 个要素均适用于非营利组织，对非营利组织而言，业主权益就是净资产。

FASB 确定的 10 个要素的定义及其特征如下。

资产（Assets）是可能的未来经济利益，它是特定个体已经发生的交易或事项所取得的或加以控制的。它包括三个方面的内涵：一是它蕴藏着可能的未来经济利益；二是特定个体借助于它能够获得利益；三是使个体有权取得或控制利益的交易或事项已经发生。

负债（Liability）是将来可能要放弃的经济利益，它是特定个体由于已经发生的交易或事项，将来要向其他个体转交资产或提供劳务的现时义务。它包括三个方面的内涵：一是蕴藏着对一个或几个个体承担的现时义务与责任；二是特定个体所承担的义务与责任使它将来要放弃的经济利益；三是该个体承担义务与责任的交易或事项已经发生。

业主权益或净资产（Equity or Net Assets）是以某一个体的资产减除其负债的剩余部分。它包括两个方面的内涵：一是权益与净资产相同；二是权益因净资产的增减而升降。在经营企业，权益就是业主权益。非营利机构与企业不同，不存在业主权益，其净资产根据是否存在捐赠人限定的用途，分为三类即永久性限定净资产、暂时限定净资产和未限定净资产。

业主投资（Investment by Owners）是在特定企业业主权益的增加，它是由其他个体转入有价值的东西以便在其中取得或增加业主权益的结果。业主权益最常见的是收到投资，也可能是接受的劳务或抵偿的本企业负债。

派给业主款（Distribution to Owners）是在特定企业里业主权益的减少，它是企业向业主转交资产、提供劳务或承担债务的结果。派给业主款是企业减少业主作为所有人净资产，同时减少或中止得款人的业主利益。

综合收益（Comprehensive Income）是企业在报告期内，从与业主以外的交易与事项中所产生的业主权益变化。它包括报告期内除业主投资和派给业主款外，一切业主权益的变化。

收入（Revenues）是某一个体在其持续的、主要的或核心业务中，因交付或生产了货品、提供了劳务，或进行了其他活动而增加的资产，或减少的负债（或二者兼而有之）。它包括三个方面的特征：一是它表示实际的或有期望的流入现金（或其对等物），他们已经发生或者作为某一个体持续的、主要的或核心的业务结果将成为事实；二是营业收入所增加的实务资产有不同种类；三是产生营业收入的交易或事项以及营业收入本身有多种形式。

费用（Expenses）是某一个体在持续的、主要的或核心的业务中，因交付或生产了商品、提供了劳务，或进行了其他活动而减少的资产，或增加的负债（或二者兼而有之）。它包括三个方面的特征：一是它表示实际的或有期望结果的流出现金（或其对等物）；二是流出或者耗用的资产、或者承担的债务有不同种类；三是产生费用的交易或事项以及费用本身有多种形式。

利得（Gains）是某一个体除来自营业收入或业主权益得到的收款以外，来自边缘性或偶发性交易、以及来自一切其他交易或事项与情况的业主权益（净资产）的增加。它包括三个方面的特征：一是这些交易、事项与情况，绝大部分来自个体及其管理方面无力控制的外界因素；二是利得可以按照来源进行分类；三是利得可以按照“营业”或“营业外”分类。

损失（Losses）是某一个体除了费用或派给业主款以外，出于边缘性或偶发性交易、以及出于一切其他交易或事项与情况的业主权益（净资产）的减少。损失的特征与利得基本相同。

按照第 6 号财务会计概念公告的论述，上述十大要素分属于两类，前三个用以描述一瞬间的资源或对其要求权的水平或金额；其余 7 个为第二类，用以描述在一定期间内影响个体的交易或其他事项及情况的结果。两类要素互相关联，前一类经由后一类而变动，在任何时候都是后一类的累计结果，即“某一期间的期初余额加减期内变动 = 期末余额；一项资产的增加（或减少），不能在没有另一项资产的相应减少（或）增加，或是一项负债或业主权益的相应增加（或）减少的情况下发生。因此，从静态角度看，即有“资产 = 负债 + 业主权益”或“资产 - 负债 = 业主权益”；若从动态角度看，即有“综合收益 =（收入 - 费用）- 利得 + 损失”。

FASB 对财务报表要素的划分，有两大特点。

①突出权益要素。将影响业主权益的两项内容，即业主投资和派给业主款作为独立的要素。既要求提供业主权益的静态信息，又要提供业主权益的重要变动信息，有利于使用者了解业主权益的静态与动态变化。

②突出了综合收益要素。将影响综合收益的两项内容利得和损失作为独立的要素，既提供经营性的收支，又提供非经营性的收支，有助于更充分地反映全面收益的形成来源，比较全面地揭示业主权益变动的基本原因和结果。

（二）ASB 划分的财务报表要素

1999 年 12 月，英国会计准则理事会（ASB）在其发布的《财务报告原则公告》中，详细讨论了财务报表要素的分类以及各要素的属性，为了在财务报表中反映有关交易和事项对报告主体财务业绩和财务状况的影响，将财务报表要素划分为资产、负债、所有者权益、利得、损失、业主投资和向业主分派共七项。

（三）ACSB 划分的财务报表要素

1987 年，加拿大会计准则理事会（ACSB）发布的《财务报表概念》中，所提出的财务报表要素包括资产、负债、权益、收入、费用、利得和损失等七项，其与美国的要求接近，在表述上也基本一致。

（四）AASB 划分的财务报表要素

澳大利亚会计准则理事会 AASB 于 1995 年 3 月重新发布的“会计概念公告”第四号《财务报告要素的定义和确认》，以及稍后发布的涉及资产、负债、费用、权益和收入的定义与确认等五份征求意见稿，将财务报表收益分为资产、负债、权益、收入、费用、所有者的贡献和派给所有者的款项等七项。

二、国际会计组织的研究

1. IASC/IASB 划分的财务报表要素

国际会计准则委员会（IASC）于 1989 年 7 月发布并被国际会计准则理事会（IASB）2001 年 4 月采纳的《编报财务报表的框架》中提出五项财务报表要素：与资产负债表中财务状况的计量直接相关的是资产、负债和权益；与收益表中经营收益的计量直接联系的是收益和费用。并明确指出，收益包括了收入和利得、费用除包括在日常活动中发生的费用外，还包括了损失。

从这种划分中可以看出，IASC 采用了大口径的方法，对收益和费用的解释也比较全面。报告认为：收益是会计期间内经济利益的增加，但不包括与产权所有者出资有关的类似事项。费用是指会计期间经济利益的减少，它通过资产流出、递耗或发生负债引起产权的减少，但不包括与产权所有者有关的类似事项。利润是收益与费用相抵之差。只要确认与计量了收益与费用，就能够确定利润。因此，无需将利润作为单独的会计要素。

2. ISAR 划分的财务报表要素

联合国会计与报告国际标准政府间专家工作组（ISAR）于 1989 年发布的《财务报表的目标与概念》，将会计要素定义为资产、负债、收益、收入、费用等五项。

三、近年来的发展

为了更科学地实施确认、计量和报告，2008 年 10 月，FASB 和 IASB 共同成立的财务报表项目组发布了《财务报表列报的初步观点（讨论稿）》，对资产负债表和收益表的结构和内容作了重大调整，将财务会计要素的定义表述为：贯穿财务会计确认、计量、记录报告全过程，根据经济特性和信息使用者的需求对交易和事项的基本分类。从这一基本点出发，财务报表的要素仍然可以从资产、负债、业主权益、综合收益、收入、费用、利得和损失等概念中去挖掘。其中，综合收益的范围和确认有较大的发展空间。

目前，各国划分会计要素的基本思路和格局是相同的，特别是对静态要素的划分，几乎没有差别，而对动态要素，尤其是全面收益和现金流的考虑存在较大的差异。

第三节　我国财务报表要素的变迁

1992 年，我国的企业会计制度全面改革以前，财务报表项目主要划分为资金占用和资金来源两大类，在两大类下，再按照相应的标准进行划分。这两大类实际上就是我国当时报表要素的集中概括。自 1992 年颁布《企业会计准则》到 2006 年以来，随着我国经济的发展及经济环境的变化，特别是会计理论研究的发展，对财务会计要素内涵的认识也在不断深入。对会计要素的定义也经历了一个调整的过程（见表 5 - 1）。

表 5-1 我国新旧企业会计准则、企业会计制度对会计要素定义的发展及变化

会计要素	企业会计准则（1992）	企业会计制度（2001）	企业会计准则（2006）	主要变动
资产	企业拥有或控制的能以货币计量的经济资源。包括财产、债权或其他权利 资产分为流动资产、长期投资、固定资产、无形资产、递延资产和其他资产	过去交易、事项形成并由企业拥有或控制的经济资源。该资源预期会给企业带来经济利益 资产分为流动资产、长期投资、固定资产、无形资产和其他资产	企业过去的交易或者事项形成的、由企业拥有或者控制的、预期会给企业带来经济利益的资源 资产分为流动资产、长期投资、固定资产、无形资产和其他资产	强调了资产的本质特征是未来经济利益 取消了递延资产的概念
负债	企业所承担的能以货币计量的、需以资产或劳务偿付的债务	过去的交易、事项形成的现时义务，履行该义务预期会导致经济利益流出企业	企业过去的交易或者事项形成的、预期会导致经济利益流出企业的现时义务	强调负债的现时义务和预期经济利益流出
所有者权益	企业投资人对企业净资产的所有权	所有者在企业资产中享有的经济利益，其金额为资产减去负债后的余额	是指企业资产扣除负债后，由所有者享有的剩余权益	强调所有者权益是剩余权益
收入	企业在销售商品或者提供劳务等经营业务中实现的营业收入，包括基本业务收入和其他业务收入	企业在销售商品、提供劳务及让渡资产使用权等日常活动中所形成的经济利益的总流入	企业在日常活动中形成的、会导致所有者权益增加的、与所有者投入资本无关的经济利益的总流入	扩大了收入的内涵，强调会导致所有者权益增加且与所有者投入资本无关
费用	企业在生产经营过程中发生的各种耗费	企业为销售商品、提供劳务等日常活动所发生的经济利益的流出	企业在日常活动中发生的、会导致所有者权益减少的、与所有者分配利润无关的经济利益的总流出	扩大了费用的内涵，强调会导致所有者权益减少且与分配利润无关

续表

会计要素	企业会计准则（1992）	企业会计制度（2001）	企业会计准则（2006）	主要变动
利润	企业在一定会计期间的经营成果，包括营业利润、投资净收益和营业外收支净额	企业在一定会计期间的经营成果，包括营业利润、利润总额和净利润	企业在一定会计期间的经营成果。利润包括收入减去费用后的净额、直接计入当期利润的利得和损失等	在利润中引入了利得与损失的概念

以下就我国会计准则与制度中会计要素的变化逐一介绍。

一、资产

我国关于资产的定义经历了以下三个过程。1992 年制定的《企业会计准则》第二十二条中指出，资产是企业拥有或者控制的能以货币计量的经济资源，包括各种财产、债权和其他权利。该定义明确了资产的实际范围和经济内容，却忽略了资产的一个重要特征。经济资源只表达了资产的存量特征，而企业拥有资产的基本目的是运用，运用的结果是要为企业到来经济效益。因此，要全面阐述资产的经济内涵，不仅要指出资产的存量特征，而且还要标明资产的流量特征。资产的流量特征就是它能为企业带来预期的经济利益。那些不能给企业创造效益的项目，即使它们表现出一定的存量特征，也不能确认为资产。

在 2000 年《企业会计制度》第十二条中指出，“资产，是指过去的交易、事项形成并且由企业拥有或者控制的资源，该资源预期会给企业带来经济利益。”该定义提示了资产的实质是预期带来经济利益，且比较 1992 年其定义范围有所拓展，将资产定义由经济资源扩大为资源（包括经济资源、自然资源以及人力资源），预示着会计制度对传统会计核算范围及其领域的大幅度扩充，为人力资源会计、资源会计、绿色会计的发展奠定了基础。

2006 年企业会计准则对“带来经济利益”作了更明确的界定，是指直接或者间接导致现金和现金等价物流入企业的潜力。并提出以下两个条件：第一，与该资源有关的经济利益很可能流入企业；第二，该资源的成本或者价值能够可靠地计量。只有在符合资产定义的同时，满足上述条件时方可确认为资产。

2006 年企业会计准则对资产的定义方式较以往的改进，还体现在它对资产下定义后，概括了资产的三个本质特征，使资产确认标准中的可定义性更加明确。

二、负债

负债又称为“负资产”，对负债的认识，至今有两种不同观点：债务观和业务观。债务观认为负债的实质是债务，而义务观认为是负债是一种义务。两者的区别有三：一是范围大小不一，义务观大于债务观；二是当事人确定性不同，义务观有时很难确定谁是债务人，例如产品维修费用；三是金额肯定性不同，相对于债务，义务的数额具有不确定性，有些只能合理地预计。

我国 1992 年的《企业会计准则》关于负债的定义从本质上说属于债务观，其定义为：企业所承担的能以货币计量的、需以资产或劳务偿付的债务。该定义强调负债的法律特征，而忽视负债的本质即表现为一种责任或义务。

2000 年的《企业会计制度》与 2006 年的《企业会计准则》对负债的定义本质上都属于义务观。2000 年的《企业会计制度》与 2006 年的《企业会计准则》都认为负债的定义是：负债是指企业过去的交易或者事项形成的，预期会导致经济利益流出企业的现时义务。不同的是，2006 年的《企业会计准则》对负债定义中的关键词作了明确的界定：现时义务是指企业在现行条件下已承担的义务。未来发生的交易或者事项形成的义务，不属于现时义务，不应当确认为负债。并且要求在符合上述负债定义的同时，还应当满足两个条件：①与该义务有关的经济利益很可能流出企业；②未来流出的经济利益的金额能够可靠地计量。

三、所有者权益

所有者权益的形成是投资者将财产委托给权益的过程。在所有权理论下会计等式表述为资产 - 负债 = 所有者权益，所有者权益是一种剩余权益。而在企业主体理论下会计等式是资产 = 负债 + 所有者权益，所有者权益是一种资金来源。

我国 1992 年的《企业会计准则》对所有者权益的解释为：企业投资人对企业净资产的所有权。而 2000 年的《企业会计制度》中的定义为：所有者权益，是指所有者在企业资产中享有的经济利益，其金额为资产减去负债后的余额。此两项定义很明显是从投资人的角度给出的定义，且对所有者权益本质即剩余权益没有作出说明。

2006 年的《企业会计准则》对所有者权益的定义用了三条规定来说明：第二十六条所有者权益是指企业资产扣除负债后，由所有者享有的剩余权益，公司的所有者权益又称为股东权益；第二十七条所有者权益的来源包括所有者投入的资本、直接计入所有者权益的利得和损失、留存收益等。第二十八条所有者权益的金额取决于资产和负债的计量。该定义不但说明了所有者权益的本质是剩余权益，而且对其计量作出了明确的界定。

四、收入

对收入的认识有两种观点：一种着眼于企业日常活动中所形成的经济利益的总流入；另一种则将企业日常活动及其以外的活动形成的经济利益流入都视为收入。

从范围来看，收入有广义和狭义之别。狭义的收入仅指企业对外交换活动的新增资产，FASB 对收入的定义就是采用狭义口径。广义的收入则除了因交换实现的收入外，还包括非交换事项上的资产增加。国际会计准则采用的是广义口径。

我国 1998 年财政部对外公布的《企业会计准则——收入》具体准则中，对收入的定义的是企业在日常活动中形成的经济利益的总流入，而不是从偶发的交易或事项中产生。从它的外延来看属于狭义的收入概念。2006 年的《企业会计准则》对收入的界定是：收入是指企业在日常活动中形成的、会导致所有者权益增加的经济利益的总流入，与所有者投入资本无关。我国新会计准则对收入的定义包括主营业务收入和其他业务收入。可以看出，我国会计准则长期以来对收入采用的都是狭义的概念。

五、费用

费用是与收入相对应的概念，它是一个主体由于过去的交易或事项所发生的具有未来经济利益的资源流出（或义务的增加）。它代表是为取得收入或进行经营活动所发生的主要的牺牲，其特征一是代表资源的不利变化，二是最终所有者权益的减少。

FASB 对费用的定义是狭义的，非经营活动的耗费被认为是损失，单独作为一个会计要素。国际会计准则里的费用则是一个广义的概念。

我国 2006 年的《企业会计准则》对该费用的定义范围与收入相对应，即费用是指企业在日常活动中发生的、会导致所有者权益减少的经济利益的总流出，与所有者利益分配无关。它不包括非正常经营活动的损失，因此，对于损失在会计要素中也没有得到反映。

六、利润

若将会计要素严格建立在实际经济业务基础上，那么利润要素就不该是基本的会计要素，它实际上是广义收入和费用对比后的结果。在财务会计中，一般认为利润（或收益）是企业投入价值与产出价值的差额。FASB 实际上将利润要素成为全面收益要素，对全面收益下的定义是企业在报告期内从业主以外的交易或事项中产生的权益的变化。其实质是收入、费用、利得、损失定期汇总的结果。国际会计准则并没有将利润作为一项会计要素。

我国 2000 年《企业会计制度》将利润定义为“企业在一定会计期间的经营成果，包括营业利润、利润总额和净利润”。而 2006 年的《企业会计准则》在第三十七条中指出，利润是指企业在一定会计期间的经营成果。利润包括收入减去费用后的净额、直接计入当期利润的利得和损失等。而在第三十八条中进一步明确，直接计入当期利润的利得和损失，是指应当计入当期损益、与所有者投入资本或者利润分配活动无关的、最终会引起所有者权益发生增减变动的利得或者损失。

应该特别指出的是：在我国会计要素六要素中，所有者权益的来源包括所有者投入的资本、直接计入所有者权益的利得和损失、留存收益。直接计入所有者权益的利得和损失，是指不应计入当期损益、会导致所有者权益发生增减变动的，与所有者投入资本或向所有者分配无关的利得和损失。其中，利得是指由企业非日常经济活动所形成的、会导致企业增加的、与所有者投入资本无关的经济利益流入；而损失是指由企业非日常经济活动所形成的、会导致企业减少的、与向所有者分配无关的经济利益流出。我国会计要素与美国的区别主要是没有利得和损失两项，并且把利得和损失的内容分为两类，即直接计入所有者权益的利得和损失与直接计入当期利润的利得和损失。

我国现行对财务报表要素的划分，既体现了与会计对象问题的研究在理论上的协调一致，也体现了与通用会计方程式和财务报表理论上的一致性。

第四节　财务报表要素的比较与改进

一、财务报表要素结构比较

财务报表要素的划分和设立是客观要求和主观意识的产物。各个国家在财务报表要素上的差异，客观方面是因为各国经济环境的不同。主观原因导致的差异是文化与理解以及传统习惯等差异的综合体现。各国划分会计要素的基本思路和格局是相同的，特别是对静态要素的划分，几乎没有差别，而对动态要素，尤其是全面收益和现金流的考虑存在较大的差异。

我国及其他国家和国际组织关于报表要素划分后的结果如表 5－2 所示。

表 5－2　　财务报表要素结构比较表

会计准则制定机构	资产负债表要素	损益表要素	数量
FASB	资产、负债、权益、业主投资、业主派得款	收入、费用、利得、损失全面收益	10
IASC	资产、负债、权益	收益、费用	5
ASB	资产、负债、所有者权益、业主投资、业主派得	利得、损失	7

续表

会计准则制定机构	资产负债表要素	损益表要素	数量
AcSB	资产、负债、权益	收入、费用、利得、损失	7
AASB	资产、负债、权益、所有者的贡献	收入、费用、派给所有者的款项	7
ISAR	资产、负债、权益	收入、费用	5
中国财政部	资产、负债、所有者权益	收入、费用、利润	6

从表5-2中可以看出，在以上分类中，对资产负债表要素的分类，FASB和ASB在所有者权益要素中细分出属于所有者权益变动的两个要素：业主投资和业主派得款。对于损益表要素的分类，FASB、IASC与ASB的差异较大。IASC对于损益表要素的定义比较宽泛，将收益的定义包括收入和利得，费用的定义包括损失和日常活动中发生的费用；而FASB则将收入与利得，以及费用与损失划分为不同的要素，并且增加了全面收益这一要素；ASB将损益表要素划分为利得和损失，但是它定义的利得和损失与FASB不同，相反却类似于IASC对收益和费用的定义。我国会计要素中包括利润，我国定义的利润包括直接计入当期利润的利得和损失。国际会计准则概念框架中的“权益”在我国称为“所有者权益”。

在美、英等国财务会计概念框架中，分歧较大的就是各要素的定义。财务会计要素是会计对象的具体化，实为会计确认所建立的概念基础。要提高确认的质量，要素的定义就应明确会计对象的基本特征，而且应该揭示那些最基本的特征。因此要素的定义就应由其所有的基本特征所组成。

二、资产

在所有财务会计要素中，资产最为重要。一个企业若没有资产，就没有营运的物质基础，其他要素都不会产生。美国财务会计准则委员会在其概念框架中就指出：“经济资源或资产是企业生命所系的血液，企业的存在，主要是进行资源的取得、使用、生产和流通。”在会计信息系统中，要素所传递的是客观经济活动方面的信息，由于人们对资产要素认识的侧重点不同，至今，对资产的定义产生了多种不同的解释。

早期文献中关于资产定义具有较大影响的是美国会计师协会下属的“会计名词委员会”对资产所作的界定，资产是依据会计原则或规则在结账时从各账户中结转过来的借方余额（前提是这种借方余额不是负值）。作为资产，它或者代表所取得的财产权或价值，或者代表为取得财产或有益于未来所发生的费用支出。按照这一定义，资产取决于记账规则。

会计发展至今，人们对资产的认识已由现象深入到它的本质，不再从记账规则的结果这一角度来界定资产，而是从它的经济特征来定义它。其中代表性的观点有三个：未来经济利益观、变现能力观、财产权力观。

1. 未来经济利益观

1907 年斯普瑞格（Sprague）在《账户的原理》一书中提出“资产是包括以前获得的服务以及其他还在得到的服务的积蓄。”1929 年坎宁（Canning）在《会计中的经济学》一书中提出资产是指处于货币形态的未来服务，或可转换为货币的未来服务。这些服务之所以成为资产，仅仅因为它对某个人或某些人有用。1962 年斯普路斯（Sprous）与莫尼茨（Mornitz）提出，资产是预期的未来经济收益。这种经济利益已经由企业通过现在或过去的交易结果而获得。而 FASB 在《财务会计概念公告》第六号中指出，资产是某一个主体所拥有或可控制的、可能的未来经济利益，这种可能经济利益的拥有或控制是由于过去的交易或其他事项已经发生的结果。上述不同定义共同强调的是：资产是未来的服务或是未来的经济利益。

2. 变现能力观

美国证券交易委员会（SEC）的首席会计师沃尔特·舒尔茨（Walter. P. Schutze）提出的定义即资产即现金、对现金或劳务活动的要求权，以及能够单独出售、变现的一些项目（Walter. P. Schutze）。该定义强调资产的变现能力，特别是单独的变现能力。

3. 财产权力观

把资产定义为财产权的理论基础可见费雪的著作《资本和收益的本质》（1906）。在他的著作中，费雪把资产等同于财产或财产权。财产权同样可以被定义为，要求获取一项或多项商品财富的某些或全部未来服务的权利。理查德·萨缪尔森（Richard A. Samuelson）提出的定义，则认为资产是“财产权或财富未来服务的权利”，他认为“把财产定义为财产权，就有可能更明确地区分资产和费用。”资产是“能够用于交换的抽象权利，资产价值是财产权利的货币表示”（Richard A. Samuelson，1996）。可见，这种观点强调资产是财产的权利，突出资产的法律特征。

上述三种观点，各有侧重，相比而言，美国财务会计准则委员会在《财务会计概念公告》第六号给出的定义比较全面，而且突出了以下三个特点，一是要素的定义是由要素的若干特点组成的。把若干特点组合起来，就是要素的定义，而要素的定义拆开就是要素的特点：①它蕴含着可能的未来利益；②某一特定主体对他具有控制权；③产生这一利益的交易或事项已经发生（FASB，SFAC，No·6，P·25）。二是要素定义时仍充分考虑财务会计是以提供历史信息为主的基本属性，但又密切关注未来。三是指出未来的经济利益是资产的本质。

这种资产的定义方式也为确认标准（四个标准：可定义性、可计量性、相关性、可靠性）的具体执行奠定了良好的基础。

迄今，各国对资产的定义实质基本相同，仅是语义表达稍有差异。

美国：资产是特定主体由于已发生的交易和事项的结果而取得或能控制的可能的未来经济利益。[①]

英国：资产是由过去的交易或事项的结果而使一个主体能够控制的未来经济利益的权利或使用权。

澳大利亚：资产是主体由于过去的交易或其他过去事项的结果所能控制的未来经济利益。

加拿大：资产是由于过去的交易或事项发生的结果而被一个主体控制的资源，通过这些资源，主体将可能获得未来的经济利益。

国际会计准则理事会：一项资产是企业控制的一项资源，它是过去事项的结果，从所控制的资源中预期有未来经济利益流入企业。

---

① 葛家澍：《会计理论》，复旦大学出版社 2007 年版。

三、负债

负债又称“负资产”。有关对负债本质的认识，发展至今形成了两种不同的观点即债务观和义务观。债务观认为负债的实质是债务，而义务观认为债务的实质是一种义务，即公民或法人由于法律或道德规定的应尽的责任。两者有如下三点区别：①范围的大小义务观大于债务观，义务观包括了道义上的责任；②当事人的确定性不同。债务观很容易确定债权人是谁，而义务观则有时很难确定谁是债权人，例如产品的维修费用就不易确定是为那个消费者支出的；③数额的肯定性不同。债务的数额是肯定的，债权债务法律关系的成立一般不允许不确定的偿付金额。而作为义务的数额却有不确定性，有些义务的金额只能合理预计。

美国 FASB 与国际会计准则为负债所下的定义属于典型的义务观。美国 FASB 将负债定义为：负债是将来可能要放弃的经济利益，是特定个体由于已经发生的经济事项将要向其他个体转交资产或提供劳务的现有义务。国际会计准则委员会认为负债是指由于以往事项而发生的现有义务，这种义务的结算会引起含有经济利益的资源外流。这两个负债定义都指出了负债的重要特征的义务，在此可以概括负债的三个重要特征：①对一个或几个其他个体承担的现时义务或责任；②将来要放弃的经济利益，不能或很少可能回避；③使该个体承担义务的 交易或其他事项已经发生。

四、所有者权益

所有者权益又称为“净资产”或“权益”。所有者权益形成于投资者将财产委托给企业的过程。在所有权理论下会计等式“资产－负债＝所有者权益”中说明了所有者权益是一种剩余权益。而在企业主体理论的会计等式“资产＝负债＋所有者权益”中说明所有者权益是一种资金来源。

FASB 对所有者权益的观点是：所有者权益或净资产是某个主体的资产减去负债后的剩余权益。IASC 对所有者权益的观点：权益是指在企业的资产中扣除企业全部负债后的剩余利益。它们都是从企业主体角度来对所有者权益作出解释，与前述资产负债定义的角度相同。FASB 将业主投资和派给业主款单列为会计要素是其独道之处。

五、收入

对于收入的认识，至今学术界形成了两种不同的观点：一种观点是着眼于企业在日常活动中所形成的经济利益总流入；另一种观点则将企业日常活动及其之外的活动所形成的经济利益流入均视为收入，如澳大利亚的收入准则。

从范围来看，企业的收入有狭义与广义之分。狭义的收入仅指来自于企业对外交换活动的新增资产，FASB 的准则公告中对收入要素的定义是狭义的定义，仅指持续业务或核心业务所产生经济利益流入。而对非正常经营所产生的利益用利得要素单独反映，利得则属于不经过经营过程取得的或不曾期望获得的收益。广义的收入观点则认为，除了因交换实现的收入以外，非交换事项上的资产增加（如市场价格上升），也应视为收入。国际会计准则在要素定义中采用的是收入广义的概念（收益），它认为收入是指会计期间经济利益的增加，其形式表现为由资产流入、资产增加或负债减少而引起的权益增加，但不包括与权益参与者出资有关的权益增加，它包括了收入和利得。

2006 年的《企业会计准则》对收入的界定是：收入是指企业在日常活动中形成的、会导致所有者权益增加的经济利益的总流入，与所有者投入资本无关。我国新会计准则对收入的定义包括主营业务收入和其他业务收入。可以看出，我国会计准则对收入采用的都是狭义的概念。

六、费用

费用是与收入相对应而存在的，它是一个主体由于过去的交易或事项所发生的具有未来经济利益的资源的流出（或义务的增加）。费用代表企业为取得一定收入或进行其他生产经营活动所发生的资源的牺牲。虽然各国对费用的定义有不同的看法，但费用表现为两个共同的特征：一是费用代表企业资源的不利变化，即资源的减少或牺牲；二是费用最终是所有者权益的减少。

FASB 对费用的界定为：费用是某一主体在其持续的、主要的或核心的业务中，因交付或生产了货品，提供了劳务，或进行了其他活动，而付出的或其他耗用的资产，或因而承担的负债（或兼而有之）。根据该定义，企业非主要经营活动的耗费或资源的流出则不构成费用，费用的定义在此是个狭义的概念（与其收入的概念对称），非主要经营活动的耗费被称为损失，损失作为一个单位会计要素来反映。

而国际会计准则委员会将费用定义为一个广义的概念，它是指会计期间经济利益的减少，其形式表现为由资产流出或是发生负债而引起业主权益的减少，但不包括与所有者分配有关的类似事项，根据该定义，费用还包括了损失。

2006 年的《企业会计准则》对该费用的定义范围与收入相对应，即费用是指企业在日常活动中发生的、会导致所有者权益减少的经济利益的总流出，与所有者利益分配无关。它不包括非正常经营活动的损失，因此，对于损失在会计要素中也没有得到反映。

七、利润

若将会计要素严格建立在实际经济业务的客观基础上，那么利润要素不应单独作为基本会计要素，因为利润是广义收入与费用对比后结果。

在财务会计中，对利润（收益）也有不同的解释，但一般认为，利润是投入价值与产出价值之比，或者产出大于投入的差额。FASB 实际上将利润要素成为全面收益要素，对全面收益所下的定义是企业在报告期内从业主以外的交易以及其他事项和情况中所产生的权益的变化，它包括报告期内除业主投入和业主派得外一切权益上的变化。其实质是收入、费用、利得、损失四者定期汇总的结果。美国计算全面收益要在营业收益的基础上加上利得减去损失，两者都反映了利润的不同来源。但在国际会计准则中则没有设置该要素，这是与其对营业收入和费用的广义概念相联系的。

我国对利润也有多重理解，《企业会计制度》将利润定义为“企业在一定会计期间的经营成果，包括营业利润、利润总额和净利润”，在不同环节分别应用。而 2006 年的《企业会计准则》在第三十七条中指出，利润是指企业在一定会计期间的经营成果。利润包括收入减去费用后的净额、直接计入当期利润的利得和损失等。而在第三十八条中进一步明确，直接计入当期利润的利得和损失，是指应当计入当期损益、与所有者投入资本或者利润分配活动无关的、最终会引起所有者权益发生增减变动的利得或者损失。

在此，用两个公式说明我国对于六个财务会计要素之间关系的描述：

静态要素：资产 = 负债 + 所有者权益

动态要素：利润 = 收入 - 费用 + （投资损益 + 利得 - 损失）

由此可以看出，利润不是收入和费用直接相减的结果，必须补充投资损益、利得、损失等以后才能得出其正确结果。

第六章 会计确认与计量概论

第一节　财务会计要素的确认

一、确认与计量的意义

会计的确认与计量，也称财务会计报表的确认与计量，它是会计理论中的核心概念，是会计之为会计的根本，其体现了会计的特有属性，贯穿于会计核算的全过程。

在会计理论中，确认是一个广泛的概念，广义的确认已包括了计量，计量只是确认的一部分。但从会计理论发展的现实来看，确认与计量可以分开来研究。其中财务报表的确认是指根据一定的基础和标准来判断某一项目属于哪个会计要素，应何时列入财务报表，它主要解决“是什么”、“何时是”与“如何记录与报告“的问题；财务报表的计量则是在确认的基础上，根据一定的计量单位和计量属性来认定某一项目的金额大小，它主要解决“是多少”的问题。

FASB 在概念框架研究中对确认进行了专门研究，并于 1984 年 12 月正式发表了第 5 号财务会计概念公告《企业财务报表的确认和计量》，第一次对确认概念和确认的标准作了明确概括。

SFAC No. 5 指出，确认是指将一个事项作为资产、负债、收入、费用等正式加以记录和列入某一主体的财务报表的过程。确认包括以文字和数字来描述一个项目，其数额包括于财务报表的合计数之内，对于一笔资产或负债，确认不仅要记录该项目的取得或发生，而且还要记录其后发生的变动，包括从报表中予以消除的变动，还包括导致该项目从报表上予以剔除的变动。会计确认应该涵盖三个阶段：初始确认、再确认、终止确认。

从 FASB 的确认定义可以看到，确认包括将一个项目正式记录和计入财务报表内的全过程，也即广义的确认，把正式记录和财务报表列报（但不包括表外附注）都包括在内。

实际上，从人们在会计实务中对某一项目确认与计量的分析程序看，确认与计量一般包括初始确认与计量、再确认与计量和终止确认与计量三个环节，其中初始确认与计量是指对某一项目认定为资产、负债、收入、费用等要素，并进行会计记录；再确认与计量是指在初始确认与计量的基础上，对所有项目的数据进行筛选、浓缩，最终列示在财务报表里，并对财务报表的合计数产生影响；终止确认与计量是指如果有足够的证据表明已经经过第一个环节或第二个环节确认与计量的某一项目，因某些原因而发生了变化，应立即修正或终止对它的确认与计量，甚至将其从财务报表上剔除。

经济业务的会计处理主要包括确认、计量、记录和报告四个环节。其中确认和计量是记录与报告的前提。实际上在会计信息系统中，确认与计量活动贯穿于会计系统的整个过程。从原始数据的收集、加工和整理到账簿的登记，最后到会计信息的对外提供，无一没有对会计项目的确认与计量。正因为如此，财务报表的确认与计量理论被视为会计理论的核心。在财务会计概念结构中，财务报表的确认与计量是实现财务报告目标的必要手段。只有经过严格的确认与计量，财务报表上所反映的信息才会对使用者的经济决策产生影响。

二、确认与计量理论的简要回顾

在确认与计量理论的发展过程中，美国、英国等经济发达国家的会计准则制定机构以及国际会计准则委员会，都对确认作广义的解释，即将计量看做是确认的一部分。而且主要论述了收入、费用的确认，后来，才逐渐将确认与计量分开，并对资产和负债等要素的确认与计量进行了一定的论述。

在复式簿记产生以后，人们就开始对经济业务进行了比较规范的数量记录，虽然在记录以前进行过一些判断和认定，但还没有从理论上对确认与计量加以论述。到了十八九世纪时，会计理论界开始有人探讨企业的经济事项在何时、以何种金额记录的问题。但一直到19世纪的二三十年代，少数会计学者在论著中提到“确认”一词。经过近半个世纪的研究后，会计确认与计量理论才基本形成。

1940年佩顿和利特尔顿在《公司会计准则绪论》中论述了收入确认问题，并提出销售和现金两种确认基础，以及完工比例法的应用。但是这一时期的论述具有明显的缺陷：（1）主要论述收入和费用的确认问题，对于资产、负债等要素的确认与计量极少涉及；（2）对“确认”与“实现”不加区分，他们所说的收入“确认”、实际是收入的“实现”。

1970年美国会计原则委员会发布的第4号报告《企业财务报表编报的基本概念和会计原则》中，阐述了企业财务会计的基本概念和所运用的会计原则。该报告在论述其中的第一条原则即“初始入账原则”时指出：该原则决定了：（1）进入会计系统处理的数据资料；（2）入账的时机；（3）资产、负债、收入和费用被记录的数额。紧接着又在论述具体的应用原则时，要求会计人员辨认应予以记录和报告的事项，强调并非所有影响企业经济资源和义务的事项，在其发生时就能进行记录和报告。这些论述虽然没有明确使用“确认”和“计量”两个术语，但其实质已经基本体现了目前所讲的确认与计量理论的基本含义，因而它直接推动和导致了会计上对“确认”与“计量”的广泛运用，促进确认与计量理论的发展。

FASB成立后，开展对财务会计概念结构的研究，并将财务报表的确认与计量作为其中的一个重要问题专门予以讨论。1984年发布了第5号概念结构公告《企业财务报表的确认与计量》，并对哪些会计信息应该在何时列入财务报表提出了要求，从此，确认与计量问题成为美国会计理论的重要组成部分。

在美国的带动下，英国、加拿大等国家的会计准则制订机构以及IASC也都纷纷研究并发布了各自的概念公告，并对确认与计量问题作了一定论述，有些论述还有所创新。如加拿大会计准则委员会在其1988年发布的《财务报表概念》中指出：确认不是指在财务报表附注中的揭示。附注既可以提供财务报表所确认项目的进一步的信息，也可以提供那些因不满足确认标准而不能在报表中予以列示的有关项目的信息。确认与计量理论的发展已经对各国准则制定以及会计实务操作起到了积极的指导作用。

三、财务报表的确认基本标准与权责发生制

（一）确认标准

对某一项目的确认不仅要在时间上选择合理的确认基础，而且必须有切实可行的确认标准。确认的基本标准是FASB于1984年在第5号概念公告中提出来的。

根据FASB第5号概念公告的论述，确认任何一个项目，都必须同时满足四个基本的确认标准：即：

（1）可定义性，是指所确认的项目要符合财务报表某一要素的定义；

（2）可计量性，是指所确认的项目要具有一个相关的计量属性，要能可靠地予以计量；

（3）相关性，是指因所确认的项目所生成的信息，应对使用者的决策有足够的影响；

（4）可靠性，是指所确认的项目该是真实的、可核的和中立的。

这就充分表明，一个项目要正式列入特定的财务报表，不仅必须合乎某一要素的定义，而且应当符合可计量性、相关性和可靠性的要求。这样，一个经济事项必须同时符合这四条基本确认标准才能予以确认。当然，确认标准也要服从普遍适用的效益大于成本和重要性的约束条件，即确认一个项目的预期效益应证明与提供和使用该信息的费用是适当的。而且，如果一个项目是不重要的，则可以不在财务报表上确认。对于那些符合要素定义但不能满足其他确认标准的项目，应排除在财务报表的正式组成之外，至多在附注中予以反映。

在上述四条基本确认标准中，相关性和可靠性原是为实现财务报告目标

而规定的会计信息的两个质量待征。当它们列为确认的基本标准时，意味着要根据某个项目是否具有相关性，或是否能增进整个报表的相关性，以及是否可靠，来决定它应否列入报表和在何时才列入报表。可以说，这是使报表项目体现财务报告目标的一项重要保证，也是编制财务报表时所应作出的一项最重要的会计选择。

这里需要特别强调的是，SFAC No.5 还阐述了基本确认标准应用到盈利组成成分的确认指南。为什么盈利及其组成成分要有进一步的确认指南？因为盈利及其组成（收入、费用、利得和损失）是对一个主体在某一期间内经营成果的重要记录。这方面的信息（即获利能力的信息）往往要受到使用者的最大关注。而且，盈利包括属于或不属于特定主体及其管理当局控制的事项或环境影响的确认结果，具有更大的不确定性。所以对盈利及其组成成分应较之资产与负债及其变化的确认提出更严格的确认要求。同时，在盈利的组成成分的确认上，应用受传统的稳健处理的影响，对收入和利得较之费用和损失也要有更严格的确认要求。

根据 SFAC No.5，盈利及其组成成分在遵循四条基本确认标准的前提下，还应有进一步的指南。

1. 收入和利得的确认指南

（1）已实现（realized）或可实现（realizable），即收入和利得一般要到已实现或可实现时才予确认。当产品（货物和服务）、商品或其他资产交换现金或现金要求权时，收入和利得才是已实现。可实现则是指，已取得或持有资产已经可以转变为确定数额的现金或现金要求权。

（2）已赚取（earned），即收入应在已赚取时予以确认。当企业实质上已完成有资格取得收入所代表的利益的努力之后，收入才算是已赚取的。

这样，收入和利得只有在至少达到上述的一个指南要求时才能确认。但是，由于不同企业经营活动复杂，收入业务各异，在具体运用确认指南时也会存在一定的差别或有不同的形式：

（1）制造与销售企业（大部分工商企业）在销售（发货）时确认收入，这时可同时达到已实现或已赚取的条件。

（2）如果销售活动或现金收入先于生产和发货（如订阅杂志），可按生产和发货时点确认为已赚取。

(3) 如果产品在生产前订立合同，可按完工比例法确认为已赚取的收入(生产已发生)，但对完成合同的结果要合理估计，对完工进度的记录应可靠。

(4) 如果提供服务或转让资产的使用权随时间继续拖延（如利息或租金)，且基于预订合同（契约）价格有可靠的计量，则可随时间的消逝确认收入为已赚取。

(5) 如果产品或其他资产易于变现，由于它们有可靠的确定价格又易于出售（如某些农产品、贵金属和有价证券)，可在生产完成或该资产价格变动时确认收入和某些利得或损失。

(6) 如果产品、服务或其他资产与非货币性资产交换，则收入、利得或损失可根据它们已经赚取或交易已完成的情况予以确认。如果在非货币性交易中获取或交出非货币性资产，其交易利得或损失也可予以确认。这两种交易的确认取决于有关的公允价值，可在合理的限度内予以确认。

(7) 如果对产品、服务或其他资产在交换中取得资产能否收回发生问题，收入和利得可根据实际收到的现金予以确认。

2. 费用和损失的确认指南

一般来说，如果当一个主体的经济利益已经耗尽，或原确认资产的预期经济利益已经减少或消失时，通常应确认为费用和损失。

(1) 利益的消耗：预期的经济利益在某一期间内已消耗，并可以与当期确认的收入直接相关时，应确认为费用。

①某些费用，如销贷成本，是与收入相配比的，它们起源于同一交易或经营过程，所以应根据已确认的收入作为费用确认；

②某些费用，如销售和管理人员工资，是相对那些取得同时即被耗用的物资或服务，应在付出现金或产生负债的同时予以确认；

③某些费用，如折旧费和保险费等，应按系统和合理的程序，分配到有关资产预期提供经济效益的各个时期。

(2) 损失或不具有未来经济利益，如果可以证实资产的原确认未来经济利益已经减少或者发生或增加了可具有经济利益的负债，应当立即确认为费用或损失。

（二）确认基础

确认是解决应否确认、何时确认和如何确认三个问题的，FASB 第 5 号概念公告提供的四条基本标准，实际上只回答应否确认的问题，至于如何确认，第一步是运用复式簿记机制，第二步要通过财务报表的列报来传递。剩下来，就是何时确认的问题。权责发生制就是解决这一问题的规则。

财务报表的确认基础是指在时间上对某一项目的确认作出规定。在对某一项目进行确认时，首先要选择一定的确认基础，因为不同的确认基础会产生不同的确认结果。在传统的会计理论和实务中，确认基础一般有两个，即：收付实现制与权责发生制。

收付实现制亦称现金制，是指以款项的收付作为会计项目确认的依据，而无论其权利与责任（或义务）是否已经发生。据有关文献记载，14 和 15 世纪时，在意大利的商业簿记方法中，就运用了收付实现制的方法，凡是本期收到的款项，就确认为本期的收入；凡是本期支付的款，就确认为本期的费用。那时，由于企业的经营活动非常简单，也不存在非现金交易。因此，在收付实现制下，企业的全部资产都表现为现金，根本没有现金形式以外的其他资产，也不可能产生债权与债务。18 和 19 世纪以后，随着企业经营活动的日益复杂，非现金交易越来越多，人们逐渐发现了收付实现制的不足。为了解决商品经济涉及的信用关系问题，也使企业的资产形式多样化，对于赊销赊购等经济业务，在按收付实现制确认收入和费用的前提下，同时确认了企业的债权债务或长期资产等其他事项。后来，收付实现制就逐渐被权责发生制所取代。

权责发生制亦称应计制，是指以权利的形成和责任（或义务）的发生作为会计项目确认的依据，而无论款项是否已经收付。这种确认基础大约形成于 19 世纪的三四十年代，早期的权责发生制只涉及收入和费用的确认。直到 1970 年，美国会计原则委员会开始在它的第 4 号报告中，尝试将权责发生制应用于资产和负债的确认。FASB 的概念公告，确立了权责发生制下资产和负债的确认标准，并完善收入实现原则和费用配比原则。现在，人们已经可以运用权责发生制，对财务报表的各个要素加以确认。

权责发生制与收付实现制是相对应的两个概念，当权利和责任发生的时间与与款项收付的时间一致时，二者确认的结相同，如果不一致时，二者所确认的结果会出现差异。目前，各国都将权责发生制作为财务报表的确认基础。

第二节　财务报表要素的计量

会计计量是财务会计的一个基本特征，因为财务会计信息是一种定量化信息，资产、负债、产权、收入、费用和净收益（盈利）等会计要素，都要经过计量才能在财务会计中得到反映。

一、会计计量的涵义及其特征

（一）会计计量的涵义

什么是会计计量？目前在西方财务会计文献中仍有不同的表述。例如，AAA1966 年的《基本会计理论说明书》认为，会计就是要计量和传递一个经济主体的活动中的数量方面，虽然定性信息是重要的，但会计职能强调通过数量表示有意义的定量信息来增进有用性。①

APB 在 1970 年的第 4 号报告中提出，会计的“功能在于提供有关经济主体的数量信息（主要具有财务性质），以便作出经济决策”②，因为数量信息是经营决策所需信息的基础。

1976 年，FASB 在讨论备忘录《财务会计与报告的概念结构：财务报表要素及其计量》中写道：财务报表要素（资产、负债、产权、收入、费用、利得和损失）是关于企业的经济资源、其转移资源的义务以及这些资源的投入、产出或变动的数量表现。

IASC（1989）在其发布的《编制财务报表的框架》公告中指出：“计量是为了在资产负债表和收益表中确认和计列财务报表的要素而确定其金额的

① AAA，ASOBAT，1966，Chapter 2.

② APB Stament No. 4，1970，par9.

过程。”

从表现形式上看，会计计量主要包括两大部分：资产计价和收益决定。所谓资产计价，就是要用货币数额来确定和表现各个资产项目的获取、使用和结存。这一过程就是一种计量形式。例如，假定某企业拥有 10000 美元的 X 资产，也就是通过货币数额表示出企业在特定时点获取或持有 X 资产的数量。同样，企业在任何时点的全部资产项目都可以通过定量或计价从数量上得到反映，从而转化为有助于经营决策的有用信息。另外，资产计价还可以应用于负债与产权的计量。因为，负债往往可称为负资产，而产权又是资产扣除负债后的剩余资产或净资产，它们都离不开计价或计量。既然这几个会计要素可以综合反映一个主体所拥有的经济资源的信息，它们就能代表该主体在特定时点上的财务状况，构成各种投资决策、信贷决策和其他经济决策所需要的重要信息。所以，资产计价是反映经济主体财务状况的重要手段。

经济资源在生产过程中加以使用，必然会发生一定的变动，即资源的转移、消耗或折耗。经过一定时期，资源的变动状况和结果也要通过定量化才能反映出来，这就是收益决定。或者说，要通过对收入、费用和净收益等要素的衡量、比较，才可以提供企业在一定期间内经营过程和经营成果的定量信息，满足会计信息使用者有关决策的需要。

（二）会计计量的特征

计量是根据特定规则把数额分配给物体或事项，美国会计学家莫斯特（K. S. Most）认为会计计量有两个构成要素：（1）必须定量的特性（或属性）；（2）为定量该特性（或属性）所需采用的尺度。无论是会计计量或其他计量，都是要对计量客体分配一定的数量，以表示该物体的特性，这种数量的分配应当遵循一定的规则。

会计计量之所以能用货币数额来表示经济主体的活动（包括经济资源和经济资源的变动），是因为在商品经济条件下，经济活动都同商品价值分不开。企业的交易事项本身都意味着包含一定价值的数量关系变动，会计计量就是以数量关系来确定物品或事项之间的内在数量关系，而把数额分配于具体事项的过程。

根据会计计量的特征，有必要确定计量的质量标准，会计计量应坚持三个基本的质量标准。

1. 同质性

经济活动的数量关系，如财务状况及其变动，经营成果是客观存在的，如何才能把握这一客体？在会计上，主要通过财务报表（当然先要通过凭证和联簿）来再现这些经济现实。计量就是这种再现过程。会计计量必须通过再现体（财务报表）来反映客体（财务状况和经营成果），并在再现体和客体之间保持同质性。如果计量所揭示的数量关系不能代表经济现实的内在数量关系，计量结果无异于一种虚构。

2. 可验证性

会计计量不同于其他计量，它经常面临不确定性。在其他计量中，分配数量与被计量客体的内在数量关系是比较客观的，但在会计计量中，被计量的客体的内在数量关系本身往往是不确定的量。如 Y 物品 =40 美元，这里，既可表示在过去取得 Y 物品时所支付的成本，也可表示在现时条件下购买 Y 物品而支出 40 美元，还可以表示 Y 物品在现时条件下出售时值 40 美元，它们的涵义是不同的，而且有一定的主观判断（即计量者的判断）。为了使计量结果有效，计量应具有可验证的特征。这种特征表现在：如果给定的条件相同，不同的会计人员对同一客体进行的计量应得出相同的结果。

3. 一致性

在会计上，对某一事项的计量可能同时并存几种计量方法。由于经济活动客观上存在不确定性，在对某些交易或事项及其影响进行计量时难免存在一些未知因素，要运用一定的判断、估计和摊销，所以有可能采用不同的摊销或计算方法。例如，在现行公认会计原则下，存货计价可以采用先进先出、后进先出法或加权平均法，固定资产折旧可以采用直线法、余额递减法、使用年数总和法等。尽管这些方法都有一定的依据，但它们得出的结果不可能完全一样，这就会影响不同期期间或不同主体之间会计信息的可比性。在计量方法的运用上就要强调前后期的一致性，以免使用者对会计信息产生误解。

二、会计计量模式

财务报表的计量主要解决已经确认项目的金额问题，计量的过程就是对符合财务报表要素定义的项目予以货币量化的过程。在这个过程中有两个关键的计量要求，即计量单位和计量属性。

（一）计量单位

计量单位也叫计量尺度，是指对计量对象量化时采用的具体标准，会计上的计量单位就是货币。只有货币具有综合反映经济业务的能力，从而使会计信息更适用于使用者的经济决策。由于任何一种计量单位都必须要求自身度量上的统一性，所以对财务报表项目的计量就要求货币单位在不同时期保持稳定，以便使计量结果具有可比的基础。然而，这种理想的财务报表计量单位在现实中是很难找到的。因为货币的度量单位就是它的购买力，而货币购买力要受不同时期的生产力水平和货币供应量等因素的影响，因此实际的货币购买力是经常变动的。为了满足会计信息的决策有用性，在会计上就产生了名义货币和一般购买力货币两种计量单位。

名义货币单位是指各国主要流通货币的法定单位。财务报表项目按名义货币单位计量时，对货币购买力随着时间的推移而发生的变动不作任何调整。即无论货币购买力如何发生变动，会计上都采用法定的货币单位，因此被称做“变动的货币单位”。在世界各国的会计实务中，名义货币单位一直被广泛使用，并将继续使用下去。这主要是因为按照名义货币单位进行计量具有：(1) 符合“币值稳定”的会计假设；(2) 可以保持单位的统一，便于会计核算；(3) 在物价变动不大的情况下，能比较准确真实地反映企业的财务状况和经营成果；(4) 可以简化计量手续，减轻会计人员的工作量等优点。但是，在物价上涨幅度较大的情况下，采用名义货币单位，就不能反映货币的实际购买力，造成资本不能保持，甚至可能出现虚盈实亏，影响会计信息的决策有用性。因此，按照国际惯例，只要物价变动不超过恶性通货膨胀的程度（其主要标志是三年累计的通货膨胀率接近或超过 100%），一般都以各国法定的名义货币作为计量单位，而不考虑货币购买力的变化对财务报表的影响。

一般购买力货币单位就是以各国货币的一般购买力或实际交换比率作为计量单位。根据一般购买力单位进行计量时，对不同时期的货币购买力变动应当加以调调整，即以一定的货币购买力（以一般物价指数近似地表示）调整或折算不同期的名义货币单位，从而使不同时期的货币保持不变的计量基础上，因此也叫“不变货币单位”。这种计量单位的存在以物价变动为前提，在物价变动时它能够反映货币购头力变动对会计信息的影响，保持会计计量结果的可比性，但是，这种计量单位的调整换算过程比较复杂，所以基本没有在会计实务在中应用。

（二）计量属性

计量属性指被计量对象的特性或外在成外存在现形式，即被计量对象予以数量化的特征。在会计上，财务报表的计量属性就是资产、负债、收入、费用等要素中的各类或各个项目予以货币量化的具体表现形式。目前主要有以下五种计量属性。

1. 历史成本

历史成本是指企业取得或建造某项财产物资时所实际支付的现金及现金等价物，也叫实际成本或投入价值。在历史成本计量属性下，资产、负债等要素都应当基于经济业务的实际交易价格，而不必考虑随后市场价格变动的影响，历史成本反映资产、负债的过去价值，也使收入与费用的配合建立实际交易的基础上，并且由于企业持续经营，其债权债务关系以交易价格存在，因而不必考虑清算变现。

按历史成本进行计量，有助于各项资产、负债确认与计量的检查和控制；促使会计核算与会计信息的真实可靠；各期的会计核算信息能够保持一致和可比。这种计量具有客观、可验证，易取得、简单等优点，因此历史成本一直是会计界通行的最重要的会计计量属性，大部分的固定资产和存货最适合用历史成本计量，在历史成本下，负债按最初的发生金额入账，但是，历史成本计量也有一些局限性：①历史成本一旦入账就不再变动，但随着时间变化，资产价值可能发生变化，历史成本就不能反映资产的真实价值。②不同时期取得的相同资产，其历史成本并不相同，将它们简单加总作为财务报表上资产的合计数会使会计信息使用者难以理解。③在计算利润时，收入是当前价值，而成本是历史成本，两者不能合理配比。所以，历史成本计量属性一般在物价变动不大的情况下使用。由于经济的发展，新的经济业务的不断出现，历史成本的缺点暴露日趋充分，各国都采取一些措施，允许在某些情况下，放弃使用历史成本。如我国会计准则和会计制度规定：对于外币的货币性项目，要用期末的市场汇率折合成人民币；存货的期末计价采用“成本与可变现净值轨低法”；依法进行财产重估，可用现时重置成本来报告资产的价值。

2. 现行成本

现行成本是指如果在现时重新取得相同的资产或相当的资产将会支付的现金或现金等价物，也叫重置成本或产出价值。现行成本反映了资产、负债的现行价值。在会计实务中，少数固定资产和存货以用现行成本计量，负债应按当前要求清偿债务时未贴现的现金或现金等价物金额来记录。在不同的情况下，现行成本具行不同的含义：①重新购买同类新资产的市场价格；②重新购置同类新资产的市场价格扣减持有资产已使用年限的累计折旧；③重新购置具有相同生产能力的资产的市价；④重新购置或制造同类资产的成本；⑤重新生产或制造同类资产的成本扣减持有资产的累计折旧。严格地讲，现行成本与重置成本不一定相等，它们之间的差额就是资产的持有损益。但如果从实物资本保持的立场考察，资产的持有损益便不存在。

现行成本计量属性在价格变动时，可以合理地确定生产耗费的补偿，从而实现实物资本的保持；以现行收入与现行成本配比，使盈利具有具可比性和可靠性，而且在逻辑上具有统一性；财务报表上会计信息能够反映现时的财务状况；便于区分企业的经营收益与持有收益，正确反映企业的经营成果。但是，现行成本的确定比较困难，计量缺乏足够的依据，影响会计信息的真实性和可靠性；没有完全消除货币购买力变动的影响，财务报表项目之间缺乏可比性。重置成本涵义的多重性难以使重置成本与原持有资产保持完全吻合。

现行成本和历史成本存在着密切的联系，当在原始交易日时，二者在数量是相等的。但如果不是在原始交易日，由于资产供求关系、技术水平使生产成本会发生变化，二者往往不相等。

3. 现行售价

现行售价是指在正常清算条件下，如果出售某项资产所能获得的现金或现金等价物，即资产的变现价值或“现时现金等值”，也叫现行脱手价值。它等于所出售资产的市场价格扣除预计的销售费用后的差额。这个市场价格是指卖方市场价格（而非重置成本那样依据买方市场价格）。现行售价反映了资产、负债的现在价值、产出价值、假定价值。

现行售价主要表示资产销售的现在价值，是企业进行经营决策的一种机会成本。在资产是继续持有，还是予以出售；企业是继续经营，还是进行改组等问题作决策时，现行售价是很重要的信息；现行市价可提供反映财务应变能力的变现价值的相关信息。一般而言，企业资产的变现价值越大，企业适应市场的能力就越强。反之，如果企业的资产仅有少量的或没有变现价值，企业适应市场变动的机会就非常有限。但是，用现行市价计量预期使用的资产不合理，因为并非所有资产（加无形资产和专用设备）或负债都存在变现价值，他们的现行脱手价值也难以确定；由于这一计量属性是假定企业资产随时处于清算状态，违背继续经营的基本假定，同时，未等销售发生就确认价值实现，也违背实现原则；这一计量属性未考虑一般购买力的变动，所以不能消除通货膨胀的影响。

FASB 认为，现行市价一般适用于某些证券的投资，以及那些将以低于以前账面价值的价格出售的资产或有些涉及有市价的商品和证券的负债。IASC 也认为，有价证券可以按其现行市价来计量。

4. 可实现净值

可实现净值是在正常经营过程中，某项资产可望带来的未经贴现的现金或现金等价物，扣除该资产转换时尚需发生的直接成本，也叫预期脱手价值。

可实现净值反映了资产、负债的未来价值、产出价值和预期价值。由于可实现净值无法涵盖全部资产，一般适用于计划未来销售的资产或未来清偿既定数额的负债。

可实现净值与现行市价有相同之处，它们都反映资产的未贴现的变现价值。但二者也有不同之处，现行市价是基于当期的脱手价值，适用于现时销售的资产，而可实现净值基于预期的未来销售价格或未来清偿的既定负债；现行市价假设企业处于清算状态，不符合继续经营假设，而可实现净值假设企业处于正常经营状态；现行市价是指某项资产现在处置可望实现的现金或现金等价物，而可实现净值表示该项资产预期最终完工销售所得到的现金流入在扣除为继续加工所需现金流出后的净额。如一项已完工资产在近期内出售，它们的现行市价和可实现净值是一致的，如果资产在出售以前还要加工，则现行市价和实现净值就存在差别。FASB 认为，短期应收账款和某些存货按其可实现净值报告。IASC 认为，按照以适当方式出售资产而在当前能够获得的现金或现金等价物来记录资产、按照负债的清偿价值来记录负债。即以预期要支付的未贴现现金或现金等价物来记录，以满足负债的一般定义。如对已知数额的应收款应扣除可能发生的坏账损失计算其可实现净值。

5. 未来现金流量现值

未来现金流量现值是指在正常经营状态下资产所带来的未来现金流入量的现值，减去为取得流入量所需的现金流出量现值。即资产在使用过程中可望得到的现金净流入量的现值。在这种计量属性下，负债应按在正常经营过程中，预期要清偿的未来现金流出的现值来计量。未来现金流量的现值反映了资产负债的未来价值、产出价值和预期价值，也反映了资产的获利能力，一般情况下，现值越大，资产的获利能力越强；反之，现金越小，资产的获利能力越小。长期应收款款和长期应付款适宜于按未来现金流量现值计量。

这种计量属性的主要依据是，资产是预期的未来经济利益，这种经济利益的大小与预期现金流入的时间分布有关，即要考虑货币的时间价值，所以资产的价值应按其预期的未来现余净流入的贴现值来计量。未来现金流量现值最能反映资产的经济价值；会计信息的决策相关性最强，最有利于财务决策，但会计信息可靠性最差，无法编制出能真实反映财务状况和经营成果的财务报告。因而在会计实务中无法运用。例如应付融资租入固定资产的租金，企业的长期债券投资等可按未来现金流量的现值来计量。

以上五种计量属性反映了被计量对象的不同特征，在时间上，要分清过去、现在与未来；在交易的性质上，要分清实际交易、假设现时交易和预期交易；在交换价值的类型上，要分清投入交换价值和产出交换价值；在会计信息的质量特征上，要分清是强调相关性还是可靠性；在操作的可行性上，要分清容易还是困难。各种计量属性特征的概括描述如表 6－1 所示。这 5 种计量属性之间也有一定的共同性，它们都是针对特定资产和负债存在的不同形式而言的。在某一特定的时点上，往往具有相同的计量结果。只要是在资产的交易日（取得日），历史成本、现行成本、现行市价计量的结果就是一致的，但随时间的推移，特别是在价格发生变动的情况下，就会出现不同的货币数额。这些计量属性并不绝对相互排斥，现行财务报表虽然倾向于历史成本计量属性，但也允许多种计量属性同时并存。企业应在编制财务报表以前根据所计量项目的性质、计量属性的相关性和可靠性来选择计量属性。

表 6－1　　各种计量属性的特征

特征 计量属性	时间秩序	交易性质	交换价值类型	信息质量特征		可操作性
				可靠性	相关性	
历史成本	过去	实际	投入	强	弱	易
现行成本	现在	假定	投入	↓	↓	↓
现行售价	现在	假定	产出			
可实现净值	未来	预期	产出			
未来现金流量现值	未来	预期	产出	弱	强	难

随着会计理论的发展，计量属性也在不断发展变化。特别是近年来，国际经济环境变化较大，对计量属性提出新的挑战，金融工具的创新对会计计量属性的发展提供了很好的契机，公允价值计量应运而生。所谓公允价值是在公平交易的市场中，熟悉情况的交易双方自愿进行资产交换或债务清偿的金额。自 1990 年起，FASB 发布的第 105 号、107 号、115 号、119 号、125 号等会计准则都要求企业不同程度地使用公允价值，如 1998 年 6 月发布的第 133 号会计准则《衍生工具和避险活动会计》就认为，衍生金融工具应在财务报表予以报告，公允价值是对金融工具最相关的计量属性。国际会计准则委员会在其第 39 号准则《金融工具——确认与计量》中规定，绝大部分金融资产应以公允价值计量，极少部分以历史成本计量。IASC 所属的金融工具准则工作组准备将公允价值计量扩大到所有的金融资产和金融负债。公允价值将是未来财务报表计量的焦点。

（三）计量模式

计量模式是指计量单位和计量属性的组合形式。从理论上讲，两种计量单位和五种计量属性可以组成 10 种计量模式。即历史成本/名义货币单位模式；历史成本/一般购买力单位模式；现行成本/名义货币单位模式；现行成本/一般购买力单位模式；现行售价/名义货币单位模式；现行售价/一般购买力单位模式；可实现净值/名义货币单位模式；可实现净值/一般购买力单位模式，未来现金流入现值/名义货币单位模式；未来现金流入的现值/一般购买力单位模式。

各种计量模式都有一定的优缺点，企业应当依据不同的会计环境以及不同时期的客观需要，选择相应的计量模式。目前在世界各国的会计实践中，能够用到的计量模式主要是前 4 种，其余 6 种出于它们所涉及的计量属性不适合所有的项目或实际操作性太差等，都难以成为一种独立的计量模式而被会计实务所采用。其中最常使用的是历史成本/名义货币单位模式，这种模式以财务资本保持概念为基础，认为只有当期末净资产的名义货币金额在扣除当期对所有者的分配和所有者的投资以后超过期初净资产的名义货币金额时，才认为实现了利润。在物价稳定，币值基本不变的情况下，这种模式具有可靠、客观的优点。但是在物价上涨、购买力下降时，该模式提供的会计信息就缺乏可比性和相关性；因此，为了弥补其不足，许多国家对传统的计量模式进行了一定的改进，如我国曾经允许对存货采用后进先出法，对一些固定资产允许采用加速折旧法等。

计量模式是以资本保全概念为基础的，认为只有在资本保持完整无损后，才能确认收益的资本保全概念有两种：一是财务资本保全，二是实物资本保全。在目前使用的前四种计量模式中，历史成本和现行成本以财务资本保全概念为基础的；现行成本和现行售价以实物资本保全概念为基础的。

（四）理想模式：公允价值计量

随着环境的变化和会计理论研究的深入，计量模式也在不断地发展变化。近年来，各国经济环境的剧烈变化，对会计计量模式又提出了新的挑战。这除了金融工具的创新外，还有商务交易等业务（特别是电子商务）的创新。这些创新业务要求有同它相适应的计量属性，以便在财务报告中得到相应的确认或披露。由此产生了备受瞩目的计量属性——公允价值。鉴于公允价值有时不能直接从市场上观察到，会计界普遍看好现金流量的贴现技术，其目的在于通过“未来现金流量——现值——公允价值”这一途径，获得对创新业务计量的最相关的属性。公允价值反映的是现值，但不是所有计量现值的属性都作为公允价值。公允价值作为一种基于市场信息的评价，是市场而不是其他主体对资产和负债价值的认定，是融合了各种风险和收益因素的价值衡量，是理智的熟悉情况的交易双方在一个开放的、不受干扰的市场环境下自愿进行交换的价值。就目前的条件来看，公允价值可用现行市价或最好用未来现金流量的现值来替代。FASB 在 2000 年 2 月专门为这一新计量属性（用现值技术测算公允价值）发布了第 7 号概念公告——《在会计计量中使用现金流量信息和现值》，包括：（1）确定在会计计量中使用现值的目的。（2）为现值的使用，尤其是在未来现金流量的金额或者时点以及两者同时具有不确定性的情况下使用现值技术提供一般性的原则。它提出了一些重要的观点和结论，如在会计计量中使用现值的目的是为了尽可能地反映各种未来现金流量之间的经济差异以便为报表使用者提供更相关的信息；为了在财务报告中提供相关信息，现值必须能够体现资产或负债某些可观察的计量属性（公允价值），公允价值是现值计量的唯一目的，但它并不排斥建立在企业管理当局预期基础之上的那些信息和假设等。这份公告充分说明了计量属性对财务报告的重要性，也说明了由于环境的变化，财务报告首先必须在计量属性的相关性上不断有所突破。FASB 又在 2004 年 6 月发布的《财务会计准则征求意见稿——公允价值计量》中指出：公允价值应该是这样的一个价格，在知情的、不相关的、自愿的双方之间，一项资产或负债在当前交易中能够达成的交换的价格。”此外，还有其他代表性的一些观点，比如，IASC 在 2000 年修订的《国际会计准则第 39 号——金融工具：确认和计量》（第 8 段）中指出：“公允价值，指在公平交易中，熟悉情况的当事人自愿据以进行资产交换或负债的清偿的金额。”而我国在 2006 年发布的《企业会计准则——基本准则》第九章会计计量（第四十二条）中也指出：“在公允价值计量下，资产和负债按照在公平交易中，熟悉情况的交易双方自愿进行资产交换或者债务清偿的金额计量。”并且在《企业会计准则第 22 号——金融工具确认和计量》第七章公允价值确定（第五十条）中进一步明确：“公允价值，是指在公平交易中，熟悉情况的交易双方应当是持续经营企业，不打算或者不需要进行清算、重大缩减规模，或在不利条件下仍进行交易。”

2014 年 1 月，财政部发布《企业会计准则第 39 号——公允价值计量》，自 2014 年 7 月 1 日起在所有执行企业会计准则的企业范围内施行，鼓励在境外上市的企业提前执行。其第二条规定："公允价值，是指市场参与者在计量日发生的有序交易中，出售一项资产所能收到或者转移一项负债所需支付的价格。"

迄今为止，我们对财务报告中的计量可以看到下列变化：由早期以历史成本计算模式发展到多种计量属性并存的计量模式，又发展到当前倾向于采用公允价值的计量模式。这些变化说明，计量属性的采用决定于社会经济的发展，即经济环境的变化和各种不同计量属性所带来的不同经济后果及应用的不同前景。

但是应该看到，公允价值的计量模式就算在西方发达国家也没有成型。诸多客观条件的"瓶颈"约束以及稳健观念和"成本——效益"原则都限制了公允价值的推广和应用。理论发展的历史轨迹也告诉我们，每种理论的存在有其当时的适用性。而新事物出现以后，旧理论无法作出解释而暴露出不足，于是新理论出现，但仍不够成熟，也无法解释所有问题，并不能完全取代旧理论。于是，一种自然的选择就是取长补短、兼容并处。会计计量理论的发展显然也不例外。这些思想在我国 2006 年发布的会计准则中得到了很好的体现，《企业会计准则——基本准则》中给出了五种计量属性后又规定，企业在对会计要素进行计量时，一般应当采用历史成本，采用重置成本、可变现净值、现值、公允价值计量的，应该保证所确定的会计要素金额能够取得并可靠计量。种种迹象表明，当代学术界和实务界均未对会计计量的对象和目标达成共识，会计计量单位具有高度的"柔性"，又由于多种计量属性并存的会计计量模式的存在，这足以决定了会计计量的异常复杂性，对许多计量问题的处理现在还只能是"没有最好，只有更好"。但它作为一种代表未来发展方向的理想的价值取向，已经成为主要国家刻意追求的目标。2014 年 7 月 29 日，我国财政部作出对《企业会计准则——基本准则》的修改决定，将第四十二条第五项修改为："（五）公允价值。在公允价值计量下，资产和负债按照市场参与者在计量日发生的有序交易中，出售资产所能收到或者转移负债所需支付的价格计量。"

第三节　对现行会计确认与计量模式的评价和思考

现行会计模式是在长期会计实践活动中逐步形成和发展起来的，它吸收和继承了传统会计理论的基本成果，并根据当前经济发展环境作出了适当的补充和改进，其中一个极为显著的变化趋势，就是财务会计的重心已从会计的确认和计量环节向报告和披露环节转移。一方面这是“决策有用观”的会计目标使然，另一方面也暴露了现行会计确认计量模式因其固有的局限而无法满足新环境下会计信息披露的要求。从当前发展环境来看，现行会计确认计量模式主要体现在两个方面：一是以权责发生制为主、以收付实现制为补充的确认基础；二是以历史成本为基础，多重计量属性并存的计量模式。环境的快速变迁引发了现代会计理论和实务的一系列难题，如比较典型的通货膨胀会计和衍生金融工具会计等，它们的解决首先就要从突破会计确认与计量的局限开始。

对于现行会计的确认和计量体制存在的基本问题，从以下几个方面进行评价和剖析。

一、确认标准方面存在的遗憾

根据当前国际通用的会计确认标准，能否对某一项目进行确认以进入会计系统，首先看该项目是否具有“可定义性”，然后又要符合“可计量性、相关性和可靠性”之条件。而现行的财务会计模式下，首先由于会计要素在定义上的偏颇和狭隘，可能而且事实上已经导致许多事项不符合要素定义，因此无法对之确认而被挡在会计的“门槛”外，得不到相应的处理。而这些事项往往是对使用者来说极为重要的会计信息，例如人力资源、智力资产及商誉等，越来越成为现代公司增长最快和最重要的组成部分。这些新型的具有真正意义的资产因不符合现行会计的确认、计量规则，无法纳入“正统”会计程序而难以在报表上找到一席之地，使报表反映的财务状况与企业的实际严重脱节，这不能不引起人们对会计的怀疑和忧虑。鉴于确认在其形式上主要表现在资产（负债和所有者权益可看成负资产）和收益（费用被看成负收益，利润则是净收益）的确认两个方面上，下面我们阐述这两个方面存在的一些问题。

关于资产的定义，会计理论上颇具代表性的观点主要有三个，即成本观、财产权利观和未来经济利益观。“成本观”认为“资产是未消逝或未耗用的成本”，“资产的性质是未分摊的成本或未结算为未来各期的数额”。资产按取得时的成本入账并在以后不随意调整的会计原则，使这种观点具有一定影响，但成本仅仅反映的是“投入—产出”这对基本经济问题的“投入”层面，而鉴于“产出”对于主体的重要意义，人们更关注资产的价值而不是成本。资产应该按价值计价，这样符合持有资产的目的，体现资产对一个企业的本质特征，这也无疑会成为判断企业实力的重要指标。资产的“财产权利观”，把资产看成一项财产权利或者产权，其致命缺陷也是明显的：首先，产权本身就是一个颇具争议的概念，将此移植到会计概念中，只会引发更大的争议；其次，产权中包括的各项权能是可分的，如果强调拥有而非控制，就忽视了资产的经济实质；最后，以产权来界定资产的含义，会使人力资源和一些无形资产排除在外；而资产定义的“未来经济利益观”相对合理，但是这个定义除了有点抽象外（如未来利益的不确定性和技术操作上的难题），它还由于衍生金融工具的出现又暴露出会计确认的一个“灰色地带”。根据现行规则，会计要素的确认基于过去发生的交易，而且在未来期间又必定要有经济利益的流出和流入。而衍生工具虽然由投资者所控制，但其实质不在于过去发生的交易，而在于未来合约履行过程中所发生的情况，其收益和付出具有很强的或有性。正是合约履行的不确定性，使其无法满足可计量性和可靠性的要求，因此传统的确认观念无法对衍生金融工具加以确认。考虑到衍生金融工具的真正交易不在合约签订日，而是未来的某时刻，对衍生金融工具的确认，就要摒弃传统的“过去发生”原则，将资产或负债的范围扩大，将收益的确认建立在未来可能实现的公允价值基础之上。IASC 对衍生金融工具的确认就范放宽了对“过去式”的要求，并设立了两个标准：（1）与资产负债相关的所有实质性风险已经转移到了企业；（2）企业所获得的资产的成本或公允价值或承担的债务金额能够可靠的计量。

收益又是怎样确认的呢？从利润表的构成可以看到：通过收入与费用的配比产生收益。这就是传统上流行的“收入—费用观”。然而收益也可以由净资产（不包括业主权益的变动）的期末与期初余额的对比来确定，这被称为“资产—负债观”，现行会计实务倾向于采用这种观念，但并没有得到有效和充分的贯彻。基于期间交易已实现的收入和相关费用的配比，以及历史成本的计量基础，使得会计的账面收益并不能充分反映企业的全部收益，其相关性与可靠性就大打折扣。比方说，甲公司与乙公司期初各投入20万元购买同种等量股票，期末股票市价为30万元，甲公司将此股票全部售出，不考虑其他因素，其会计收益为10万元，而乙公司看好股市行情而继续持有，则按现行会计制度规定，其账面资产依然是20万元，而不确定任何收益。这明显没有反映资产的真实价值及本期可享受的收益，既不利于会计信息的解释和对比，又为企业的“窗饰”活动提供了很大的操作余地。比如上述甲公司售出股票后又随即以同样甚至更高的价格回购，会计上依然有资产、收益的“双丰收”。

政策制定机构考虑到确认和计量这种持有收益的必要性与合理性，却又受制于“收入—费用观”的局限，使它在倾向于采纳“全面收益”概念的同时，又有点放不开手脚。于是一种折中的办法出台了，即对尚未“实现”的价值变动，如资产评估增值、外币资本折算差额等，绕过利润表而直接在资产负债表上对权益进行“篡改”（我国会计实务上多表现为“资本公积”）。这种“暗箱”操作显然破坏了收益确认和计量的一贯性与可比性基础，也不便于对财务业绩的全面衡量。因此建议取消诸如此类确认和计量的做法，以全面收益概念报告除与投资者交易之外的权益变化，并在以后政策制定中持续一贯地应用这一概念。在社会看来，收益是“除与业主交易之外的财富的变动”，这几乎成了经济常识。就如上例中乙公司虽然没有抛出股票，却依然会有收获的满足感。将类似这种持产收益置于利润表之外，对于极为自然地要通过利润表来评价企业财务业绩的分析者又如何便利地取得全面公正的信息资料呢？美国第130号财务会计准则公告《报告全面收益》（SFAS 130，1997），其主要任务是要解决绕过利润表而直接在资产负债表权益上列示的项目的报告问题。但令人遗憾的是，此时的“全面收益”只有结果，没有过程，即只注重信息的外在披露，而未能将全面收益观念贯彻落实到会计确认和计量过程之中。为避免这种“绕过去再绕回来”的二重处理手法，可以设计一种妥善方式，如通过一些有特色的损益账户对这部分权益的变化进行确认和计量，这既符合严谨有序的会计职业习惯，也符合从收益变化到权益变化而不是相反的逻辑程序。

二、针对权责发生制困惑的辩解

随着社会经济环境的日趋复杂化，人们对于未来不确定性带来的风险呈现明显的规避和厌恶情绪，对企业生存和发展及抵抗风险的能力表示了更多的关注。表现在财务会计的确认上，权责发生制因其确定性越来越受人亲睐，同时权责发生制也备受指责，这等于说传统会计大厦的根基正在被动摇和经受着严峻考验。笔者认为，在现行会计机制中，这毋宁说是对权责发生制的歪曲和误用。权责发生制的本义是应计制，“应计与否”本来就建立在一定的理性判断的基础之上。从这个意义上讲，即使是没有得到有效解决的商誉会计问题和对传统会计理论造成极大冲击的衍生金融工具的会计处理，实际上也是由于“权责发生制原则没有得到坚决的贯彻”（葛家澍，2001）。例如，在衍生金融工具的会计处理上，那些风险和报酬业已转移的项目并没有按照“应计”原则去进行及时而恰当的确认，这种确认基础实际上又回到了权责发生制上了。现行会计模式对于权责发生制的应用的种种限制，使其“应计”的丰富内涵并没有得到充分的诠释。久而久之，反而约束了会计的使用和思维方式。实际上，“权责发生制原则是一个渐进的、连续的会计确认过程，而并非一个间断的、离散的、瞬间完成的飞越式确认”。如同会计上对于利息的处理，如果按照权责发生制，会计人员就应该而且完全可以每天对利息费用或收益进行确认，不过出于重要性原则和“成本—效益”方面的考虑，会计上没有必要如此进行，而是进行了定期处理。由此推而广之，衍生金融工具上收益的变化出于相关需要而在每一个短暂的时点上进行确认和计量，正是权责发生制原则的运用！按照传统的实现原则，持续成长的森林、持续持有的房地产的价值增值都不曾被恰当地确认。其症结就和传统上对于权责发生制的误会如出一辙，现行会计模式也赋予“实现”一词的间断性含义。相反，如果我们进一步开拓思路，将传统意义上的实现原则由原来的“已实现”扩展到“可实现”，就无疑是一大进步。这也是20世纪70年代通货膨胀给财务会计带来冲击的具体表现之一。问题在于，可实现的标准的确定问题以及其他约束性会计惯例对它的影响还有待于进一步探讨。可以对确立权责发生制（改成“应计制”会更妥当些，可更直观地体现其本质）确认基准进行某种程度的修改，以应对和适应当前经济发展环境的需要和信息使用者的相关需求。

三、对为人“称道”的混合计量模式的批判

“历史成本/名义货币”的计量模式曾以较强的客观性、可核实性及易于操作等优点，成为传统会计的基准计量模式，令人遗憾的是，大部分历史成本作为“沉没成本”被排除在会计信息使用者的决策之外，这在“决策有用”的价值取向的当今，突出表现在与环境的不适应。于是作为对历史成本的“修正”，现时成本、重置成本、可实现价值及未来现金流量现值等诸多计量属性纷至沓来，并备受青睐，而且毋庸置疑地在整个报表体系中占据了越来越重要的位置，以致形成当前学术界所声称的历史成本与其他计量属性并存的跨级格局。

这种“大杂烩”式的计量模式的缺陷是显而易见的，它削弱了资产计价的可比性基础，使资产内涵语焉不详，相关合计数也失去意义。多种计量方式的混合在很大程度上体现了会计信息在相关性和可靠性之间的两难选择。会计早已习惯于接受资产计量的可靠性，它为财富分配及落实，考察受托管理责任提供方便的依据，这是历史成本不甘“沉没”的主要理由之一。而“决策有用”的价值取向，则使大家更关心计量的相关性，于是公允价值脱颖而出。而可靠性与相关性常常是相互冲突的。为了强调相关性而改变会计方法时，可靠性可能会削弱，反之亦然。这种两难选择的困惑，又能追溯到会计信息质量中可靠性与相关性的矛盾问题。理论界各言其是，风格迥异，加之来自实践层面的不同要求，会计政策于不确定中作出选择，就难免不有所顾虑。因此这理应成为会计界所要努力解决的一个重要课题。一方面我们首先应保持思想的端正性，对于政策在其选择的优化过程中难免出现的问题，

我们有必要保持适度的冷静，但似乎没有必要对其合理性作过多的张扬，因为并存并非我们的期望，而只能被看做现有技术，环境条件约束之下的权宜之计。另一方面要勇于突破现有成规的羁绊，对各项目的计量属性重新把握和设计，使之建立在明晰基础之上。

第四节　我国会计确认与计量模式的现实选择

从以上的分析可以看出，如果在各种条件具备的情况下，理想的会计确认基础仍然是权责发生制，对于使用者所需的现金流量信息通过报告形式加以解决即可。理想的会计计量模式应该是公允价值，其中最主要的是未来现金流量的现值，因为它更能体现会计要素乃至整个企业的经济价值。而在现实的条件下，再完美的理论都有其难以逾越的实践障碍，会计制度改革要在要素确认和计量这样的深层次问题上采用与市场经济相适应的会计政策，并坚持顺势而为，以积极的姿态，迎接经济全球化竞争的挑战。这里结合中国当前的实际需要，选择适合自己的，又不失与经济全球化趋势相协调的确认与计量模式。

一、顺应环境的变化，进行适时、适当的变通

会计环境是会计赖以产生、存在和发展的各项条件的总和，包括社会、政治、经济、技术乃至自然条件等各种因素。各种因素相互交织，相互作用，对会计确认与计量提出新的要求。例如，当代经济环境的变迁引发了会计理论和实务的两大难题，即通货膨胀会计和衍生金融工具会计，他们引起会计确认和计量在理论上发生重大突破，包括确认与计量原则的松动和对单个特殊要素采取的特殊的确认方式和计量属性；政治法律环境对会计确认与计量的影响主要表现在政府考虑特殊利益集团的要求，而通过法律法规对有关项目的确认和计量作出硬性规定；科学技术环境对会计确认与计量的影响主要表现在为合理有效的计量手段的应用提供技术支持，以及科技进步本身就会带来会计确认和计量上的革命，如以现代科技为主导的网络经济时代就对建

立在工业经济基础上的会计理论框架产生了强大的冲击，新的会计理论框架有待于构造，以便能够对新兴的特殊事物进行合理的确认和计量；自然环境因素的参与使企业必须对相关事项重新界定和计量，绿色会计研究便蔚然成风等等。在当前，知识经济和信息社会的浪潮已经开始冲击财务会计原有的概念和原则，对企业的商誉、衍生金融工具等软资产的确认和计量问题受到了会计界和其他人士的关注，适时、适当变通传统会计模式显然是各国会计政策的明智之举。例如，我国《企业会计准则第22号——金融工具的确定和计量》的第五章金融工具计量中就明确规定："企业初始确认金融资产或金融负债，应当按照公允价值计量"（第三十条）；"企业应当按照公允价值对金融资产进行后续计量，且不扣除将来处置该金融资产时可能发生的交易费用"（第三十二条）。并且单列一章即第七章公允价值，具体明确了对不同情况下的金融资产或金融负债的公允价值确定的方法。2014年我国财政部修订后的《企业会计准则第37号——金融工具列报》也再次确认了公允价值在金融工具列报中具备无可替代的作用。

我国加入WTO之后，在经济全球化的大潮中，对外经济技术交流明显增加，企业间的国际竞争更加激烈，人才和技术知识作为企业的核心竞争力量，必然引起企业的大量投入，企业人力资源和无形资产的价值估价和摊销问题便成为企业会计计量的重要课题；伴随着资本项目可兑换的进展和外币折算标准的统一化，外币折算会计问题会显得更加突出；为了增强企业抗风险能力，提升国际竞争力，我国企业谨慎性会计计量方面也必须迈出更大步伐。电子商务的出现，使企业间的无纸化交易、网际往来日益频繁，针对无纸化交易的计量和核算形成了企业会计计量的又一个新课题……诸如此类问题的大量出现，都迫切要求重塑我国传统的会计计量理论。不可否认，现阶段的财务会计应当是历史成本、公允价值、成本与市价孰低等多种计量属性并存的体系。以历史成本为基础的计量属性在信息技术时代必将受到排挤，但现阶段要彻底改变它是不切实际的，计量属性的选择必须符合现实的经济发展环境。目前，我国经济体制还处于转轨变型的不成熟时期，经济发展的市场化程度较低，会计人员素质不高，会计电算化水平以及相关的信息处理能力较低等，都限制了公允价值的普及与应用。针对我国实际，对传统意义上的基础资产、负债仍按历史成本属性予以计量，而其他具有重要意义的资产等要素尽可能按公允价值计量，以保证会计信息的相关和可靠。同时还要考虑避免多重计量属性混合带来的“大杂烩”，有必要针对不同的确认计量标准要求的实现程度，采用类似“彩色”报告的模式，将它们加以区别地进行分别列示。

二、构建完整的财务会计概念框架，对确认和计量予以明确规范

如果说现行会计准则和制度是一个基于信息供求层面上的一个“游戏规则”，那么概念框架就是对这个“游戏规则”的制定进行原则性指导，使“游戏规则”及其构成要件的概念、原则和基本思路落实在明处，从而做到含义明确、内容规范、逻辑一致。在美国，基本是按照“会计目标——会计信息质量特征——会计报表要素——确认与计量”为基础的财务会计概念框架来制定会计准则的。概念框架的作用在于指导未来会计准则（在我国也应包括会计制度）的制定，评价现有会计准则，在缺乏适用的权威性文告的情况下为分析新的或正在出现的财务会计和报告问题提供某些指南。概念框架可以保证会计准则的内在一致性，避免各准则间的矛盾与冲突，从而消除或降低准则制定过程中来自外部利益集团的压力。会计确认和计量作为会计的核心，自然成为框架所要明确的重要内容。FASB 的第 5 号概念公告《企业财务报表中的确认和计量》，以及 IASC 发布的《编报财务报表的框架》中的第 7 部分“财务报表要素的确认”和第 8 部分“财务报表要素的计量”，都对会计确认和计量问题作出明确规定。在我国，“确认”、“计量”词语在会计准则和会计制度中时常被引用，但至今都还没有对它们下一个明确的定义，有关确认、计量的标准问题也仅仅散见于各个具体准则和制度条文当中，缺乏对确认和计量的系统完整的表述。至于准则和制度之间，以及各个准则内部之间，在确认和计量方面也相互存在许多不一致和不协调的地方。因此，顺应国际会计改革的思路，建立我国的会计财务会计概念框架不失为明智之举。

从国外的有关文献上看，会计理论界都在试图规范会计确认的定义和内容，而且会计确认限制在财务报表要素的范围之内，将表外项目信息的归拢

和揭示排除在确认之外，确认的标准普遍采用符合定义、对未来经济利益有影响及能够可靠计量等内容。我国会计要素的确认自然要借鉴国外的经验，但也要符合我们的国情。第一，研究社会主义市场经济环境对会计确认的影响，权衡国际化和本土化之间矛盾和协调的需要，然后再对确认进行定义，定义范围可以宽泛些。第二，对确认的标准展开讨论，可借鉴国际会计准则的合理成份，同时还需考虑今后环境发展的需要，以保持确认的前瞻性。第三，深入讨论会计确认的具体内容，重点解决个别会计事项的具体确认问题；会计确认的时点如何确认问题；收入确认和收入实现是什么关系问题；此外也有必要明确确认和计量的关系，毕竟确认和计量还是还是有区别的——确认属于定性研究，它解决会计事项在账户和报表中的归属，而计量则属于定量研究，它解决已归属于账表中项目的数量和价值确定。

会计计量是在各国都未能得到满意解决的问题，所以我们也不必求全责备，界定计量的含义时，可以考虑不受严格确认的局限，对于不满足确认条件的表外信息报告，也可以尝试应用会计上是专业计量手段（这里不妨称之为“准计量”）。具体对会计要素进行计量时，明确会计计量的目标，适当拓展计量的对象，充分考虑确认计量的“经济后果”，符合市场经济发展对会计信息质量特征的基本要求。在当前的形式下，计量程序和方法有必要保持足够的稳健，强调实质重于形式，并以此对基准计量基础和核算原则加以修正和补充。另外，要对当前我国准则制定所处的“救火式”阶段有一个清醒的认识，关于确认计量的暂时性制度安排不意味着是长久的打算。例如，虽然“公允价值”的计算属性在中国目前的会计实务中被低调处理，但不应否认其无可替代的合理性和广阔的发展前景，所以准则制度结构不要放弃对它的深入研究和充分论证，并考虑在时机成熟的时候加以应用。

三、结合财务报告的革新，改造现有的确认、计量程序和方法

满足用户信息需求的会计导向，已经促使当前财务会计的重心从确认计量转向财务报告和披露，披露的内容也从单纯的财务报表转化为其他财务报告并存。报告的内容好多已经不再经过严格会计程序的过滤。这等于是适当松动了确认的标准，并淡化了确认与披露的严格界限，但笔者认为这只能算

是一种权宜之计。我们为何不能从这种结果理性得到启发，回头重构会计系统的过程理性呢？根据美国SEC委员Wallman先生提出的彩色报告模式，以及AICPA和FASB在1994年和2001年提出的改进财务报告的研究报告中的建议，我们可以作如下设想：

（1）构成财务报告核心的还应是财务报表，即它们必须符合可定义性、可计量性、相关性与可靠性等四项确认标准。为了显示它属于财务报告内容中的核心，可把它列为财务报告的第一层次，努力创造条件，完成重要信息向报表的归拢。

（2）凡不符合四个确认中一个或几个标准的，可以按满足标准的程度分其他层次在财务报告中列示。这就是说，在确认方面，基本上运用彩色报告模式，把原财务报表的内容加以扩大。

（3）配合彩色报告体系的不同层次，设计相应的彩色账户体系，使报告的内容在会计系统上有迹可寻、有“据”可查，同时这还有利于培养会计严谨的职业习惯，便于将来在时机成熟时很方便地完成向基本账户的过渡。

（4）根据彩色报告设计的要求，建立和完善会计的计量程序和方法，既能在会计与报告上反映生产产品和取得资产所耗费的成本，又要反映企业创造价值的过程和企业在某时日的市场资本化价值。FASB在2001年的一份专门报告《新经济对企业和财务报告的挑战》中相当深入地探讨了这一问题。该报告肯定了这种做法的可能性，它在不改变现行财务报告模式的前提下，根据会计的账面价值，通过如下若干核算步骤，把一家公司的价值通过市场资本化表现出来：

会计的账面价值

±会计计量金额与已确认的资产与负债按市场评估的基础价值的差异

±符合资产和负债的定义但未在财务报表中确认的项目（如自行研究与开发的专利权）按市场评估的基础价值

±不符合资产和负债的定义的无形资产价值增加或价值减损（按市场评估）

±按市场评估的主体的未来计划、机遇和企业风险

±其他因素，包括宣传广告、悲观主义和市场心理学

=市场资本化（价值）

上述计量过程明显是为了强化充分披露在财务报告中的作用。笔者认为该计量程序可尝试进入严谨的彩色账户体系中去，用会计的语言加以表述。虽然现行GAAP强调，最重要、最相关和最可靠的信息应当在财务报表中确认，但实际上，受确认的标准限制和货币计量属性的困扰，不少最重要、最相关的信息却被排除在财务报表之外，于是只好用“披露”来补救。笔者在这里所强调的采取类似彩色确认的方式，目的就在于尽量缩小确认和披露之间的差距，提高和强化会计系统的过程理性。

四、顺应国际潮流，积极创造条件，努力向理想会计模式靠近

如上所述，在新的时期“公允价值”是一种理想的会计计量模式，只不过现时环境束缚了它的使用，这也成了国际会计致力改革的方向。早在1988年，FASB启动了一个研究项目，开始考虑计量中更广泛地使用现值技术，随后的10多年中，它发布了32份财务会计准则公告，其中11份涉及现值应用。到了2002年2月，FASB正式第7号概念公告《在会计计量中使用现金流量信息和现值》，对以未来现金流量为基础的会计计量提供了一个理论框架，并且针对现值计量的可操作性问题提出了很多建议和看法，如使用现值的会计计量应该反映出各种估计现金流量具有内在不确定性这一特征；期望现金流量法比传统法能更好地捕捉不同现金流量之间在数额和时点等方面的不确定程度；对负债的现值计量与资产的现值计量虽然在一些具体技术上不尽相同，但它们的计量目的是一样的，而且在负债公允价值的计量时应该考虑企业资信状况的变化；作为一种具有良好特性的摊配程序，利息法的实质就是把某项资产或负债报告金额的变化和一组未来现金流量的现值作为今后准则建设的方向和工具等。可见，FASB第7号概念公告已经向人们发出了清晰的信号，即公允价值和现值这两个概念将在未来日益复杂的会计计量环境中扮演更加重要的角色。除美国外，其他国家和国际组织也在积极地考虑现金流量信息和现值技术在会计计量中的应用问题。面向世界，面向21世纪，我们应当承认我国会计研究和实践与发达国家之间的差距，密切关注国际会计新动向，适度地加以“引进”，做到能切实可行的“为我所用”。鉴于我国

资本市场的不断成熟和完善，鉴于一个以高新技术和金融创新为特征的信息社会的逐步形成，我们应该也完全可能大力应用现代化的科学技术手段，如建立动态报价系统、大力培植专业化的评估体系、充分利用计算机网络技术等，为公允价值的利用提供条件，推动会计由历史成本计量向公允价值计量过渡。相信在经济形势的不断发展和经济环境逐渐完善的过程中，通过会计界同仁的不断探索，公允价值计量的理论将日臻完善，会计按公允价值进行计量必将得到普遍的推广。

第五节 我国财务报表的确认与计量

总体来说，我国企业财务报表的确认与计量比较简单，以权责发生制为确认基础，对各个项目主要按照历史成本/名义货币单位模式计量。

具体而言，我国在相当长期内采用统一的行业会计制度，严格限制了计量方法的选择与变更。

1992 年《企业会计准则》实行后，还是非常强调对资产的计价遵循历史成本原则，负债一律按未来应付金额入账，对收入和费用的确认与计量也规定得很简单，主要强调货物是否发运，款项是收付或索取款项的凭证是否得到，并不注重实现原则、谨慎原则和实质重于形式原则等。近年来，随着我国经济的发展变化，对财务报表的确认与计量有所改进，允许企业对某些项目使用非历史成本计量属性。但是我国没有财务会计概念结构，因而也没有关于财务报表确认与计量的专门文件，有关确认与计量的规定只能散见于《企业会计准则》、具体会计准则、《股份有限公司会计制度》和行业会计制度中。如 1992 年《企业会计准则》规定："会计核算应当以权责发生制为基础"、"各项财产物资应当按取得时的实际成本计价，物价变动时，除国家另有规定者外，不得调整其账面价值"。在具体会计准则《收入》规定了确认商品销售收入的条件；曾经在《股份有限公司会计制度》规定："境外上市公司、香港上市公司以及在境内发行外资股的公司，短期投资应采用成本与市价孰低计价"等。

2006 年颁布的企业会计准则借鉴国际会计准则的规定，适应经济环境变化，在确认计量规定方面更为详细。第九条“企业应当以权责发生制为基础进行会计确认、计量和报告”。

对资产和负债的确认方面，规定：除符合定义外，须同时满足以下条件：一是与该资源（或义务）有关的经济利益很可能流入（流出）企业；二是该资源（或义务）的金额能够可靠地计量。

在收入与费用确认方面，采取了狭义的口径：是指企业在日常活动中形成的、会导致所有者权益增加（或减少）的、与所有者投入资本无关（或与向所有者分配利润无关）的经济利益的总流入（或流出）；并且须是经济利益很可能流入（或流出）金额能够可靠计量时才能予以确认。

在会计计量方面规定企业在将符合确认条件的会计要素登记入账并列报于会计报表及其附注时，应当按照规定的会计计量属性进行计量，确定其金额；并详细定义了历史成本、重置价值、可变现净值、现值、公允价值等五种计量方法或属性。

企业在对会计要素进行计算时，一般应当采用历史成本，采用重置成本、可变现净值、现值、公允价值计量的，应当保证所确定的会计要素金额能够取得并可靠计量。

为了适应我国企业和资本市场发展的实际需要，实现我国企业会计准则与国际财务报告准则的持续趋同，2014 年 7 月 23 日财政部关于修改《企业会计准则——基本准则》的决定，将《企业会计准则——基本准则》第四十二条第五项修改为：“（五）公允价值。在公允价值计量下，资产和负债按照市场参与者在计量日发生的有序交易中，出售资产所能收到或者转移负债所需支付的价格计量。”

总之，随着世界会计确认与计量理论研究的不断深入，我国资本市场对财务报表的确认与计量要求的不断提高，我国财务报表的确认计量将会更加完善和规范。

第七章 资产和权益的确认与计量理论

第一节 资产的概念与确认标准

在会计确认与计量中，资产和收益的确认与计量被认为是两项最为重要的内容。其中，资产是企业存在和持续经营的必要条件，在所有会计要素中，资产是关键性的要素，其他要素的定义都以资产为基点。资产的确认与计量不仅影响资产负债表，也对收益产生影响。资产计价通常决定着收益确定。随着资产属性与相关业务的日益复杂，资产确认与计量的理论和实务也在不断地发展，并对会计理论产生了深刻的影响。

一、资产的概念

（一）资产概念的演变

概念是对一事物的本质、特点、内涵和外延的总体阐述。站在不同角度认识事物，人们会得出不同的概念。会计的概念也是如此，资产是最基本的会计要素之一，同时也是一个很复杂的概念。人们经常因其表象而对其实质产生模糊甚至错误的看法。例如，将资产等同于资源、将资产视同财产、将资产视同资金的运用、将资产等同于产权，等等。长期以来，许多会计学家和会计专业机构都对资产概念有所研究，试图给资产以明确的定义，并因此形成了各种各样的看法。对会计理论的研究起了不同程度的推动作用，对会计实务也起到了指导作用。归纳起来，大致有以下五种观点。

1. 未来劳务观

主张这种观点的是坎宁（John B. canning）1929 年他在《会计经济学》中将资产解释为：资产指任何货币形态的未来劳务或任何可转换为货币的未来劳务（对那些由合同产生的未来劳务要扣除合同双方都未履行的部分），这种劳务只对某人或某批人有用时才是资产。

这是最早对资产作明确定义的，也是对资产早期的一种认识，认为资产是劳务。虽然指出了资产对人有用的属性，但与现代会计的资产概念有明显的不同。

2. 未消逝成本观

这也是对资产性质的早期认识，是 1940 年美国会计学家佩顿和利特尔顿在《公司会计准则导论》中提出的。他们认为："成本可以分为两部分，其中已消耗的成本为费用，未消耗的成本为资产。"也就是说，他们认为资产是营业或生产要素获得以后尚未达到营业成本和费用阶段的那部分余额，是成本中未消逝的那部分余额。显然，这种观点同历史成本会计模式是密不可分的，它着重从会计计量的角度来定义资产，强调了资产取得与生产耗费之间的关系。未消逝成本观在 20 世纪 40 年代比较流行，对当时的资产计量实务产生了相当大的影响。即使到现在，它也未从根本上消除，仍然支配着资产的计量实务。在由国际会计准则委员会与欧洲会计师联合会共同发起的"会计准则制定大会"第三届会议（1993 年）上，发布了一篇题为《关于未来事项的确认与计量问题》的研究报告，该报告虽然强调资产的确认应以"对未来经济利益的控制或拥有"为必要条件，但也承认，"资产的计量是以成本耗费为基础的"。

3. 借方余额观

1953 年 8 月，美国会计师协会所属的会计名词委员会在其颁布的第 1 号《会计名词公告》中提出了资产定义的借方余额观。该公告认为："资产是由借方余额所体现出来的某种东西。这一借方余额是按照公认会计原则或规则从结平的各账户中结转过来的，前提是这一借方余额不是负值。作为资产，它代表的或者是一种财产的权利，或者是所取得的价值，有的则是为取得财产权利或为将来取得财产而发生的费用支出。”这一认识的基本特征是将资产视为借方余额的体现物。据此，不仅借方余额所体现的应收账款、存货、设备、厂房等要确认为资产，而且由借方余额所体现的递延费用等项目也可以确认为资产。这种观点只是从会计结账技术的角度来理解资产，并没有揭示资产的实质，即资产应有什么样的用途，能为其所有者或使用者带来什么。这种观点对资产的界定产生了较大影响。

4. 经济资源观

这是颇具影响的一种观点。1957 年，美国会计学会在发表的《公司财务报表所依持的会计和报告准则》中明确指出：“资产是一个特定主体从事经营所需的经济资源，是可以用于或有益于未来经营的服务潜能总量。”对资产的认识，第一次明确将资产与经济资源相联系，虽然它并未正面提到无形资产的内容，但这一定义至少可能将无形资产包纳其中。另外，它也明确了资产与特定会计主体之间的关系。美国会计原则委员会认为“资产是按照公认会计准则确认和计量企业经济资源，也包括某些虽不是资源，但按公认会计准则确认和计量的递延借项。”这一定义虽然明确地指出资产的实质是经济资源，接受了“经济资源”这一新认识，但它却认为，经济资源应视为资产，取决于公认会计原则的确认和计量标准，这就把资产的实质与资产的确认和计量之间的主从关系颠倒了。但不管怎么说，经济资源观中已经孕育了未来经济利益观的思想。

IASC 也认为资产是一项作为过去活动的结果而为企业所控制的资源，由此产生的经济利益预期在未来流入企业。我国 1992 年颁布的会计准则也持此观点：资产是企业拥有或控制的能用货币计量的经济资源，包括各种财产、债权和其他权利。

5. 未来经济利益观

目前比较流行的资产定义体现了未来经济利益观的观点。其实未来经济利益观的思想早有体现。约翰 · B. 坎宁早在 1929 年出版的《会计经济学》一书中就对资产作出了如下定义：“资产指任何货币形态的未来劳务或任何可转换为货币的未来劳务（对于那些合同明确的未来劳务要扣除双方都未履行的部分)，这种劳务只有对某人或某些人有用时才能作为一项资产。”在此之前斯普瑞格在其所著的《账户原理》一书中认为，资产“包括以前获得的服务，以及其他还在得到服务的积蓄。”这两个定义都或多或少地包含了未来经济利益观的思想。1962 年，斯普瑞格与穆尼茨合作发表了《会计研究论丛》第 3 号——《企业普遍适用的会计准则》。在这一文献中，他们明确提出：“资产是预期的未来经济利益，这种经济利益已经由企业通过现在或过去的交易获得。”但这种“未来经济利益”的想法，在当时被认为过于激进，所以被美国会计原则委员会所否决。有意思的是，后来的美国财务会计准则委员会却成了“未来经济利益观”的倡导者。该委员会认为：“资产是可能的未来经济利益，它是特定个体从已经发生的交易或事项中所取得或加以控制的。”

我国财政部 2006 年发布的《企业会计准则——基本准则》第三章第二十条规定，资产是指企业过去的交易或者事项形成的、由企业拥有或者控制的、预期会给企业带来经济利益的资源。

与其他几种观点相比，未来经济利益观否定了未消逝成本观，发展了经济资源观，这主要表现在以下两点上：(1) 未来经济利益观认为，资产的本质在于它蕴藏着未来的经济利益。因此，对资产的确认或判断不能看它的取得是否支付了代价，而要看它是否蕴藏着未来的经济利益。在现实中，虽然成本是资产取得的重要证据之一，而且成本还是资产计量的重要属性，但是，成本的发生并不一定导致未来的经济利益，而未来经济利益的增加也并不必然会发生成本，例如，业主投资、接受捐赠等。所以，未消逝成本观将未耗用的成本看成是资产，视资产为成本的组成部分，是不切合实际的。(2) 经济资源观强调资产的经济资源属性，把一些不是经济资源但有助于实现未来经济利益或减少未来经济损失的项目如某些备抵项目排斥在资产之外，而未来经济利益观则将这些项目合乎情理的包含在资产之中。因此，未来经济利益观相对于经济资源观来说更加全面、合理。

但是，对于会计上常见的递延费用是否具有未来经济利益的特征，则有不同认识，一种认识认为递延费用是由过去的交易引起的资产价值的转化，通过摊销计入损益，并不直接为企业产生现金流量，因而不具有收益能力；

另一种认识是，递延费用是企业为获取长远利益而必须发生的支出，不能设想企业不承担代价而获取任何利益，因而属于未企业间接获益的资产。

（二）资产概念的新发展

资产概念始终处于发展中。进入21世纪以来，FASB与IASB开始进行合作项目，重新审视财务报告框概念框架，其中的一项研究就是对资产的定义。由于对原有的定义存在“可能的”、“预期的”、和“控制的”指代不明，以及过分强调“未来经济利益”与“过去交易或事项”等方面的缺陷，因此他们更关注资产的操作性定义。2006年初，他们认为特定主体的资产是：该主体持有的现金，该主体获取现金的现时权利，该主体获取直接或间接为其带来经济利益的资源的现时权利或其他现时权利。到2006年11月，FASB和IASB明确将资产定义为：主体的一项资产是主体对其拥有排他的权利或其他权益的现时经济资源。从这个定义可以看出，他们对资产的定义强调了三点：

1. 经济资源（economic resource）

作为经济资源，资产应有确定的经济价值，能够反映市场、交换等经济活动的实质（单独或与其他经济资源组合），从而直接或间接地增加现金的净流入或减少现金的净流出。经济资源包括与其他主体签订的合同，如付款合同、运输合同、提供劳务合同等，只要能增加现金净流入或减少现金的净流出，就被确认为经济资源。

2. 现时（present）

现时是指在资产负债表日，经济资源已经获得该经济资源的权利或其他特许权应该实际存在。

3. 拥有排他的权利或其他权益

一项现时权利或其他特权（a present right or other privileged access）的获得使特定主体能够直接或间接地使用现时经济资源，并排除和限制其他主体使用该资源。权利和其他特权需通过合同或其他合法途径来获得。

2007年10月IASB和FASB的联合会议把资产定义修订为：

主体的一项资产是主体目前具有实施权利或其他人不具备的其他权利的现时经济资源。一项经济资源是指稀缺的或能够单独地或与其他经济资源一起直接或间接地产生现金流入或降低现金流出的某物。一项实施权利是主体对现行经济资源建立进入权或保护不被其他人进入。权利可以合法实施或通过等效方法实施。主体在保护不被其他人进入经济资源的同时，进入其他人不具备进入权的现行经济资源。

这个定义强调资产是主体具有排权利的现时经济资源，可以理解为资产的"经济资源观"的新发展。此外，资产概念的表述也与经济学的资产概念保持了一致，是一个值得期待的定义。

二、资产的确认标准

上述各种不同的资产概念反映了会计学各个不同发展阶段上对资产认识上的不断发展过程。这些概念中能够产生较重大影响的共有两类：一是会计技术决定论，二是未来经济利益决定论。

会计技术决定论是比较早期的对资产的表述，即前述的"借方余额观"。按照该观点对资产的表述，资产取决于记账结果，于是，复式记账的具体规则成为确认资产的标准。具体来说，关于将支出列做有关账户的借方余额，以及未来期间转作费用的具体规定，就是确认资产的具体标准。至于资产的真正效用的规定性，则退居次要的地位。因此，厂房建筑物、机电设备作为企业所实际拥有的财产资源是企业的资产；应收账款作为企业的财产权是企业的资产；待摊销费用和递延资产也是企业的资产，因为它们符合具体的会计规则。

可见，早期关于资产的确认标准并不明确，资产被认为是按照一定记账程序与规则所形成的余额。这样，记账程序与规则就成为资产的确认标准。

未来经济利益决定论是 20 世纪 80 年代以来人们对资产的认识。随着会计理论的发展，人们对资产的认识不再从记账的结果这角度来界定资产，而是从资产的经济特征作出界定，并以此为基础进一步说明会计确认的标准，其所下的定义已转变为强调资产的本质特征，所以近一些年，未来经济利益观成为一种主流观点。

按照 FASB 第 6 号财务会计概念公告对资产的表述，资产应具有如下特征：

（1）资产蕴涵着可能的未来经济利益。资产单独或者与企业的其他要素结合起来而具有一种能力，这种能力将来能直接或间接地产生净现金流量。反之，如果潜在的经济利益为零，即不可能产生任何经济效益时，就不应将其确认为资产。此外，这一特征还表明未来经济利益是“可能得”，也就是说，某项资产在未来能给企业带来的权力和效益是不确定的，尽管这种不确定性会影响资产的计量，但是不会改变资产的本质。

（2）特定的个体对资产具有排他性的控制权。当某一个体或企业通过正常的、符合法律的程序而拥有一项资产时，该资产是蕴含着的未来经济利益就属于这一个体或企业，而不属于其他的个体或企业，即资产具有排他性。这是资产的一项重要的法律特征，关系到资产所创造的未来经济利益的归属权。但要明确的是，这里的控制权是指企业对特定资产的支配权、使用权，而不是所有权、从租赁公司取得的设备、与供货企业发生的未付款项等，这些资源的所有权不属于企业，到期需要归还，但可归企业支配使用。

（3）产生上述经济利益的交易或事项已经发生。企业对某项资产的取得一般要通过相应的交易或相关活动（如捐赠），当导致企业获得这一项资产的经济活动完成时，企业才可予以确认。通常会计确认有四项标准，即可定义性、可计量性、相关性和可靠性。由此可见，交易活动是否发生直接关系到资产确认的依据，交易活动的发生不但标志着企业已拥有该项资产的权力，同时也表明企业取得了确认资产所需要的具体且可靠的信息。

除了以上特征以外，有学者认为，资产还应当具有如下特征：①资产必须能以货币计量和反映；②资产可以是有形的或无形的；③资产的价值是变动的；④资产的收益性与风险性同在。前面两个特征实际上是从会计确认和计量的角度提出来的，而后两个特征则考虑了资产存在的现时环境及其变化。

在复杂的现实生活中，无论是从会计理论的角度，还是从会计实务的角度来说，都需要我们对资产的确认标准作出更为明确的规定和解释。

比如，我国财政部2006年发布的《企业会计准则——基本准则》第三章第二十一条规定，符合资产定义的资源，在同时满足以下条件时，确认为：①与该资源有关的经济利益很可能流入企业；②该资源的成本或者价值能够可靠地计量。

一般来说，资产的确认标准有如下几种：

（1）法定权利标准。法定权利标准是传统会计机制中记录一项资产时最重要的依据。在传统的会计机制下，企业大多数资产的确认都遵循了法定权利标准。这样保证了会计记录的客观性和可靠性。目前，实务界普遍采用这一标准。

（2）经济实质标准。这一标准着眼于经济业务是否已经实际发生或执行，是否能对经济决策产生影响。如果一项经济业务尚未发生或执行，那么它就不具有经济实质，就不能作为记录资产的依据。

（3）稳健主义标准。稳健主义，又称保守主义或谨慎性原则，是传统会计中一项重要的基本原则。这一原则意味着：损失和代表未来经济义务的负债可以提前确认，而收入和代表未来经济利益的资产则不能提前确认。例如，企业在一项诉讼案件中是原告，假定该企业已经获得胜诉，但被告提出了上诉，则在这种情况下，企业不能将应收的赔偿款作为资产入账。但在相反的情况下，如果该企业是被告并且已经败诉，即使该企业提出了上诉，也必须将应付的赔偿款作为负债登记入账。

（4）资产价值可计量标准。计量是会计的一项重要职能。资产负债表中的每一个项目，都需要会计人员以货币作为计量单位加以反映。如果某一项目在性质上可以归类为资产，但不采用非常主观或武断的方法会计人员就不能确定它的价值，那么，在这种情况下，该项目就不应被记录为资产。这就是在传统会计中不将人力资源确认为资产，以及商誉（除非是购入的商誉）通常亦不计列为资产的缘故。

第二节　资产的计量模式的选择

一、资产计量的概念与目的

所谓资产计量是以特定的尺度对资产的价值进行数量化描述，即货币性量化过程。具体说，资产计量涉及两方面的内容，一是确认应予记录的资产项目，二是对应予记录的资产项目进行货币计价。其中第一项可根据资产的定义和特征来确认，而如何对已确认的资产量化其价值，则是以所要讨论的问题。

资产计量需要一定的计量尺度，计量尺度又称计量标准，包括计量属性和计量单位。资产计量属性也称资产计量基础，指所用量度的经济属性，即确定资产价值的基准。如历史成本、现行成本、变现成本等。而计量单位指的是度量的货币单位，如名义货币单位和一般购买力货币单位。不同的计量属性与计量单位可组合成不同的计量模式，由此而形成的资产价值也有所不同，而各种计量模式的选择应当取决于组成计量的目的与环境。

用货币单位来反映经济关系及其变化，这是会计的一个重要特征，会计所反映的内容从资本、投资到收益各要素的价值都是以资产计量为前提条件的，可以说资产计量是整个会计计量的基础。财务会计的目标是为信息使用者提供对决策有用的信息，资产计量也应当以此为目的。由于存在不同类型的决策者，因此对资产计量的目的也就不尽相同。概括起来，资产计量主要有以下几个方面的目的：

1. 作为收益计量的一个必须步骤

通过资产计量来确定企业的收益，有两条途径。

（1）通过收入与费用的配比过程。由于费用是已耗资产的成本，因此费用的确认取决于资产的计量。按照传统的资产计量方法，货币性资产是以可变现价值来记录，非货币性资产以历史成本记录。计量非货币性资产的主要目的是计算本期的收益，即将收入与相关费用进行配比其差额为收益。由此可见，要通过收入与费用的配比而得到收益，就必须先对各种不同类型的资产进行计量，所以，资产计量是收益计量的一个必不可少的步骤。

（2）通过对资产与负债定期评估。当企业资产的价值增加或负债的价值减少时会产生收益，企业通过重置成本或定期进行资产评估的方式取得收益，即收益是一定时期净资产的增值。因此，资产的计量就成为确定收益的一个重要步骤。在这里，对于非货币性资产通常是选用与资产负债日相近的价值进行计量，如存货采用先进先出法等。

因此，不论采用以上途径的哪一条，资产的计量都是收益计量的必要前提。

2. 向投资者反映企业的财务状况

投资者要了解企业的财务状况，一般要利用企业的财务报表，而财务报表又是以账簿记录为基础编制的。所以，通过资产计量而进行相应的会计处理后，才能编制财务报表而向投资者反映企业的财务状况。在财务报表中，资产负债表是揭示企业财务状况的一个主要报表，由于传统会计执行的是配比原则和历史成本计价，使资产负债表实际上成为一种余额表。从投资者的角度来看，这一报表信息反映了业主投入资金的经营责任，即既可以从企业发生的业务，又可以从期末的余额追溯实际投入的货币。但是，人们对这种余额表的信息提出了批评，认为非货币性项目余额只能反映过去的成本和摊余价值，使报表信息与过去的关系要比与未来的关系更为密切。

3. 向债权人反映企业的偿债能力

债权人需要了解企业的偿债能力，而偿债能力的大小取决于企业所拥有资产的价值，因此必须通过对资产的计量向债权人提供反映企业偿债能力的信息。在 20 世纪以前，资产负债表的主要目的之一就是向债权人提供有关企业的财务信息。至于采用怎样的计量尺度来衡量企业的偿债能力——企业拥有资产的价值，在当时的环境下，稳健主义观念深入人心，并对资产的计量产生了很大的影响，所以清算价格被认为是一个很重要的计量基础。然而，如果企业有较大可能持续经营下去，则企业的债务可从经营过程中所获得的现金流量予以支付，不必拍卖置存资产以换取现金偿还债务。在这种情况下，历史成本计量基础是可行的。

4. 计量可以向企业管理当局提供经营管理方面的信息

企业管理当局所需要的会计信息与投资者和债权人所需要的会计信息不同。投资者主要关心企业未来的盈利能力，债权人则主要关心企业未来的偿债能力，而企业管理当局则更关心企业未来的经营决策。资产的计量可以为企业管理当局制定经营决策提供帮助。例如，通过资产的计量，各项资产的清算价格以及它们所能提供的未来现金流量等信息都可以得到，这有利于企业管理当局进行一系列的经营决策。

以上，我们对资产计量的种种目的进行了简单分析。如果对上述各种不同的计量目的在进行深入分析、分类，就可以发现，在资产计量中大致存在两种不同的基本目的：一种目的是反映企业管理当局的经管责任（经管责任观）；另一种目的是为利益相关者提供决策帮助（决策有用观）。在经管责任观下，要求资产计量的结果应尽可能地客观、可靠，要有助于说明有关方面的经管责任及其履行情况，这时，资产计量倾向于采用历史成本计量模式，在决策有用观下，要求资产计量的结果尽可能与经营决策相关，这时，资产计量更倾向于采用现时成本计量模式。

二、资产的计量属性比较与评析

（一）计量属性

采用什么计量尺度对资产的价值进行计量，这就是资产计量属性的选择问题。计量属性的确定直接影响资产计量的结果，与直接影响到财务会计信息的质量。如果对某一被计量的资产而言，所选择的计量属性是合适的，则计量的结果可能是合理的；反之，如果所选择的计量属性不合适，就不能客观地反映该资产的真实价值，甚至严重背离其实际价值。资产价值计量是在一定的环境下针对具体计量对象而进行价值确定的一种会计行为，因此要达到合理计量的目的，则在选择计量属性时必须考虑计量对象、计量依据、计量环境以及计量效果等因素。

1. 计量对象

计量对象是指被计量的客体，这里指资产。虽然资产计量的目的均相同，不是为了确定取得的价值，就是为了确定出售或产出的价值，但不同的资产计量对象可能需要不同的计量属性。就企业所拥有的资产而言，根据资产的性质可分为有形资产与无形资产、货币资产与非货币资产、金融资产与非金融资产等不同类型，这些不同类型的资产由于性质上的差异需要与其相适合的计量属性。如对企业所拥有的设备等有形资产进行计量，可采用历史成本计量；而对持有的金融资产则不宜选择历史成本，采用未来现金流量现值或某一公允价值更为合适。

2. 计量依据

资产计量需要相关的依据，该依据能说明资产计量的结果是否合理。按照传统的会计惯例，会计计量通常是采用某种可观察的由市场决定的金额，比如实际收到或支付的现金。但很多情况下会计人员可能无法获得所需要的计量依据，当会计人员不能获得这种可观察的市场金额的信息时，只能转而寻找别的途径，如使用未来现金流量的估计值来计量某项资产。因此，在资产计量时，有无计量依据以及计量依据能否满足需要，都对计量属性的选择产生影响。

3. 计量环境

资产的价值要通过具体的价格来体现，而价格又是以货币来反映的，货币单位的价值有可能是变动的，所以这里的计量环境是指货币在特定时期的币值状态，由此而分为币值稳定环境与币值波动环境。在币值稳定或基本稳定的环境下，资产采用历史成本计量属性可以反映资产的现时价值。但如果在币值波动的环境下，历史成本计量属性则难以反映资产的现时价值。所以，为了使计量结果有意义，资产计量属性的选择应当考虑当时所处的环境。

4. 计量效果

所谓计量效果，是指通过计量后其结果满足计量目的和要求的程度。对资产进行计量，其最根本的目的和要求是计量结果能客观、准确地反映被计量对象的真实价值，使企业财务状况得到真实的反映，也使财务报表的信息具有决策有用性。因此，资产计量属性的选择必须考虑计量效果，只有能保证计量效果好的计量属性才能成为被选择的对象。

（二）资产计量属性的类型及其评析

1. 资产计量属性的类型

财务会计的目标就是向不同方面的信息使用者提供他们决策所需的信息，信息使用者的不同以及分析评价企业财务状况的观念和方法的不同，都可能对资产计量提出不同的要求。所以，信息需求的多样化必然会导致多种计量属性的产生。计量属性的产生受时间、价值形成方式及其性质的影响，从而使我们可从三个不同的角度来观察资产的计量属性。

首先，从资产计量的时间上可以将计量属性分为过去、现在和将来三种时间界区。

其次，从资产计量时所注重的价值形成方式来分，可分为反映投入价值的计量属性和反映产出价值的计量属性。投入价值是指为取得资产而付出的价格，一般指已支付的价格，但也包括未支付预计以后要支付的价格。这种计量属性的主要特点是具有客观性，即在取得资产的交易或事项已发生的情况下，拥有客观的计价依据并可验证。正由于这些特点，所以现行财务会计模式主要是执行投入价值基础。产出价值是指已拥有的资产通过交换或转换可获得的现金数额，这一计量属性是衡量资产变现价值的主要尺度。对于企业的非现金资产，如果要估计其可收回的价值，必然要根据目前的市场价值来确定，而变现价值总是与市场价值相联系，所以产出价值计量属性适合计量资产的变现值。

最后，从资产计量行为的性质划分，可分为基于实际事项的计量属性和基于假设事项的计量属性。基于实际事项的计量属性是指作为计量基础的相关事项已经实际发生，以取得资产计量所需要的依据，如历史成本计量基础；基于预期是相当计量属性是指作为计量基础的相关事项预期会发生，且有一定的判断依据，这种计量属性虽然具有不确定性，但依据合理的推断可减少资产价值计量的不准确性；基于假设事项的计量属性是指，作为计量基础的相关事项不但尚未发生而且也不存在将要发生的迹象，而是假设该事项发生时的情况，如市场状况以及资产价值等。显然，这一计量属性具有很大的不确定性。

根据以上分类可形成多种资产计量属性，但目前理论与实务所涉及的主要有六种（见表7－1）。

表7－1　　　　资产计量的可能属性

计量标准	过去	现在	未来
投入价值	历史成本	重置成本	未来重置价值
产出价值		现行市价	预期脱手价值
预计价值			未来现金流量现值

历史成本，即原始成本，是指取得资产时的实际交易价格；

重置成本，又称现行成本，是指在本期重新购置持有资产所要付出的代价；

现行市价，又称可实现净值，指在本期将持有资产出售可收回的价值净额；

未来重置价值，又称未来成本，是指在未来某时点上购置资产时可能要付出的代价；

预期脱手价值，即未来售价，是指在未来将持有资产出售可能收回的价值净额；

未来现金流量现值，是预期某项资产未来可能产生的现金净流入的现值。

2. 对各种资产计量属性的评析

如何看待表 7－1 中的六种计量属性，有研究者认为，既然人们将“未来的经济利益”视为资产的一项重要特性，那么，在对资产进行计量时，就应该体现这一特性。然而，现行的资产计量均以历史成本计量，即使改进的也不过是重置成本或现行成本。这种将定量的时点放在现在甚至过去，而定性则面向未来——“未来的经济利益”显然是矛盾的。也就是说，立足于过去的现在时点的计量属性与资产定义的要求不相符。立足于未来试点的计量属性有三种，其中，未来重置价值和预期脱手价值分别是从资产的取得和出售的角度考虑的，而后者为学者讨论的较多一些，因为人们通常只是考虑持有或售出某项资产可能获得的利益。未来现金流量现值与前面两个计量属性明显不同，它是某项资产预计未来可能产生的现金净流入的现值，也就是说，当运用这一计量属性时，应当考虑三方面的因素，即预计未来现金的净流入量、现金流量的时间分布、适当的贴现率。

在以上计量属性中，若以资产具有“未来经济利益”特性来衡量，未来现金流量现值计量属性最符合资产的定义，未来重置价值和预期脱手价值都是计量资产自身的价值，却没有反映出资产所具有的可能的获利能力，而未来现金流量现值才能被视为资产可能的获利能力。然而，尽管未来现金流量现值在理论上具有其合理性，但由于计量技术等方面的原因，这样计量属性要在会计实务中全面运用还存在一定的难度。

另有研究者指出，目前在资产计量属性是上存在的不同观点，是由于对资产本身以及会计报表认识有不同，不论是历史成本还是重置成本，也不论是未来重置价值还是预期脱手价值，实际上是成本与价值观点的争论。并认为，相关性与可靠性是会计信息质量的两个特征，当二者发生冲突时应该把握在可靠性的前提下追求相关性最大，因为可靠性是财务会计信息首要必备的质量特征。基于这一考虑，资产计量中的成本计量属性有其必要性。另一方面，会计作为一个信息系统，反映效用最大化的会计信息是其基本职能，反映历史并不排斥它在保证可靠性的前提下，提供现在及未来等与决策者更相关的信息。所以对某些满足上述条件的资产，也可以采用价值计量。但是资产难以全部采用价值计量，为提高会计信息质量特别是提高会计信息的相关性，资产可作如下分类计量：对单独产生现金流量的资产可以采用价值计量，但对不能单独产生现金流量的资产应采用成本计量。资产计量采用成本与价值并存的原则，可以更好地满足会计的“决策有用”与“受托责任”双重目标。

美国 FASB 在《财务会计概念公告》第 6 号发表之后的 15 年，在经过多年的酝酿和反复讨论后，于 2000 年 2 月推出了第 7 号概念公告——《在会计计量中使用现金流量信息和现值》，这一公告为在初始确认或新起点计量时使用未来现金流量作为会计计量基础提供了一个比较完整的指导框架。

随着会计理论的发展，单一计量属性受到越来越多的冲击，加以探讨的计量属性逐渐增多。在经济环境波动较大的情况下，人们一方面认识到历史成本计量属性的缺陷，以现值计量的理论优势，但同时也发现资产计量难以全部采用价值计量，在现行财务会计框架体系内，资产采用价值计量必须符合一定的条件，在不符合这些条件时，成本计量有其存在的必要性与合理性。

除了上述几种计量属性以外，对于衍生金融工具价值的计量提出了另一计量属性，即公允价值，公允价值是一个很广义的概念，最早提出公允价值概念的是美国会计学家威廉·佩顿。1946 年 3 月，佩顿在《会计月刊》发表了一篇题为《会计中的成本和价值》的文章，在该文中指出：“成本和价值不是相抵触和排斥的概念。在购买日，成本和价值几乎是一样的，至少在大多数交易中如此。就支付媒介是非现金财产而言，购入支持的成本应按所转出财产的公允价值确定。事实上，成本是重要的，因为其大致等于购买日的公允价值。”FASB公允价值的概念是由佩顿提出的，而APB与FASB只是将其体现在有关的公告或意见书中。

FASB在《财务会计概念公告》第7号中提出为使财务报告能够提供具有决策相关性的信息，现值必须能够反映被计量资产或负债的某些可观察的计量属性，并把这种属性称为公允价值。认为公允价值是指当期的非强迫或非清算的交易中，自愿双方之间进行资产（或负债）的买卖（或发生与清偿）价格。由此可以看出，最能代表公允价值的，在市场经济中，是可以观察到的、由市场价格机制所决定的市场价格。因此我们可以这样认为，公允价值是指在一个开放的、不受干扰的市场中，理智和知情的交易双方在平等、相互之间没有关联的情况下，自愿进行交易的价格。它可以采用市场价格或未来现金流量的贴现代表。

FASB认为，公允价值反映了市场对直接或间接地隐含在金融工具中的未来现金流量净现值的估计，因此，该信息有助于会计信息使用者对未来作出合理的预测，并有利于验证其以前所做预测的合理性。总之，公允价值信息有助于信息使用者对企业投资与融资进行评价，从而作出正确的决策。也正是出于对公允价值特点的以上考虑，所以我国经修订后颁布的新准则在会计计量基础中增加了公估价值这一条。

各种计量属性与一定的计量单位相结合，由此形成了不同的计量模式。

三、资产计量模式

资产计量模式由计量要素组成，而计量要素包括计量属性和计量单位。通常，可选择的货币度量单位有两种，一是名义货币度量单货币度量单位，二是不变购买力货币度量单位。这两种货币度量单位与不同的计量属性可以组合成多种资产计量模式，显然，不同计量模式下资产的入账价值也不同。纯粹从计量要素的组合来看，不考虑计量对象的限定，将两种货币度量单位与五种主要的计量属性组合，可形成十种可能的计量模式（见表7-2）。

表 7-2　　资产计量模式

计量属性 / 度量单位	历史成本	现行成本	现行市价	现金流量现值	公允价值
名义货币	历史成本/名义货币	现行成本/名义货币	现行成本/名义货币	未来现金流量现值/名义货币	公允价值/名义货币
不变购买力货币	历史成本/不变购买力	现行成本/不变购买力	现行成本/不变购买力	未来现金流量现值/不变购买力	公允价值/不变购买力

第三节　主要资产的确认和计量

一、流动资产的确认与计量

（一）流动资产的内涵

1. 流动资产的定义

流动资产是指短期内能够转换成现金的资产，其转换期限为一年或超过一年的营业周期。

在早期，人们对流动资产的认识远没有现在宽泛。那时，一些会计学家将资产定义为“那些在正常的经营过程中能变为现金的资产和那些具有变现力的资产。”而且，一年法则在早期的流动资产定义中普遍应用的。

后来，流动资产的定义逐渐放宽，流动资产的转换期限，由一年逐步改变为一年或超过一年的一个营业周期。例如，美国执业会计师协会在其《职业标准》中，就将流动资产定义为：“那些能够合理预期的，在一个正常的商业周期里可以变换为现金、出售或消耗的资产或资源。”

与早期的定义相比，现在的定义强调了两个方面的内容：一是强调了变现的期望或意图，而不再是强调变现能力；二是强调了正常经营周期，而不再强调一年法则。

2. 流动资产的特征

佩顿在 1922 年编著的《会计理论》一书中，曾对流动资产的特征作了明确的阐述。他认为流动资产在以下三个方面不同于固定资产：

（1）使用期限的长短不同。流动资产仅使用于一个生产经营周期，而固定资产则通常使用于多个生产经营周期。

（2）耗用方法不同。流动资产是一次性耗用，而固定资产则可以连续不断地提供服务，是逐渐被耗用的。

（3）耗用方式不同。流动资产的价值是一次摊销，而固定资产的价值则是多次摊销。

（二）流动资产的计量

流动资产包括货币性流动资产和非货币性流动资产。以下我们来研究这两类流动资产的计量问题。

1. 货币性流动资产的计量

货币性流动资产是指在一年或超过一年的一个营业周期内，能够转变为确定数额货币的权利和要求权，它包括各种形式的货币和货币要求权。不同形式的货币性流动资产具有不同的计量特点。

（1）货币。现金和各种形式的货币（如银行存款、其他货币资金等）应按照它们的现行价值来计量。如果其中包含某种外币，则应按现行汇率将其折算为本国货币，并将由于汇率波动所产生的利得或损失作为汇总损益列入当期损益，当然这一做法适用于所有的货币性流动资产。

（2）应收项目。对于应收项目，从理论上说应按未来可取得现金的折现值来计量。但由于这类项目属于流动资产，其期限较短，所以折现值得考虑并不重要，可以忽略不计。也就是说，对于应收项目，我们一般以原始交易所确定的价格入账。

在应收项目的计量中，另一个需要考虑的因素是应收项目收款的不确定性。正是由于应收项目款的不确定性，所以从谨慎性原则出发，通常对应项目要扣除一个备抵数额，以使资产负债表中所反映的应收项目的数额更接近于未来可实际收回的数额。这一点，在应收账款的计量中表现的特别明显。

（3）货币性投资（主要指债券投资）。对货币性投资的计量与对应收项目的计量比较相近，即都不考虑折现问题。在传统的会计程序中，货币性投资通常以体现谨慎性原则的成本与市价孰低法来计量的，即对于市价大于成本时的差额一般不予确认，而对于市价小于成本的差额则确认为损失。近年来，这种观点受到了越来越多的批评。大多数会计学家主张按现行市价来计量货币性投资。他们认为：（a）在大多数情况下，市价和成本是可以核实的，而且，市价能够为投资者提供更为有用的信息；（b）持有投资的利得和损失与出售投资的利得和损失是同样重要的；（c）对各项流动资产都按现行价值计量，不仅能保持计价概念上的一致性，而且也有助于现金流量的预测。

2. 非货币性流动资产的计量

非货币性流动是指一年或超过一年的而一个营业周期内，不能转变为确认数额货币的权利和要求权。最典型的非货币性流动资产是存货。非货币性流动资产区别于货币性流动资产的最基本特征是它们为企业带来的预期的经济利益即货币金额是不固定的或不可确定的。因此，它们的现行价值不能通过对未来的到期价值进行折现来估计，也不能通过对收入的不确定性加以调整来估计。非货币性流动资产之间也存在着差异，我们只能分别阐述各类非货币性流动资产的计量问题。

（1）非货币性投资（主要指股权投资）。从理论上说，非货币性投资的价值表现为未来的出售价格，因此，采用未来现金收入的折现值这一计量属性对其计价最为适宜。但现行会计实务倾向于采用现行市价这一计量属性，这可能是考虑了以下原因：非货币性投资作为流动资产，它所涉及的期间较短，以流动资产形式表现的非货币性投资，往往具有临时性的特点，企业需要现金时，可随时将其出售变现。这样，折现程序的考虑并不重要，可以忽略不计。而且，股票市场是一个有组织的市场，这样，按照前面的分析，现行市价可以作为未来现金收入折现值的相近替代价格。

（2）预付费用。预付费用是指企业将于未来期间以服务的形式收到的利益。具体包括办公用品、预付租金，预付保险费，预付利息及预付税金等。这些项目各有特点，如办公用品代表特定的有形资产，预付租金代表使用他人资产的权利，而预付保险费和预付税金则与其他资产或负债有关。对于预付费用，一般是按照实际成本反映在资产负债表上。但是像办公用品这样的费用通常是在它们被耗用时即转作费用；而像预付租金这样的费用则需要随着时间的消逝逐渐转作费用。

（3）存货。如果要反映存货对企业的价值，产出价值也许是最好的计价基础，当企业在不改变存货价格的情况下可以把所有存货都出售时更为如此，但如果商品的售价或其他交换价值具有高度的不确定性，则成本或其他投入价值可能就是存货计价的恰当量度。

①产出价值。存货可以存在于企业经营活动的各个阶段。在某些情况下，它可以存在于经营活动的开始，此时，它或是以原材料的形式出现，或是以交付客户前还需作相当多加工处理的半成品的形式出现。在另外一些情况下，存货几乎已不需要作加工处理了。对于前者，投入价值可能是最恰当的计量基础；而对于后者，由于导致营业收入的过程已基本完成，存货应当根据当期或预期的产出价值进行计量。产出价值具体包括折现货币收入、现时销售价格和可实现净值。

A. 折现货币收入。存货按照折现货币收入计量必须满足两个基本条件：（a）于未来期间因销售或交换商品而获致的货币收入量应是相当确定或可确切估计的；（b）预期收入的实现时间应是固定的或是相当确定的。这实际上是要求商品的生产或销售要根据合同进行，否则，要充分满足上述两项条件通常是不可能的。

B. 现时销售价格。传统的收入实现概念有一个例外，即如果实际存在一个由政府控制固定价格的市场，就允许根据现时售价对存货进行计量。其必要条件有三：（a）存在一个由政府控制的市场，允许任何进入市场的商品都适用一个固定价格；（b）商品的销售费用不大；（c）按售价收到现金的时间很少会被延迟，即货币的时间价值不是重要的考虑因素。通常认为，满足上述条件的存货项目通常只有贵金属和某些农产品。

C. 可实现净值。可实现净值是指现时销售价格减去预计销售费用后的余额。一般认为，这种存货计价概念最合理。斯普劳斯和穆尼茨曾指出："存货如果能容易地以已知的价格出售，且其处置成本微不足道、或者是已知的、或者是容易地予以估计时，那么，应以可实现净值予以计量。"从他们的阐述中可知，应用可实现净值这一计价概念需要两个基本条件：（a）存货能容易地以已知的价格售出；（b）追加成本或费用是确定的或可以合理估计的。

②投入价值。在应用于存货项目时，投入价值可定义为在现时条件和状

态下，为获取存货而耗用的资源。如果为获取存货所付出的是现金或其等价物时，则其投入价值的含义是十分清楚的。然而，如果商品是本企业制造的，此时存货的投入价值代表的是生产中所耗用资源的价值和分配于该产品的其他资源的价值总和。与产出价值不同，以投入价值计量实际上意味着不承认未来的销售利润。投入价值具体包括历史成本、现行成本和成本与市价孰低。

A. 历史成本。历史成本是指存货在购入或生产时投入的价值。其中，只计算购入或生产过程中的正常费用，非正常耗用视为损失，不计入成本。历史成本计价有以下优点：（a）具有客观性和可验证性；（b）可以反映企业管理当局对存货的经管责任。但它存在着以下缺点：（a）由于物价水平不断变动，历史成本不能反映存货的现时价值；（b）不同时期购入的存货，由于物价水平不断变动，而不能相互比较；（c）将历史成本和现时收入相配比，无法正确计算损益；（d）不能反映企业的持产损益。

B. 现时成本。鉴于历史成本计价所存在的上述缺点，许多会计专家主张使用现时成本计价。其主要理由是：便于将本期现时成本和本期现时收入相配比，正确计量本期的企业收益；便于计量存货的持有损益；便于对不同时期购入存货进行比较、汇总；便于真实地反映企业存货的现时价值。现时成本计价的缺点是：难于获得各种商品的现行成本数据，并且它具有一定的主观性，并不是依据真实发生的经济业务记录的。另外，成本的变动并不一定反映为现时销售价格的变动，价格并不一定随着成本的变动而变动，因而存货的现时成本并不能确切的反映其真实的经济价值。在存货成本增加的情况下，还会导致存货置存收益增加的不合理现象。

C. 成本与市价孰低。成本与市价孰低是传统会计实务中广泛使用的一种计价概念。成本与市价孰低中所说的市价，实际上是指现时重置成本，它属于按投入价值计价，而不属于按产出价值计价，这种计价基础的理论依据是谨慎性原则。但是，这种存货计价概念不仅为会计实务增加了难度，即需要逐项比较每项存货的原始成本和市价，而且从理论上看它是不合理的：（a）这种计价概念使得反映在资产负债表上的存货项目有不同的计价基准，从而有悖于一致性原则。（b）与历史成本计价相比，它具有一定程度的主观性，“市价”并不是真实交易的记录。（c）资产负债表上的存货价值，并不反映它们的真实经济价值。由于成本与市价孰低法所依据的观念是当市价低于成本时立即确认损失，而当市价高于成本时，在销售时确认收入，所以它低估了在后一种情况下的存货价值。(d) 歪曲了企业的年度收益状况。由于在市价低于成本的情况下，将市价损失计入了本期收益，会导致本期收益的减少。这样虽然体现了谨慎性原则，但会导致下期期初存货成本的降低，从而增加下期收益。从下一个会计期间来看，实际上是不谨慎的。

二、固定资产的确认和计量

(一) 固定资产的内涵

1. 固定资产的定义

按照IASC公布的第16号准则公告，固定资产指符合下列各项标准的有形资产：

①企业所有的用于生产或供应产品和劳务的有形资产，包括为了出租给他人，或为了管理上使用的，还包括为了维修这些资产而持有的其他项目；②为了连续使用而购置或建造的；③不打算在正常营业过程中出售的。

对符合上述①②③项标准的资产租用权，在某些情况下也可以作为固定资产处理。(IAS, No. 16, Para. 6)

后来，IASC对这一准则公告进行了修订。在修订后的IASC第16号公告中，固定资产被定义为："预计使用期限超过一个会计期间，企业用于生产、提供商品或劳务、出租或为了行政管理目的而拥有的有形资产。"

我国财政部2006年发布的《企业会计准则第4号——固定资产》第三条规定，固定资产，是指同时拥有下列特征的有形资产：①为生产商品、提供劳务、出租或经营管理而持有的；②使用寿命超过一个会计年度。

2. 固定资产的特征

根据上述定义，固定资产具有下述主要特征：

固定资产指的是有形资产，在正常的经营过程中它们将用于促进其他商品的生产或用于向企业或其客户提供服务。

固定资产具有有限的经济寿命，在使用期限满时必须予以废弃或重置。这一经济寿命可能是可能是按其构成要素的磨损程度而估定的，也可能是按其使用程度和维护状况而估定的。

固定资产所提供的服务通常通过超过一年或一个经营周期，但也有一些例外。例如，当某项固定资产的使用寿命只剩下不足一年时，人们并不将其重新分类为流动资产。

固定资产属于非货币性资产。

（二）固定资产的计量

固定资产的特性决定了固定资产计价基础选择的局限性。

首先，产出价值基础在这里陷入了困境。因为企业一定时期的收益是所有固定资产在生产经营中共同发挥效用的结果，尽管可以通过一定的方法将企业的预期净现金流入量予以折现，但将这一折现值分配至各特定资产却是不现实。一切可能的分配方法似乎都是武断的，这自然使得产出价值基础难以适用于固定资产的计价。

其次，清算价值也无能为力。当固定资产退出企业时，销售价格是计量固定资产价值最恰当的基础。但这已不是正常意义上的产出价值，因为它是由该项固定资产本身的售价决定的，而不是由该项固定资产所生产的产品的售价决定的。这个价格实际上是清算价值。这一计价基础只适用于少数可销售的固定资产。相比之下，用投入价值对固定资产进行计价似乎更为合理一些。但是，只有初始投入价值才能客观的予以计量，随着以后年份的不断使用，固定资产的价值要靠折旧程度来决定。当然，当物价变动时，按投入价值来计量固定资产的也会受到物价变动的影响，从而导致资产的账面价值无法反映资产的实际价值。在固定资产的计量中，可供选择的投入价值只有历史成本和现行成本两种。

1. 历史成本

以历史成本作为固定资产计价基础的理论依据是持续经营假设，即假定企业经营年限长到足以收到固定资产所能提供的全部服务权益。历史成本的主要优点是它具有可验证性，因为它是企业在购置固定资产时实际支付的价格。历史成本的一个主要缺点是，假若以后经济状况和价格水平发生变化，它就不能反映固定资产的未来服务价值或现行市价，即使价格保持不变，固定资产的预期未来服务效益也未必会持续不变，这或者是由于固定资产的使用年限具有不确定性，或者由于未来技术和经济条件的变化。此外，价格变动对于固定资产使用历史成本计价的相关性和可比性所带来的影响，要比流动资产大得多，因为固定资产购置以后的使用期限比较长，期限越长，价格的累积影响也就越大。

2. 现行成本

一般认为，现行成本比历史成本更适用于计量企业的固定资产价值，在物价变动时尤其如此。在现行成本中，最常用的是重置成本。此外，也可以适用重估价值。

3. 现行重置成本

现行重置成本指的是在现时市场上购置一台同类新设备所需花费的费用，假若现时市场上没有这种设备，则可以用能够提供相同的服务能力的设备的成本来代替。在现时市场上买不到类似的设备时，也可以使用再生产成本来代替现行重置成本，但再生产成本必须是合理的、有效率的。主张以现行重置成本代替历史成本作为固定资产计价依据的主要理由是：一方面，它是根据物价变动调整固定资产价值的一种方法，调整后的价值接近于固定资产的变现价值，即实际经济价值；另一方面，按照它所提取的折旧，能够保证固定资产的实物更新。

4. 重估价值

所谓重估价值，是指按一定程序所估计出来的固定资产的现行成本或现行价值，对固定资产进行重估所得出的价值，即可以是产出价值，也可以投入价值，这要视重估价值的目的而定。重估价值的主要优点是：由于重估通常是由企业外部人员进行的，要重估的价值要比企业自己计算的重置成本更为客观。其缺点是重估工作只能每隔一定时期进行一次，因而也会和历史成本一样时过境迁。

（三）固定资产的折旧

1. 折旧的含义

在传统的会计机制下，折旧被认为是将固定资产的原始成本或其他价值在其受益期间内进行分配的过程。

IASC 在 1976 年 10 月颁布的第 4 号会计准则——《折旧会计》中将折旧

定义为："按照资产的预计使用年限分配其应计折旧额。"

美国执业会计师协会所属的会计名词委员会曾在1953年对折旧会计下了一个定义："折旧是以系统的、合理的方式将有形固定资产的成本或其他计价基础减去残值（如果有残值的话）后的净额分配到资产（也可能是一组资产）的估计使用年限中去的会计处理方法。折旧是一个分配过程，而不是一个计价过程。"按照这一定义，资产的原始成本或其他价值在其使用年限内是不变的，折旧总额等于原始成本减去残值。这种基于传统观念的静态折旧观虽然指出了折旧是成本的分配，而且是系统的、合理的分配，但并未确切到说明"系统"和"合理"的含义，以及成本或其他价值究竟是如何分配。

我国财政部2006年发布的《企业会计准则第4号——固定资产》第四章第十四条规定，折旧，是指在固定资产使用寿命内，按照确定的方法对应计折旧额进行系统分摊。

在后来的会计理论研究中，又相继出现了关于折旧定义的服务潜力递减观、资本保持观和耗用服务的现行成本观。

服务潜力递减观认为，折旧代表固定资产服务潜力的递减。固定资产服务潜力的降低是由于实物损坏、生产耗用、陈旧过时以及需求变化等因素造成的。随着固定资产服务潜力的降低，其价值就会相应的转移到某项费用、某项资产或某项损失账户中去。

资本保持观认为，只有期末的投入资本超过期初的投入资本，才会产生效益。因此，在固定资产使用年限届满时，至少应该保持原始货币投资额，其原始成本可以采用一种合理的方式在资产使用年限内逐步收回。也有人认为，资本保持的不是原始货币投资额，而是企业资产的服务潜能或生产能力。资本保持观对于及时足额的计提折旧，确保固定资产更新具有重要意义。

耗用服务的现行成本观认为，无论如何，现行重置成本比历史成本都更为重要，折旧是现行成本的分摊，而不是历史成本的分摊，某一特定时期的折旧费用是固定资产和现行收入相配比，形成了现行营业净利的概念，持有资产的现行投入价值发生变动的损益可以单独反映出来，这对于评价企业经营业绩是十分有利的，同时也为现在的或潜在的投资者预计未来收益提供了恰当的基础。这种观点的主要缺点是：（1）与历史成本一样，将固定资产的重置成本合理分配于特定的会计期间仍然是困难的；（2）在资产本身的价格和一般物价同时变动时，由于现有市场可能缺乏同类资产用于比较，以致资产本身的价格变动和一般物价的变动很难加以区分；（3）即使重置成本会有所增加，技术进步同样会使资产的现行价值减少。

2. 折旧不同方法的评析

在19世纪至20世纪初期，许多企业在处理折旧事项时一般是采用定期评估的方法，也有一些企业甚至将固定资产的重置支出直接列入本期费用。20世纪中叶，折旧才被认为是在资产使用年限内对其成本或价值进行的系统而合理的分配。成本分配方法的选择取决于以下因素：（1）资产市场价值的降低与资产使用之间的关系；（2）陈旧报废的影响；（3）预计的修理方式；（4）预计的操作效率上的降低；（5）资产提供的预期收入的变化；（6）资产的寿命期限、利息因素以及资产在使用年限后期的不确定性因素。对这些因素考虑的结果，形成了多种折旧方法。在使用年限后期的不确定性因素，对这些因素考虑的结果，形成了多种折旧方法。

（1）盘存法。所谓盘存法，是指通过定期的资产估价来确定各期的折旧费用。这是确定折旧的最早方法。盘存估价有两种具体方法，一种是以清算价值或现行市价为基础，另一种是以资产操作效率的变化为基础。前者的优点是可以反映资产的实际经济价值，避免了主观的成本分配。后者由于没有考虑到诸如陈旧之类的经济因素，因而通常被认为是不适用的。

（2）重置法。所谓重置法，是以固定资产的重置成本作为本期折旧费用。对于一个大型的、拥有大量相同资产的企业，其固定资产的重置通常是有规律的，因而可以用重置费用代替折旧费用。其具体方法是将重置成本直接计入本期费用，不论各个会计期间重置成本发生多大的变化，都不改变固定资产原始成本的账面价值。人们普遍认为重置法过时了，但铁路系统对枕木、铁轨等仍在使用重置法。在现行财务会计实务中，与重置法相类似的另一种做法是将正常的修理费计入费用，而总成本中的重置部件的成本则仍维持其原始成本。重置法的主要优点是允许费用按现行成本反映。但重置法也有缺点：第一，由于在重置之前不承认任何资产成本的消逝，不形成生产经营上的负担，这使得早期的经营成果偏高和资产价值偏大；第二，各期生产经营的成本负担不均匀，而且固定资产使用成本由哪一会计期间承担，受资产重置方法的影响，带有很大的主观性。

（3）产量折旧法。产量折旧法又称变动费用法。这种方法假定资产价值的降低不是缘于时间的推移，而是因使用而致。资产价值的降低是资产使用状况的函数。按照这一假定，如果某项固定资产在某期末被使用，则该期就不应该计提折旧。在产量折旧法下，假定固定资产的成本代表着一定数量的服务单位，这些服务单位随着固定资产的使用而进入产品成本。随着固定资产的不断使用，服务单位的数量不断减少，说明固定资产的服务能力在不断地降低。这种方法主要适用于根据固定资产的有形磨损来计算折旧时，或者陈旧因素对固定资产的使用年限有影响但这种影响可以预见时。这种方法的主要缺点是：第一，每年的折旧费虽然是变动的，但它假定每一服务单位分配等量的折旧费，这是没有根据的。而且是由于利息的存在，资产的服务价值事实上也不会等值降低。第二，资产所能提供的服务数量难于准确预计。

（4）直线法。直线法又称固定费用法。它假定折旧是由于时间的推移而不是使用造成的，认为服务能力降低的决定性因素是时间推移所造成的陈旧和损坏，而不是使用所造成的有形磨损。因而假定资产的服务潜力在各个会计期间是等量降低的，并且各个会计期间所使用的服务总成本是相同的，而不管其实际使用程度如何。直线法只有在以下各项条件得到满足时才是正确的：

①利息因素可以忽略不计，或假定资本成本为零；

②修理和维修费用在整个资产使用年限内是固定不变的；

③资产的操作效能自始至终保持不变；

④使用资产所取得的收入（或现金流量）在整个资产使用年限内是固定不变的；

⑤各种必要的估计（如预期使用年限等）都是准确的。虽然条件这些条件过于严格，但由于有些因素可以适当抵销，通常认为直线法是最为合适的的折旧方法。此外，直线法还具有使用方便和易于理解的优点。直线法的主要缺点是，它忽略了折现因素，按直线折旧法所计算的净利，会造成投资报酬率不断上升的现象。

（5）递增费用法（又称复利法）。这类方法主要适用于租赁企业和公用事业单位的固定资产，也适用于那些使用年限中保险费和财产税递减，而操作效率、收入和维修费又基本稳定的固定资产。另外，在预期收入递增的情况下，也可以使用这种方法。递增费用法包括年金法和偿债基金法。在年金法下，由于资产成本是各期折旧费用和残值的现值之和，所以，从资产成本中减去残值的现值，就是折旧费用的年金现值。在偿债基金法下，假设于每期期初提存等额基金，按一定复利计算，到资产的使用期限届满时，正好积累一笔资金，用于重置资产。所以，每期应提的基金数加上基金按复利计算的利息，就是各期应计提的折旧费用。

递增费用法的主要优点是：①在理论上符合折旧的经济意义，即一项资产是它的未来效益的现值，而折旧则是资产现值的减少额，因而它合理的计量了每期所耗用的资产价值。②递增法可以使企业保持固定的投资收益率。递增费用法的缺点是：第一，能提供不变或递增服务的固定资产一般很少。第二，修理和维修费用通常是不断增加的。第三，在使用年限中，固定资产的操作效率通常是不断降低的。

（6）递减费用法。递减费用法又称加速折旧法，指在固定资产使用的早期计提较多的折旧费用，以后折旧费用逐期递减，从而使固定资产的成本在使用年限中加快得到补偿的一种折旧方法。在这种方法下，每期计提的折旧数额，随着使用时间的增加而呈递减的趋势。

递减费用法包括：①余额递减法，即每期计提的折旧额是以固定不变的百分率乘以账面递减后的金额求得的。②双倍余额递减法，即在计提每期折旧时，用直线法折旧率的两倍去乘以该资产的期初余额求得。③折旧年限积数法，即在计算逐年的折旧额时，用应折旧固定资产的剩余使用年限与全部使用年限总和的比率去乘以这一资产项目在有效使用年限内应折旧的总额求得。

递减费用法的主要特点是：①在不考虑利息或资本成本的情况下，每年的服务贡献额是递减的。②操作效率的降低会导致操作成本的增加。③以剩余服务价值的折现价值表示的资产价值，在早期降低很多，而在后期则降低很少。④修理和维修费用是递增的。⑤由于存在着陈旧的可能性，这使得以后年度的收入具有不确定性，在理论上递减费用法符合“系统性和合理性”的要求。其合理性在于，按递减费用法计算出的折旧额，呈现出递减的趋势，正体现了固定资产项目效用递减的趋势；其系统性在于，这些逐年递减的折旧额仍然是具有规律性的，如在折旧年限积数下，各期的折旧额是等差级数，而在余额递减法（或双倍余额递减法）下，各期的折旧额则是一个等比级数。在实际应用中，递减费用法与直线折旧法相比，在确定应税收益时，由于在早期提取了数额较大的折旧费，使早期的应税收益相应减少，从而使纳税人能在使用这些固定资产的早期缴纳较少的所得税款，而在后期才缴纳较多的税款，这无异于对纳税人提供了一种免息贷款，使纳税人能从中得到一定的财务利益。

我国财政部2006年发布的《企业会计准则第4号——固定资产》第四章第十七条规定，企业应当根据与固定资产有关的经济利益的预期实现方式，合理选择固定资产折旧方法。可选择的折旧方法包括年限平均法、工作量法、双倍余额和年数总和法等。

三、无形资产的确认与计量

（一）无形资产的内涵

1. 无形资产的定义

无形资产至今仍未被确切地定义过，它通常被认为是没有实体存在的资本性资产，其价值取决于赋予所有者的独占权。例如，FASB认为：“无形资产指没有物质实体的经济资源，其价值是由其占有权及其他未来利益所决定的；但货币性资源（如现金、应收账款和投资等）不被认为是无形资产。”

美国会计原则委员会将无形资产归类为一项特定资产，并将无形资产划分为可明确辨认的（identifiable）无形资产和不可明确辨认的（unidentifiable）无形资产两类。

我国财政部2006年发布的《企业会计准则第6号——无形资产》第二章第三条规定：“无形资产，是指企业拥有或者控制的没有实物形态的可辨认非货币性资产。”资产满足下列条件之一的，符合无形资产定义中可辨认型标准：

（1）能够从企业中分离或者划分出来，并能单独或者与相关合同、资产或负债一起，用于出售、转移、授予许可、租赁或者交换。

（2）源自合同性权利或者其他法定权利，无论这些权利是否可以从企业或者其他权利和义务中转移或者分离。

无形资产之所以构成企业的资产，是因为它使企业拥有某些权力，或使企业具有较强的竞争能力，并能够为企业带来长期收益。

2. 无形资产的特点

（1）无实体存在是无形资产的一个重要特点。

（2）无形资产最重要的特点是其在未来期间能给企业带来的经济效益具有高度的不确定性。在大多数情况下，无形资产所能给企业带来的价值可能分布在零至很大的金额之间。有些无形资产可能与某一产品的开发制造有关，而有些无形资产则可能与该产品需求的拓展和维持有关。反映前者的主要有专利权（patents）和版权（copyrights）等，反映后者的主要有商标（trade mark）和商号（trade name）等，两者兼而有之的是商誉（goodwill）。然而，所有这些代表未来利益的无形资产的价值都具有高度的不确定性，且难以与特定的收入或特定的期间相联系。

（3）无形资产的另一个重要特点是它通常不能直接用于增加物质财富，它不能与企业或企业的实物资产相分离，它的价值必须与有形资产相结合才能发现。

（二）无形资产的计量

1. 无形资产的计价

对无形资产的计价取决于陈报的目的及所依持的概念。如果陈报的目的是计量每一会计期间企业单项资产的价值，那么，唯一可选择的方法是计量整个企业的价值再减去其他特定净资产的价值。但是，除非是按股票的市价来计量整个企业的价值，否则，对整个企业的计价都是由投资者主观决定的。会计人员不应试图根据投资者的主观期望价值来确定企业的价值，也不应按照自己的偏好或对风险的规避来调整这一期望值。一言以蔽之，要确定单项无形资产的价值是十分困难的。

但是，如果陈报的目的是计量和报告特定资产以便为财务报表的使用者提供相关的信息，就需要对无形资产作单独的计量。如前所述，有形资产的单独计量与无形资产的单独计量存在着一些重要的差异。对无形资产而言，除转让土地使用权这类极少数情况外，按产出价值或以盈利能力来进行计量通常是不可能的。而且，每一项无形资产均有其独特性，因此，难以找到相似的资产作相似的处理。结果，唯一可行的办法就是按实际投入价值即原始成本或根据一般购买力变动作出调整的成本来计量单项无形资产的价值，即便如此，它们也没有解释意义。

以个别购买或作为一揽子购买的一部分而取得无形资产时，其成本的确定与相同条件下固定资产等有形资产的成本确定相类似。但是，当无形资产是自己开发而形成的时，其成本的计算除涉及到自制资产成本来计算的诸多困难外，还涉及到一些自身的特殊成本计算问题。例如，大多数专利、商标及商号的成本均为联合成本，许多商标和商号可能是合在一起做广告的，尽管可以用十分精确的计算公式对这些联合成本进行分配，但只要存在着联合成本，成本分配的结果就可能是武断的，这种武断的分配可能会使无形资产的计价变得毫无意义。

由于无形资产能给企业带来的效益具有很大的不确定性，无形资产的价值也就具有高度的不确定性，且由于每项无形资产均具有其独特性，因此，大多数会计人员及会计职业团体都建议对无形资产的计价不应超过其初始成本。

对有形资产，除了原始成本计价基础外，其他一些计价方法也为人们所接受，偶尔还会得到推荐。但对于无形资产，除非有极为令人信服的证据证明其他方法更为适用，否则一般不采用其他方法。

由于大多数无形资产不能与企业分离且不能用约当现金来计量，有人认为它不是资产，因此，也就不应在企业的财务报表中予以陈报。

现行实务对无形资产的计价要求是：（1）外购的无形资产，若可明确辨认，则应在购买时以实际支付的价款计量各项具体的无形资产；若不可明确辨认，则以购买时资本化为商誉的价值计量。（2）对自创或自行开发无形资产所发生的支出，如果不可明确认定为某一项无形资产而发生，或者能够明确认定为某一项无形资产而发生，但其成功的可能性不大或收益年限很不确定，则应将该项支出作为期间费用处理；只有当该项支出具有确切的对象且成功的可能性和收益年限都很确定时，才可将其资本化为无形资产的价值。可以看出，现行实务对无形资产的会计处理明显受到谨慎性原则的支配。

2. 无形资产的摊销

无形资产所带来的未来收益通常在一年或超过一年的一个营业周期以上，而且，无形资产的价值最终会丧失殆尽，所以，无形资产的价值应当在其发挥效用的期间内进行分摊，以便正确确定企业的各期收益。

无形资产的寿命期限不同，其价值的摊销方式也不同。

（1）有限寿命的无形资产的摊销。对于有限寿命的无形资产来说，其价值的摊销应着重考虑两个因素：①摊销方式。从理论上讲，无形资产价值的每年摊销金额，应与固定资产折旧一样，根据各个年度它所提供的收益的多少来确定。但由于大多数无形资产难以预计其未来的收益，所以，无形资产的摊销一般采用直线法，即把无形资产的取得成本在其预计的经济寿命期内平均分摊。倘若在摊销过程中预期经济寿命期会发生变化，在其剩余的成本应按新的预期寿命平均分摊。②无形资产寿命期的确定。无形资产的寿命期通常有两种：一种是法定寿命期，即无形资产可以存在或者发挥效能的法定期限；另一种是经济寿命期，尽管无形资产的法定寿命期很长，但由于未来的不确定性，会计处理中有必要按无形资产的经济寿命期进行摊销。通常，经济寿命期短于法定寿命期。

（2）无限寿命的无形资产的摊销。有些无形资产如商誉等，由于不断地维护和重置，它们的寿命期通常是无限的。对于这类无形资产的摊销问题，会计学界有两种不同的观点。一直观点认为，无形资产的原始成本应始终保留在账户上，不需要摊销，为维护和重置该项无形资产所发生的支出列为本期费用。我国财政部2006年发布的《企业会计准则第6号——无形资产》第四章第十九条规定，使用寿命不确定的无形资产不应摊销。其优点是，可以将重置支出均衡地列作各会计期间的费用，有利于现行收入与现行成本的合理配比；其缺点是，无形资产的价值并不代表应计入未来时期的价值。另一种观点认为，所有的无形资产，包括无限寿命的无形资产，最终都会丧失价值，因而都应按期进行分摊。其优点是，能够将无形资产的价值分期予以摊销；其缺点是，摊销期限的确定具有主观随意性，摊销的结果往往不能反映资产价值的实际流转情况，同时，还会导致双重计列费用。因为，无限寿命的无形资产所发生的维护和重置支出即追加的无形资产价值已经列为本期费用。

第四节　权益的确认与计量理论

在现代会计理论中，权益包括两方面的内容：一方面是作为债权人权益的负债，另一方面是作为所有者权益的业主权益。下面，对权益的确认与计量理论作简单的探讨。

一、债权人权益的确认与计量理论

债权人权益，即负债，是指企业全部经济资源中属于债权人的那部分权益。

（一）负债的含义

关于负债的定义，会计界众多学者有着不同的认识。

美国会计学家约翰·B. 坎宁（John B. Canning）认为："负债是其价值可用货币计量的服务，是应归还他人的实际存在的法定或公正义务。"

斯普劳斯和穆尼茨在《会计研究论丛》第 3 号——《企业普遍适用的会计准则》中将负债定义为："由过去或本期经济业务所产生而须于未来进行清算的义务。"

IASC 在其发布的《编报财务报表的框架》中认为："负债是指由于以往事项而发生的企业的现在义务，这种义务的清偿将会引起含有经济利益的企业资源的外流。"

FASB 在其发布的《论财务会计概念》第 6 辑中认为："负债是将来可能要放弃的经济利益，它是特定个体由于已经发生的交易或事项，将来要向其他个体转交资产或提供劳务的现有义务。"

我国财政部 2006 年发布的《企业会计准则——基本准则》第四章规定：

“负债是指企业过去的交易或者事项形成的、预期会导致经济利益流出企业的现时义务。”

从以上定义中，我们可以将负债特征归总结如下。

1. 负债是由以往事项所导致的现时义务

也就是说，“过去发生”原则在负债的定义中占有举足轻重的地位。这也是传统会计的一个显著特点。尽管现有的现象，特别是衍生金融工具的出现，已对“过去”原则提出了挑战，但这一原则仍然在实务中得到了普遍的接受。在现行的会计实务中，因未来经济业务而可能产生的或有负债，依然不被确认为负债。

2. 负债在将来必须以债权人所能接受的经济资源来清偿

这是负债的实质所在。也就是说，负债的实质是将来牺牲资产的义务。也许企业可以通过承诺新的负债或通过将负债转为业主权益等方式来结清一项现有负债，但这并不与负债的实质特征相背离。在前一种方式下，仅仅是负债的偿付时间被延迟了，最终，企业仍然需要以债权人所能接受的经济资源来清偿债务。在后一种方式下，则相当于企业用增加所有者权益而获得的资产偿还了现有负债。

3. 负债的金额必须能够以货币加以确切地计量或合理地估计

在大多数情况下，负债义务产生于合同，其金额和支付时间均已由合同规定。但在某些特殊情况下，负债的金额可能要取决于未来的经营活动，这是，就需要对这种金额不确定的负债通过估计的方式予以计量。正如 FASB《论财务会计概念》第 6 辑中所指出的那样：“除非财务报表仅限于报告现金交易，否则估计和近似值常常是难以避免的。”（SFAC，NO. 6，Para. 45）

（二）负债的分类

为了向投资者和财务报表的其他使用者提供在他们决策过程中能被理解和分析的汇总会计信息，对负债进行适当的分类是有必要的。但如何对负责进行分类，则取决于陈报信息的目的。

在传统的会计观念中，负债通常是按照流动性进行分类的。这样分类的目的在于了解企业流动资产和流动负债的相对比例，大致反映出企业的短期偿债能力，从而向债权人揭示其债权的相对安全程度。

负债按照流动性可以分为流动负债和长期负债。

1. 流动负债

流动负债通常指将在一年或者超过一年的一个营业周期内偿还的债务。流动负债的特点是偿还期限短，一般是在债权人提出要求时即期偿付，或者是在一年内或超过一年的一个营业周期内偿付。

对流动负债还可以按照不同的标准进行再分类。

（1）按照其产生的原因，流动负债可以分为以下四类：

①在借贷过程中形成的流动负债，如从银行或其他金融机构借入的短期借款。

②在结算过程中形成的流动负债，如企业购入商品，在货已入库而贷款尚未支付前，就形成了一笔待结算的应付款项。

③在经营过程中形成的流动负债，如应支付给职工的工资\福利费等。

④在利润分配过程中形成的流动负债，如应付股利等。

（2）按照其应付的金额是否确定，流动负债可以分为以下三类：

①应付金额确定的流动负债。这类流动负债一般在确认一项义务的同时，根据合同、契约或法律的规定，都规定有确切的金额，甚至规定有确切的债权人和付款日，并且到期必须偿还。例如，因购入一批材料而按照合同确定的交易额开出并承兑的商业汇票，这一负债具有确切的金额、债权人和付款日。

②应付金额视经营情况而定的流动负债。这类流动负债在企业某一经营期结束以前，不能确定其金额，只有在该经营期结束时，才能视企业的经营情况来确定其金额。例如，应交所得税、应付股利，必须在一定的会计期间终了后方能确定其金额。

③ 会计人员应付金额需予以估计的流动负债。虽然这项负债是过去发生的现有义务，但其金额乃至债权人和付款日甚至直到资产负债表日都是不确定的，需要会计人员予以估计。例如，产品质量担保债务，这类债务应根据以往的经验或依据有关的资料估计其应承担义务的金额。

2. 长期负债

长期负债通常指偿还期限在一年或者超过一年的一个营业周期以上的债

务，即不需要即期偿付的债务。长期负债除了具有负债的共同特点外，还具有以下显著特点：（1）债务的偿还期限较长；（2）债务的金额较大；（3）债务的偿还方式较多，主要有如下三种——到期一次偿还本息，分期偿还本息，分期偿还利息、到期一次偿还本金。

除了上述这种传统的分类以外，负债还是可以按照偿付的形式而分为货币型负债和非货币型负债。

货币型负债指那些需要在未来某一时点支付一定数额货币的现有义务。而非货币型负债则指那些需在未来某一时点提供一定数量和质量的商品或服务的现有义务。

将负债区分为货币性和非货币性，在通货膨胀和外币报表折算的情况下是非常有用的。在通货膨胀的情况下，持有货币型负债会取得购买力损益，而非货币型负债则不受物价变动的影响。在需要进行外币报表折算的情况下，对货币性的外币负债，可按统一的期末汇率进行折算，而对非货币性的外币负债则应采取不同的折算汇率。

（三）负债的确认

在复杂的现实生活中，仅仅明确负债的概括性概念是远远不够的。不论是从会计理论的角度还是从会计事务的角度来说，都需要我们对负债的确认标准作出更为明确的规定和解释。比如，我国财政部2006年发布的《企业会计准则——基本准则》第四章第二十四条规定，符合负债定义的义务，在同时满足以下条件时，确认为负债：（1）与该义务有关的经济利益很可能流出企业；（2）未来流出的经济利益的金额能够可靠的计量，一般来说，负债的确认标准有如下几种：

1. 法定义务标准

所谓法定义务标准，是指通过签订正式合同而产生的需要由法律强制力来保证执行的义务。法定义务概念是传统会计中确认负债的一项重要标志。依据法定性确认负债，使得负债的确认结果根据客观性和可靠性。Kohler 在《会计师词典》（A Dictionary for Accountants）中，即将负债限定为法定义务。美国会计学会会计概念和标准委员会对负债所下的定义甚为狭窄，他们认为负债仅仅包括法定义务中的一部分。

2. 公平或推定义务标准

所谓公平义务，是指由债权人和债务人双方所同意并且不需要由法律强制力保证即可执行的债务。公平义务不是因为法律观念而形成的，他的因遵从社会习俗或商业惯例而具有约束力的。根据 FASB 公布的第三号《财务会计概念公报》中所举的实例，公平义务包括企业在发货过程中因货物遭受损失，在不承担法律责任的情况下，主动退回客户贷款的义务。所谓推定义务，是指非因与另一个体订立合同或政府强制执行，而是在特定情况下因推断而产生的义务。根据 FASB 公布的第三号《财务会计概念公报》中所举的实例，推定义务包括企业因常年惯例而负有的向其职工发放休假工资和年终奖金的义务。约翰·B. 坎宁在其《会计经济学》中对负债的定义中，既包括公平义务，也包括推定义务。目前，尽管会计理论界对是否将公平义务或推定义务作为负债确认标准。也就是说，实务界采用了广义负债观，而不是那种仅将负债限定于法定义务的狭义负债观。

3. 经济业务的经济实质标准

一项经济业务是否具有经济实质，主要取决于他是否能够提供与决策相关的信息。这一标准着眼于债务合同是否已经执行，是否能对经济决策产生影响。在这一标准下，企业在尚未执行的合同中所应承担的债务，就不应该确认为一项负债，因为它不具有经济实质。这就是所谓无条件抵销权合同问题。无条件抵销权合同是指企业为未来购置商品或劳务而与现在签订的合同。会计人员习惯上将其称为待执行合同，而且，如前所述，因该项合同而引起的负债不被确认。会计人员这样做的理由是，在商品尚未使用之前，买方所承担的合同付款义务，被他的收获权抵销了。也就是说，在商品或劳务可供使用和承担合同付款义务之前，存在一个无条件的抵销权。这个无条件抵销权的存在，使得会计人员找到了不确认相关债务的依据。

4. 负债金额可计量标准

前面我们已经说过，负债的一个基本特征是其金额必须能够以货币加以确切地计量或合理地估计。也就是说，在大多数情况下，负债的计量是确定的，即使是在某些情况下，负债的计量带有预定的不确定性，我们也可以进行合理的估计。倘若某一项目的计量具有高度的不确定性，以致我们如果不采用非常武断或主观的方法，就不能确定该项目的金额，那么，在这种情况下，即使该项目在性质上可以归列为负债，我们也不应予以确认，因为这样的确认对于会计信息的使用者来说是毫无意义的。

（四）负债的计量

对负债进行正确的计量，可以实现两个目标：一是服务于费用和损失的记录，以便确定当期的收益；二是在会计报表上正确反映企业所承担的债务，从而为报表使用者提供有助于预测企业未来现金流量和财务风险的相关信息。

如果单纯考虑理论上的科学性，那么负债的计量应以未来应付金额的现值为基础，即负债应表现为未来应付金额的折现价值。但在现行的会计实务中，这种方法并未得到应用。在事务处理中，会计人员使用了相对来说比较简便而又实用的计量方法。

1. 流动负债的计量

一般情况下，流动负债的未来应付金额均已由有关合同或协议作出了规定，考虑到其偿还的期限一般都比较短，折现额通常都不大，所以可以按未来应付金额直接将其列于资产负债表中。

对于流动负债中的货币性项目，可以直接按上述原则计量；对于流动负债中的非货币性项目，即那些将在未来提供一定数量和质量的商品或劳务的义务，一般应根据预定的或双方认可的价格来计量，而不管以后提供商品或劳务相应的货币价值是否发生变动。

2. 长期负债的计量

对于长期负债来说，由于偿还的期限比较长，折现额相对来说比较大，所以折现的计算就显得比较重要了。也就是说，长期负债应根据未来将支付的所有款项的折现价值来计量。这里，关键的问题是如何选择适当的折现率。客观地说，最适当的折现率应该是现时市场利率，按照这一折现率计算出来的负债金额才是报表使用者所需要的，才真实地反映了企业所实际承担的紧急义务，但现时市场利率的频繁波动导致了它的不实用性。从实用主义的角度来说，目前实务中普遍采用的折现率是负债发生日的市场利率。按这一折现率来计量长期负债，有点儿类似于按历史成本来计量资产。虽然这一折现率的采用使得长期负债上的持产损益得不到确认，但它具有客观、简便等优点，因而在实务界得到了普遍的接受。

二、业主权益的确认与计量理论

迄今为止，业主权益尚未有一个令人信服的定义，各家各派的观点形成了不同的业主权益理论，而不同的业主权益理论对应着不同的业主权益内容。现在被普遍接受的业主权益定义并没有体现业主权益的本质属性，而仅仅是从计量的角度，将业主权益看作是按照一定的会计程序对资产和负债计量后所形成的结果。

（一）业主权益的含义

业主权益，即所有者权益，它与能够带来未来经济利益的资产和需要在未来放弃经济利益的负债不同，它不能单独计量，通常被看作是按照一定的会计程序对资产和负债计量后所形成的结果。它在数额上等于资产减去负债后的余额。

FASB 认为："所有者权益或净资产是某个主体的资产减去负债后的剩余权益。"

国际会计准则委员会在《编报财务报表的框架》这一理论文献中这样认为："所有者权益指在企业的资产中扣除企业全部负债以后的剩余权益。"

我国财政部 2006 年发布的《企业会计准则——基本准则》第五章第二十六条规定："所有者权益是指企业资产扣除负债后由所有者享有的权益。"

如前所述，这几个定义并没有揭示业主权益的本质属性，而仅仅阐明了业主权益的计量方法。如果要明确业主权益的真正含义，我们必须首先研究不同的业主权益理论，并在此基础上，说明业主权益的本质属性。

1. 业主权理论

业主权理论最初形成于对复式簿记的解释。1818 年，F. W. 格朗赫尔姆在其著作《独立的复式簿记》中认为，簿记的目的是经常向业主反映其总资本及各个组成部分的价值。经济交易的发生会引起资产、负债和资本的变化，企业的收益是业主权益的净增加额，应转作资本，而引起企业的费用是业主权益净减少额，应冲减资本。这是对业主权理论所作的较早的阐述。1841

年，会计师汤姆斯·琼斯在其著作《簿记原理和实务》中进一步发展了业主权理论。他认为，簿记的最终结果是编制财务报表，通过资产负债表和利润表可以确定收益，而费用和收益又可以用来调整资本，并通过二者的配比来确定利润。这以后，又有许多会计学者进一步丰富和发展了业主权理论。

现代完整的业主权理论认为，资产是所有者所拥有的权利，而负债则是所有者所承担的义务，权利减去义务后的余额便是所有者权益，它代表了所有者所拥有的净值，这一净值等于所有者的初始投资加上累积净收益超过所有者提款的差额。这种理论还认为，收入表示所有者权益的增加，而费用则表示所有者权益的减少，收入超过费用而形成的企业收益，直接归属于所有者权益的增加。概括成一句话，业主权理论认为，在“资产—负债 = 业主权益”这一会计等式中，业主居于权利的核心地位，是企业唯一的投资者和所有者，会计的目的就在于反映业主权益的增减变动情况。

现在会计实务中对所有者权益的界定体现了业主权理论的观点。

2. 企业主体理论

企业主体理论，又称会计个体理论或实体说。它的雏形是中世纪的代理人会计。1882 年荷兰的 I. N. 布伦克曼和 1887 年法国的曼弗雷德·伯利纳都意识到了企业与业主的分离问题。他们认为，簿记所反映的不是业主个人的经济活动，而是内部的价值运动。企业资产是企业对业主的债务，负债是企业对业主的债权，利润或亏损是对业主提供服务的价值表现。威廉·A. 佩顿在《会计理论》一书中认为，无论怎样，企业都是一个独立的实体或法人，只要企业在职能上与业主、债权人分离，那么会计所关注的就只能是企业主体而非业主和债权人。他在这本书中指出，“簿记人员和会计人员所试图记录和分析的只不过是‘企业’的财务资料；簿记所记录的也只是‘企业’；对经营情况和财务状况所进行的定期报告也是‘企业’”。1940 年，他在《企业会计准则导论》中详细阐述了企业主体理论。

企业主体理论认为，企业是一个独立存在的经济单位，是所有权益持有人的权益监护人，企业是为了所有权益持有人的利益而存在的。企业主体理论认为，在“资产 = 负债 + 所有者权益”这一会计等式中，负债和所有者权益享有同样的地位，企业应当一视同仁地向债权人和股东提供财务报表。在企业主体理论中，资产代表企业自身接受特定物品、服务或其他利益的权利，而负债是企业自身的特定义务。收入是对企业提供服务的补偿，而费用是为取得这些收入而耗费的劳务的成本，收入减去费用后的净收益是企业发生的，而不是业主或债权人发生的，应归企业自己处理。虽然企业的净收益通常表现为所有者权益的变动，但并不意味着净收益就是业主的收益，只有投入价值的增加或股利的分配部分才属于业主的收益。

3. 剩余权益理论

剩余权益理论是介于业主权理论和业主主体理论之间的一种权益理论。它最早由美国会计学威廉·A. 佩顿在20世纪30年代初期提出，他认为所有者权益是一种特殊的负债，它是源性的和剩余的，而非固定的和契约的。乔治·斯托布斯在《对投资者的会计理论》一书中也对剩余权益理论进行了系统的阐述。

在剩余权益理论下，会计等式演变为“资产－特定权益＝剩余权益”。在这个等式中，特定权益包括债权人的求偿权和优先股股东的权益，而剩余权益则仅指普通股股东的权益。可见，在这种理论下，会计关注的中心是普通股股东的权益，会计的主要目的是向普通股股东提供相关信息，而债权人和优先股股东则被排斥在外。按照剩余权益理论的要求，资产负债表中普通股股东的权益应当单独列示，以区别于债权人和优先股股东的权益；利润表中反映的是全部优先求索权都得到满足以后（即支付了利息和优先股股利以后）普通股股东可以得到的股利。

4. 基金理论

基金理论是美国会计学家威廉·瓦特于1947年提出来的。他在《会计学中的基金理论》一书中，从现代股份公司之间的相互关系出发，批判了两种传统的权益理论——业主权理论和企业主体理论。他认为，业主权理论和企业主体理论的主要区别在于是按照实际业主记账还是虚拟业主记账。业主权理论是以作为自然人的实际业主为对象，而企业主体理论是以人格化的单位即虚拟业主为对象。虽然这两种理论都是以人的利益为前提，但它们对现实的描述都有缺陷。他进一步指出，无论是业主权理论还是企业主体理论都难以付诸实施，都不能满足现代企业的需要。因此，应扩展会计主体理论，采用一套人格化程度较低的概念，使会计所关心的领域具有能够适应各类组织和各种经营活动需要的明确意义。这就是基金理论的基本精神实质。

基金理论摒弃了业主权理论中的实际业主和企业主体理论中的虚拟业主，而以从事业务活动的单元为核算对象，并将这一业务活动单元的利益范围定义为基金。基金理论下的会计等式是“资产 = 对资产使用的限制 = 负债 + 基金余额”。式中，资产代表基金或经济单元在未来期间应提供的服务；负债代表对资产的特定或一般的限制；基金余额包括已保留基金余额和未保留基金余额。已保留基金余额，即投入资本，代表使用资产的法定或财务限制，投入资本必须保持完整。未保留基金余额，即留存收益，对留存收益的分配表示管理当局、债权人或法律所施加的限制，而未分配的留存收益则表示资产应用于特定目的的限制。可见，在基金理论下，企业的所有权益都表示法律、合同、管理及财务上对资产使用的种种限制。

5. 指挥者理论

指挥者理论是由美国会计学家路易斯·哥儿德堡于 1962 年提出的。他认为，瓦特对业主权理论和企业主体理论的批评是有道理的，但基金理论仍然没有提供最好的解释。他认为，在企业的活动中，真正处于重要地位的是那些每天进行决策并引导企业发展的管理者，他们是企业的指挥者。会计的重心应当是促使这些指挥者有效地使用经济资源，全面地履行受托经管责任，而不是强调业主或其他群体的特殊权益。

指挥者理论强调的是控制，它部分地涉及了会计的本质。按照指挥者理论，财务报表是反映管理责任的报表，它所揭示的是指挥者的受托经管责任及其履行情况。资产负债表反映企业管理者对受托资源的经管责任，利润表反映的是管理活动的过程及效果，而现金流量表则反映企业管理人员如何获取和使用现金。

6. 企业理论

企业理论又称社会责任理论，是由美国会计学者彼得·F. 德鲁克提出来的。他观察到许多大的企业实际上是一个负有社会责任的机构。W. 苏简南（Waino. Suojanen）在此基础上于 1954 年在《会计评论》中提出了企业理论。

企业理论是一个比企业主体理论更为广义的概念。在企业主体理论中，企业是一个主要为其权益持有者的利益而从事经营管理活动的独立的经济实体。企业理论认为这种过于狭隘，在企业理论中，企业是一个为许多群体之利益而从事经营管理活动的社会机构。

在企业理论下，企业所有的相关群体都被认为是企业利益的收受者，企业不再只为股东和债权人的利益从事经营活动，企业必须考虑到其自身的经营活动对各相关群体乃至整个社会的影响。从会计的角度讲，这就意味着企业的会计信息不仅应提供给投资者和债权人，而且还应提供给政府机构、税务当局、顾客以及其他社会公众。也就是说，在企业理论下，企业对社会的责任远远大于对业主的责任。

（二）业主权益的分类

业主权益代表着不同所有者对企业的要求权。为了如是反映各业主所持有的权益，维护其利益，有必要根据企业的组织形式和业主权益的特点，对业主权益进行分类陈报。

在独资企业中，仅存在一个投资者，业主权益表现为这个单独投资者对企业净资产的所有权，企业的产权关系简单、明了，因而无需对业主权益进行分类。

合伙企业与独资企业的情形基本类似，所不同的只是合伙企业存在多个投资者，而不是一个，因此，需要将业主权益按每个合伙人的权益大小进行分类，以反映每个合伙人的投资情况。同时，为了控制各合伙人的提款是否符合合同或契约的规定，还要对每一个合伙人设立单独的提款账户，据以反映每个合伙人的权益变动情况。

在公司制企业中，企业的产权关系比独资企业和合伙企业要复杂的多，这就决定了公司的财务报表要对业主权益方面的情况提供更为详细的信息，以向股东、债权人及其他利益相关者提供有关管理效率、经管责任和涉及他们过去、将来经济利益的信息。为了达到上述目的，有必要对业主权益进行详细的分类。目前，对公司制企业业主权益的分类方法主要有四种。

1. 为反映公司的资金来源而作的分类

按照资金的来源，业主权益可以分为：（1）实缴资本；（2）资本盈余；（3）资产升值；（4）留存收益。其中，前两项反映公司通过发行股份所获得的外部资金来源，统称投入资本；后两项反映公司在经营过程中所获得的内部资金来源，统称留存收益。

按资金来源对业主权益进行分类是最传统的分类方式。传统的会计理论认为这种分类方式可以反映出公司的成长过程。亨德里克森认为："这种分类提供了有关公司历史发展过程的信息。当一个靠内部孳生之资金发展起来的企业，与另一家完全靠出售优先股股票和普通股股票或出售公司债券取得发展之资金的企业相比较时，按来源对资本进行分类是相关的。"斯普劳斯和穆尼茨也认为："区分投入资本和留存收益，对于股东来说是至关重要的。例如，分派现金股利时，股东有权得到这样的保证，即这些股利来自本期和前期的利润，而不是原先投资于企业的一些现金或其他资产的返回，也不是已转作投入资本的前期收益的返回。在债权人看来，区分投入资本和留存收益也是重要的。投入资本构成了企业亏损的保障。只有当这些亏损超过了留存收益和股东投入资本之和时，债权人的权益才会受到损害。"

不过，这种分类方式也有它的不足之处。一方面，在资产升值项目中，仅仅反映了未实现的资产升值，而已实现的资产升值则作为公司的收益反映在留存收益中，也就是说，资产升值项目没有全面反映因价格变动所引起的业主权益的实际变动情况。另一方面，这种分类具有暂时性，一旦将留存收益转作投入资本，那么资本来源的分类就消失了，FASB 指出："……然而，诸如股票股利（企业本身股票的按比例分配，同时伴以从留存或未分派利润转入股本和其他投入资本的转账）以及业主所有利益的在取得和再发行（通常称为公司库藏股票的交易），就会混淆来源，并且除非主要采用武断的分配，否则就不可能追溯来源。所以，分为投入资本和留存收益的分类，未必就能正确地反映企业权益的来源。"（SFAC，No. 3）

2. 为反映对公司法定资本的限制而作的分类

在这种分类方式下，业主权益被划分为两部分，一部分是法定资本，另一部分是非法定资本。之所以这样分类，原因在于：在公司制组织形式下，股东只以自己的出资额为限对公司的债务承担有限责任，一般不对公司的债务承担个人责任，这样，为了保护债权人的权益，各国立法机构都要求公司必须保持一定的最低限额的法定资本，以便为公司的债权人提供权益保障。

这就要求反映到会计上，就是业主权益中应单独列示法定资本。但这种分类方法在目前的实务中并没有被采用。

3. 为反映对公司股利分配的限制而作的分类

在公司制组织形式下，股利的分配不仅受到法律的限制，而且还会受到财务等方面的限制。为了反映对股利分配的种种限制，一般认为将业主权益区分为投入资本和留存收益是合适的。其中，投入资本包括实缴资本和资本盈余两部分。

将业主权益划分为投入资本和留存收益是会计上自我施加的的限制。一方面，投入资本中的实缴资本肯定不能用于发放股利，而用资本盈余来发放股利，虽然不违反法律，但按照会计原则的要求应将其视为清算性股利，即资本的返还而非利润的分配。另一方面，留存收益是“留置于公司备用的收益”这一名词的代名词，这本身就意味着它不是用于股利分配的，特别是对于一个正处于发展阶段的公司来说，它可能就是永久性投资于公司的收益。

4. 为反映对公司清算分配的限制而作的分类

在公司清算时，债权人的求偿权要优先于股东。在公司清算时对业主权益作这样的揭示无疑是必要的。也就是说，如果公司是盈利的且无清算之意图，或者即使公司在一个或几个年度中发生了亏损，但只要公司的净资产大于优先股求偿权的金额，实际上是没有必要单独反映优先股的求偿权的。如果优先股的求偿权已占公司净资产的很大比重或清算的迹象已经很明显时，业主权益按清算分配限制作出揭示就是必要的了。此时，财务报告的目的已经发生了变化，剩余权益理论将支配业主权益的陈报。

在现行的会计实务中，由于所要追求目标太多，所以对业主权益的分类难以达到统一。美国学者埃尔登·S. 亨德里克森在《会计理论》一书中这样建议到：我们建议业主权益原始分类的基础应是其来源，以保持其在传统会计机制中的合理性，即使发生留存收益转作资本的经济业务，也不应打乱这种按来源的分类。对这种转作资本的留存收益之数额应系属过去留存收益的资本化。

还有人认为，财务状况变动表或现金流量表可以弥补资产负债表中业主权益分类的不足。他们认为，投入资本的来源在财务状况变动表或现金流量表中能被揭示得更清楚。正如美国会计学对外陈报委员会所指出的那样——资产负债表中的业主权益部分，对股东和债权人的需要来讲是没有多大作用的。

（三）业主权益的确认与计量

在“业主权益的含义”部分，我们在介绍各种业主权益理论时实际上已经涉及业主权益的确认问题，这里不再赘述。下面，我们着重研究一下业主权益的计量问题。

如前所述，业主权益，即所有者权益，是某个主体的资产减去负债后的剩余权益。它与资产、负债等会计要素不同，不能单独计量，通常被认为是资产减去负债后的净额。可见，业主权益的计量从属于资产和负债的计量。而资产的计量又与资本保全概念相联系。常见的资本保全概念有货币资本保全概念、一般购买力资本保全概念和实务资本保全概念三种。各种资本保全概念都规定了各自的资本保全要求，从而使业主权益的量度也有所不同。

货币资本保全概念坚持以投入资本的货币额保全为条件，因其用名义货币为计量单位，所以又称名义货币保全概念。在这一概念下，业主权益持有人过去投入企业和其他属于权益持有人的资产份额的货币量之和，它是业主权理论的具体反映。业主权益因利润的实现而增加，因亏损的发生而减少。利润的分配和减资都会引起业主权益的减少。这种概念是目前会计实务的基础，也使业主权益量度的确定及分类具有客观性。

一般购买力资本保全概念，也称真实净权益保全概念。这一概念将业主权益视为企业所有者在过去投入企业和在目前留在企业的其他属于他们的资产份额之和，按货币一般购买力计算的总和是资本保全的基础。这一概念也体现了业主权理论的观点。在保全了期初业主权益的一般购买力之后，净资产的增量才被认为是企业已实现的利润。一般购买力资本保全概念使得业主权益的计量与货币资本保全概念有着明显的不同。同时，这一量度在投入资本和留存收益之间的划分也与货币资本保全概念存在着差异。

实物资本保全概念认为所保全的业主权益是按一定的实物量加以衡量的资本。业主权益不是按发生业务时的名义货币单位计量，也不是按一定的货币购买力来计量，而是以一定的实物数量或按特定物价指数折算后的货币来计量。要保持企业的正常经营，一定要维持企业原有的生产能力。这种概念有保全期初同等结构、同等数量之资产和保全期初同等生产能力两种看法。在实物资本保全概念下，业主权益的计量及这一量度在投入资本和留存收益中的划分也与货币资本保全概念有着明显的不同。

第八章 收益的确认与计量理论

在现代市场经济和资本市场中，企业的利益相关者对收益十分关注，经济学、会计学领域的学者也格外地关注收益。在此，我们试图以收益产生的源头为起点，通过对收益的界定、确认和计量的探索，由此帮助人们了解收益形成的脉络，从而理清以前对收益的种种模糊理解，形成客观而全面的认知。

关于什么是收益，经济学界和会计学界一直未能取得一致意见。经济学家们总是从最接近客观经济事实的角度来说明问题，但得出的结论有时却并不实用；而会计学家们则往往从实用主义的观点出发来解释问题，但得出的结论有时却并不科学。正是由于经济学家和会计学家认识事物的角度不同，因而形成了“经济收益”和“会计收益”两种不同的观点。

第一节　经济收益与会计收益

收益既是现代企业经营的主要目的之一，又是企业财务报告中的一项重要内容。FASB 在其发布的“论财务会计概念”公告中指出“编制财务报告的首要重点是通过收益及其组成内容的计量提供关于企业经营业绩的信息”。收益理论与资产计价理论同属于财务会计体系中的核心内容。由于这两方面理论的研究与现时的紧密关系，因而成为理论界和实务界广泛关注的问题。收益的确认与计量理论不仅为会计学者所研究，而且也是经济领域中的一项重要研究内容。经济学家对收益问题的研究是以资本为起点的，这些探索对会计界的研究有着十分重要的意义，因此，我们对于收益的问题的探讨要从资本这一概念开始。

一、收益的源头——资本

"资本"是经济学中的一个重要概念，众多的经济学家从不同的视角对资本进行解释。

1776 年，亚当·斯密在《国民财富的性质和原因的研究》中，把资本定义为是为了取得利益而投入的并且用来继续生产的财产。他指出："他的全部财产分为两个部分：他希望从中取得收入的部分，称为资本；另一部分则用来消费。"[①] 这个定义中，揭示了资本的本质特征，即资本能产生收益。

马克思在《资本论》中阐述了完整的资本观点，指出资本是能带来剩余价值的价值，资本是一种以物为媒介的人和人之间的社会关系。

1936 年，凯恩斯在他的《就业、利息和货币通论》一书中，从信贷资本的角度研究了资本的性质，说明资本能够带来价值增值。

由此看来，经济学家所研究的资本，一方面因其所处的立场不同，形成的资本定义也不同；另一方面，就资本的本质来说，既有其自然属性，又有其社会属性。资本的内涵包括了以劳动为中心的各种生产要素，反映的是一种社会生产关系。

会计学中的资本，通常是指企业投资人投入企业的那部分资产，该部分资产的所有权归出资人所有，并通过资本账户进行记录和反映。所以，可以看出，会计学中资本的概念很明确，并具有明显的会计核算特征。与此同时，有必要将会计理论中的资本概念与资产加以区分。资本与资产这两个概念的区别在于两个方面。首先，两者所含的产权关系不同，资本代表投资人的利益，所以资本背后有着确定的主体，它反映了一定权利主体的产权关系。一

① 亚当·斯密：《国民财富的性质和原因的研究》（上卷），商务印书馆 1972 年版，第 254 页。

般而言，资产概念并不表示这种产权关系。其次，资本与资产包括的内容在其范围上有所不同，企业的可支配资产不仅仅是投资人投入的，还包括债权人投入企业的，即各种负债。所以，会计上的资本概念要小于资产概念。

从经济学与会计学对资本概念的不同诠释可以看出，会计学的资本概念更强调其法律意义，反映的是与投资人的产权关系；而经济学则着重资本的自然属性与社会意义，它反映的是生产的劳动条件和劳动关系。

二、两种不同的收益概念

从历史的发展过程来看，17 世纪以前，地中海沿岸的商人们进行簿记记录，其目的主要是为了对财产进行管理，而当时并没有明确的收益概念，也没有完整的收益确定方法。这是因为那时的经营活动大多是单独的、互不关联的短期活动。确定收益的一个较简单的方法就是从最终的所得中减去最初的投入，或者将两期的期末财产进行比对，差额就是盈利。然而随着股份公司的普及以及“持续经营”概念的出现，人们逐渐认识到收益确定的重要性，因为在收益的背后存在相当多的利益关系。

美国会计学家所罗门斯认为，收益的概念之所以受重视，主要在于它有三方面的重要作用：第一，它是确定企业应纳税额的有效计量；第二，它是确定企业分配政策的重要基础；第三，它是企业制定投资政策的指南。由于收益在这些方面的重要性，使得人们对收益越来越关注，而对收益概念的论述也在经济学家与会计学家中展开。从会计发展史上看，收益概念主要产生于美国。美国会计学家 K. S·莫斯特在《会计理论》一书中提到，最早是由美国的鲁帕公司（Rubber Company）在 1903 年使用了“净收益”一词，而在 20 世纪 20 年代逐渐流行。目前，财务会计上对净收益的解释，因存在不同的观点，从而形成不同的收益概念。

1. 经济收益

“利润”是会计界的一个词，而利润的意义起源于经济学中的收益概念。经济学中的收益概念一般称为经济收益。

亚当·斯密在《国民财富的性质和原因的研究》里最早把收益定义为“财富的增加”，并认为“收益乃是以不侵犯资本为条件”。

1890年，艾尔弗雷德·马歇尔在其著作《经济学原理》一书中，将“财富的增加”这一收益观念引入企业，并提出区分“实体资本”和“增值收益”这一重要的经济学思想，进一步具体区分了资本和收益。

20世纪初，美国著名经济学家欧文·费雪发展了经济收益理论，他在《资本与收益的性质》一书中提出了收益的三种不同形态：（1）精神收益——心理上获得满足；（2）实际收益——物质财富的增加；（3）货币收益——资产货币价值的增加。同时，费雪也对资本和收益进行了区分。他认为，资本是某一时刻财富的存量，收益是某一时期劳务的流量；资本是未来劳务的化身，而收益则是这些劳务在特定时期内的享受，是补偿资本之后的一种增量。在这一理论中，尽管三种收益形态是客观存在的，但并不都能够加以准确计量。比如，“精神收益”因主观性太强而无法客观计量，货币收益则因为未考虑货币时间价值的变化而成为一个静态概念，从而使实际收益成为经济学家研究的重点。

对于实际收益，现代经济学家主要从其来源和形式上进行了论述。萨缪尔森从收益来源的角度对收益进行了阐述，他认为实际收益有三种来源：第一，资本收益，指由于提供了资本而带来的收益；第二，风险收益，指因为承担了不确定的风险而得到的收益；第三，垄断收益，指从所拥有的绝对控制权力中获得的收益。

有的经济学家如林达尔（Lindahl）把收益概念视为利息，是指资本商品随着时间的增加而不断增值，这一想法产生了经济收益的概念。这一观点把收益确定为既定时期内的消费加积蓄，积蓄就等于期间内的资本的变动。

后来，英国经济学家希克斯（J. R. Hicks）又提出一种经济学收益概念。1946年，希克斯在《价值与资本》一书中提出，一个人的收益是他在期末和期初保持同等富裕的前提下可能消费的最大数额，这个定义虽然是针对个人而言的，但企业收益同样用这个最基本的定义来加以解释，即在期末与期初企业资本没有变化的前提下，企业本期可以用以消费的或分配的最大金额。该定义在西方经济学理论中占支配地位，然而这一定义的不足是没有对保持“同等富裕程度”作出说明，这就为各种不同的收益计量模式的选择开了方便之门。

经济收益就是在坚持期末与期初保持同等财富水平的条件上，企业可消费或分配的金额，也就是企业期初拥有的资产价值与期末预计未来净收入的资本化价值相比，后者大于前者的差距就是收益。由于预计未来净收入的资本化价值具有很大的不确定性，从而要使希克斯的这一定义在现实中应用还有一定的难度。概括而言，经济收益是以实物资本保持为先决条件而确定收益。这一概念具有如下特征：（1）以现行成本（实际生产力）为计量属性，反映企业资产的现实价值；（2）考虑货币的价值变动，主张通过货币调整来反映企业的真实收益；（3）收益是企业所有财富的增加，既包括营业所得又包括非营业所得，既包括已实现的利益也包括未实现的利益。

从以上经济学家所提出的收益观念可以看出，早期的收益计量从属于资产的计量，一般是通过重置成本会计或定期对期末资产进行评估来求得一定时期内资产的净增量，并以此作为收益，该观念是建立在“资产负债表”基础上的。经济收益从纯理论的视角来看具有明显的合理性，然而现实的应用却存在不少问题。比如期末与期初净资产计量属性的选择，尽管人们在不断探索这些问题，也提出了一些解决方法，但未达到使人们满意接受并可应用的程度。

2. 会计收益

会计学上的收益概念称为会计收益，传统的会计收益概念主要建立在权责发生制基础之上，通常认为，收益是指企业在本期已实现的收入与其相关成本之间的差额。在这一收益概念下，其成本是以历史成本为基础的。

会计收益概念的特征可以归纳为以下几个方面：

（1）基于企业实际发生的交易。会计收益是根据企业实际发生的经济业务进行确认、计量而得出的结果，即以企业经营活动所获得的收入减去为实现收入所支出的成本，其差额为收益。在收益的计量过程中，由于是以实际发生的交易为依据来确认收益，具有客观性和可验证性。

（2）以会计分期假设为前提。会计收益是建立在会计分期假设之上的，它指的是企业在某一特定期间内的经营成果。也就是说，会计收益是以权责发生制为原则划分当期收入和费用，在进行了恰当的配比之后计算出来的。

（3）遵循“收入实现”的原则。会计收益的确定要遵循实现的原则，因为只有在与资产价值增加的相关条件得到满足的情况下才能产生效益，而且收益价值必须能够客观计量和确定。根据这一原则，企业营业收入的确定必须在商品销售或者提供服务等关键事项发生以后。对于企业持有资产由于物价变动所产生的损益，如果是未实现的则不予确认。

(4) 收益的成本按历史成本计量。会计收益的确定是在历史成本模式下进行的，即企业的资产是按照历史成本来计价，以交易法推导的已消耗成本必然是历史成本的转移，从而使与收益相关的费用和成本均为历史成本口径。

(5) 会计收益是收入与费用配比的结果。会计收益的形成是当期收入与费用配比的结果，与当前收益不相关的成本，应该作为以后期间的费用。

(6) 适当运用稳健原则。即当某项业务有多种会计方法可提供选择时，企业应选择不高估收益的方法，并且对未来可能发生的费用要合理预计。

收益的理论特征是“三位一体”原则，即遵循历史成本原则、配比原则和谨慎性原则，它采用的是“收入费用观”。相对于经济收益来说，会计收益的主要优点是建立在实际发生的经济业务基础之上，从而使其具有客观性和可验证性。由于依据实现原则确认收益，因而它符合稳健性原则的要求。此外，会计收益也便于反映企业管理当局的经营业绩。由于这些优点，会计收益的概念被广泛的接受。1968 年，美国的布朗和鲍尔通过实证研究证实了会计收益具有的信息含量。

对传统会计收益的批评主要包括：

(1) 会计收益坚持交易观的确认原则，使收益表上的收益并不是企业的全部实际收益，即未包括持有资产的损益；

(2) 会计收益采用历史成本计量费用，在物价上涨的情况下有可能虚增企业利润，并使企业的投资成本无法真正能够回收，损害企业的持续经营能力；

(3) 由于同一资产在不同时期的历史成本不同，使成本与收入配比后确定的各期收益缺乏可比性，而且扭曲的企业资产和收益价值信息可能使信息使用者产生误解。

三、两种收益概念的比较

经济学家所提出的精神收益较为主观，将其排除之后，经济收益与会计收益差异的主要原因在于外部经济环境等因素的变动，为此，我们从两种不同环境下的收益确定来进行探讨。

首先，我们可以假定存在一个静态、完全封闭的经济环境。这一环境具有如下特征：不存在任何物价变动因素，整个市场的物价是稳定不变的；任何交易一旦完成之后，与其相对应的风险和报酬便完全转移，没有任何不确定的风险因素；企业不需要考虑任何市场风险、流动性风险等。如果存在满足以上条件的经济环境，则建立在历史成本和权责发生制基础之上的收益确定模式完全可以适应环境的需要。因为没有价格的变动，可以保证历史成本的计量属性适用的合理性；不存在交易之外的任何风险，使建立在实际交易基础上的收入与费用配比，能充分反映交易活动所产生的全部收益或损失，并且在应计制基础上通过配比而形成的最终收益额，能基本真实地反映企业过去一个会计期间经营活动的业绩。

可以发现，传统会计方法和会计基本假设中包含了上述内容，可以说，传统的会计收益确定模式主要是以这种静态的外部经济环境为依据的。

在现实的经济社会中，上述完全封闭的经济环境是难以存在的。对于市场环境来说，动态性是重要的客观特征，科学技术、市场竞争甚至政治因素都会导致经济环境的不稳定，物价变动更是无法避免的。20 世纪 50 年代以后，西方国家的通货膨胀问题比较严重，使按照传统会计收益模式提供的财务报告越来越不能反映企业真实的财务状况和经营成果，从而开始研究物价变动条件下的会计问题。

一方面，在动态经济环境下，如果企业仍然采用历史成本计量模式，将使确定的收益信息失真。在物价上涨时候，所确定的最终收益必然高于真实水平，如果按照这种虚假的收益缴纳税款并据此分配股利，企业实际上是在不知不觉中进行自我清算，企业经济实力会被不断削弱，最终丧失竞争能力。在物价下跌的情况下，通过历史成本所得出的收益将会偏低，并由此影响所缴纳的税金和分配的股利，除了控股股东外，其他相关的利益也将受到不利的影响。在物价变动的情况下，信息使用者利用收益信息可能会导致错误的决策。

基于以上原因，在物价变动是全面而持续的环境下，有必要引入物价变动因素，在计量企业收入的时候剔除价格变动因素的影响，使反映的收益价值趋于实际水平。

另一方面，由于动态经济环境下市场充满了各种风险与不确定性，任何建立在交易观之上的收益模式都难以对这些风险予以反映。只有在考虑各种不确定因素的情况下，定期对企业资产、负债进行评估，由此确定的收益才较为合理。然而这又不符合可靠性原则。对此，研究者们提出了解决问题的办法，如期末运用公允价值或现行市价对资产、负债等项目进行调整，以反映市场物价因素对收益的影响。并且，在表外尽可能披露有关不确定因素的信息，减少可能对信息使用者的不利影响。

会计学与经济学在收益确认上存在着很大的差异，经济学家希望考虑到物价变动、持有资产损益、商誉等因素对收益的影响，主张当资产价值增加时，而不是当资产出售时变得更为富裕。将会计收益与经济收益进行比较，有助于认识会计收益的缺陷，并合理地利用会计信息。一些研究者提出应该对传统会计收益概念进行改造，事实上，现代财务会计也确实在不断地吸收经济收益概念的一些内涵。不少国家在相关制度和准则中也提出，应该通过增加分类收益、持产利得和物价变动损益等信息的披露，来提高财务报表信息的有用性。此外，研究者也提出，资本成本中的产权资本成本补偿以及衍生金融工具的未实现收益等，都应该纳入企业的收益范围。

现实中之所以不能完全采用经济收益的主要原因在于：人们一方面要求会计信息的合理、全面；另一方面又要求会计信息真实、可靠。其结果是收益的确定游离在这些要求之间。

爱德华兹和贝尔在《企业收益理论和计量方法》中肯定了经济学收益的理论价值，将经济收益与会计收益相结合，提出了“企业收益”的概念，并进一步强调任何完整的收益分析都应该考虑已实现的和未实现的利得，并按其来源进行分类。

对两种收益的不同，简要总结为：

（1）范围不同，会计收益的确认以交易活动为基础、以实现为原则，只包括已实现的营业收益；经济收益则还包括未实现的持产损益。

（2）确认依据不同，会计收益依据是历史成本，经济收益依据是现时成本。

（3）资本保全观念不同，经济收益体现的是实物资本保全，又称经营能力保全。会计收益体现的是财务资本保全观。

经济收益是指“物质财富的增加”，而会计收益是指“投入与产出的配比”。经济学家们着眼于物质财富的绝对增加，而会计学家们则强调产出价值对投入价值的相对增加。两种收益概念的差别是不言而喻的。关于经济学家和会计学家的分歧，萨缪尔森和诺德豪斯曾明确指出：“会计人员一般喜欢用物品的实际过去成本来衡量其价值；而经济学家则喜欢用物品的市场价值或者替代成本来衡量其价值……会计人员之所以喜欢他们的成规是因为引入市场价值或重置成本的困难性和任意性。”

收益既是现代企业经营的主要目的之一，又是现代会计理论中的一个重要概念。无论是在会计实务操作领域中，还是在会计理论研究领域中，收益的确认与计量问题都已成为会计领域关注的焦点。

收益何以引起人们如此高度的重视？原因在于收益对于国家、企业以及个人来说都具有重大意义。

首先，收益是税收的基础，是国家财政收入的保障。按照现行法律的规定，企业实现了收益，就产生了纳税业务，必须按照法律规定的税率计算、缴纳企业所得税，其构成国家财政收入的一部分。因此，收益是否正确计量，直接关系到国家的收益，并进而影响到国家职能的发挥。

其次，收益是反映企业经营成果、评价企业管理当局绩效的一个重要指标。在“两权分离”基础上形成现代企业中，企业所有者将其资源委托给企业管理当局去经营，企业管理当局相应承担对这些资源进行保值、增值的责任。通过对收益的计量，既可以反映企业有效利用资源的程度，又可以考核企业管理当局对受托经济责任的履行情况。如果企业收益很可观，则说明企业有效的利用了资源，企业管理当局有效的履行了受托经济责任。

最后，收益是利益相关者进行决策的重要工具。对企业的现有股东而言，企业收益是股利分配的最大限度，它对股东是否继续持股、是否追加投资等决策直接产生重大影响；对企业的债权人来说，虽然他们更关心企业的偿债能力，但不可否认的是，企业的获利能力是其偿债能力的基础；对潜在投资者而言，他们要为手中持有的资本寻找一个合理的去向，企业的获利能力当然是其考察的首要问题。

第二节　收益的确认与计量

一、收益与资本保全

在收益概念及其计量的研究中，必然涉及资本保全（Capital Maintence）概念。实际上，无论是经济学收益还是会计学收益，都不应以侵蚀原来投入资本为前提。例如，经济学收益认为，收入的前提是在期末和期初保持一样的状况，会计学收益则要求收入应先扣除所耗费的成本，也就是说，只有在原资本已得到维持或成本已经弥补之后，才能确认收益。在理论上还要区分“资本报酬”和“资本回收”的区别。前者表示收益，但应在资本回收或成本弥补之后。

所谓资本保全，是指在资本得到保持或投入的成本得以补偿之后多余的部分才可确认为收益。企业经营的主要目标是创造价值，收益应该是新增的价值。同时，也反映出企业收益报告的目的，要将资本与收益（存量与增量）区分开来。资本保全是计量企业期间收益的关键要点，但是，如何理解“资本保全”却有不同的认识，并使收益的确定产生不同的结果。目前，主要有三种不同的资本保全观念。

（一）财务资本保全（Financial Capital Maintenance）

财务资本保全观主张所保全的应当是以名义货币所表示的资本，所以又称为名义资本保全或货币资本保全。这种观点认为，资本应视为一种财务现象，即包括由所有者投入企业的资源（货币性和非货币性资产）的货币价值。在此观念下，收益被认为是超过名义货币资本数量的部分，即当企业在某一特定期间的名义收入超过其发生的成本或费用时，就可以认为达到了资本保全的目标，而超额部分则为该期间的收益。可以看出，这一观念没有考虑货币价值的变动。

（二）不变购买力资本保全

不变购买力资本保全观念认为所保全的资本应该是以不变购买力代表的资本，不变购买力资本指的是资本所具有的购买力没有变化。不变购买力也称为一般购买力，因此该观念又称为一般购买力资本保全。在这一观点下，确定收益时不改变会计计量标准但要改变会计计量单位，因此收益不包括非货币性资产和负债的调整损益，但包括了货币性项目上购买力的损益。

（三）实物资本保全（Physical Capital Maintenance）

实物资本保全又称为再生产能力资本保全，在这种观点下，资本被视为一种实物现象。这一资本保全观念认为，企业资本是否被得到保全要视其原有生产经营能力有没有得到保持。在持续经营情况下，如果企业在一个经营期间终了时，仍具有原生产能力从而可以满足下一资本循环的需要，则可认为资本得到了保全。在实物资本保全概念下，企业在生产经营过程中所发生的费用必须以重置资本来计量，已消耗的实物资本未得到重置前不能确定企业的总收益。

对于实物资本保全概念中“生产能力”如何衡量才算是保全呢？根据英格兰和威尔士特许会计师协会的通货膨胀委员会的报告所指出的，有三种不同的含义：

（1）生产能力是公司拥有的实物资产，因此，收益是企业为重置被消耗或磨损的资产而计提充足的准备之后的余额；

（2）生产能力是以后年度能够生产与当年数量相同的商品或服务的能力；

（3）生产能力是以后能够生产与当年价值相同的商品或服务的能力。

可以看出，后两者由于考虑了技术进步因素而优于前者。不同的资本保全概念对收益的影响是不同的。在财务资本保全观下，收益是以货币表示的净资产的增加，而在实物资本保全观下，收益是保持企业实际生产能力不变之后的物质财富的增加。不论在哪一种观点下，所形成的收益计量模式均已货币计量单位为基础，而货币计量单位又分为名义货币单位和一般购买力货币单位。因此，两种资本保全观念与两种货币计量单位相结合，可以组合成四种不同的资本保全模式：

（1）名义货币单位/财务资本保全：这一模式意味着投资者的财务资本得到了保全，收益等于净资产的货币变化数。传统会计由于使用历史成本计量资产与负债的价值，因而符合这一模式。

（2）一般购买力货币单位/财务资本保全：表示投资者的财务资本的购买力得到了保全，收益等于同一购买力单位表示的净资产的变化数。在以历史成本计量的基础上编制的财务报表，再用一般物价水平指数进行调整，该报表符合一般购买力资本保全模式。

（3）名义货币单位/实物资本保全：该模式意味着企业的实物生产能力得到了保全，这一模式下虽然仍采用名义货币单位，但资产与负债是按照现时价值计量并进行披露的。

（4）一般购买力货币单位/实物资本保全：该模式表示用一般购买力货币单位计量的实物资本得到了保全，收益是在采用现时价值计量的同时用一般物价水平调整后的结果。

举例来说明这四种单位资本保全计量概念的应用及其对收益的影响。假设某企业期初拥有2 000元的净资产，期末净资产为3 000元。并假定为保全实际生产能力需要2 500元净资产，而该期间一般物价指数上升10%。那么，基于上述四种资本保全概念确定的期间净收益如下所示：

名义货币单位财务资本保全：3 000 - 2 000 = 1 000（元）；

一般购买力货币单位财务资本保全：3 000 - （2 000 + 2 000 × 10%） = 800（元）

名义货币单位/实物资本保全：3 000 - 2 500 = 500（元）

一般购买力货币单位/实物资本保全：3 000 - （2 500 + 2 500 × 10%） = 250（元）

由此可见，采取不同的保全概念所计算的收益数字是不同的。

目前，西方国家财务会计的现行实务中，一般还是坚持财务资本保全概念。如FASB在1984年发表的SFAC. NO. 5中提出："财务资本保全概念是传统的观点，也是现行财务报表中的资本保全概念"。当然，在理论上，财务资本保全概念除了可用不同计量单位之外，也不排除采用不同计量属性来计量投入资本（资源）的可能性。即使坚持财务资本保全，仍有可能在报表上得出不同的收益数字。

对于以上四种模式，可以推断在物价上涨情况下的两个结论：一是按名义货币单位计量的收益要大于按一般购买力计量的收益；二是按财务资本保全计量的收益要大于按实物资本保全计量的收益。其差异主要是由于货币币值的下降，企业资本仅得到货币资本的保全，却没有得到实物资本的保全所致。

二、收益的确认模式的选择

会计确认是现代会计理论与方法体系中重要的一环，它决定了“何时”、“如何”来对具体的经济业务进行记录，从而达到向企业外部的利益相关者提供合乎要求的信息这一根本目标。也就是说，会计确认包括两方面的内容：一方面是决定“何时”来对经济业务进行记录，这定义了会计要素的时间范围；另一方面是决定“如何”来对经济业务进行记录，这定义了会计要素的空间范围。按照这一说法，收益确定的基本模式可以分为两大类：

（一）经济活动模式与经济交易模式

从决定“何时”来对经济业务进行记录这一角度来看，收益确认的基本模式可以分为经济活动模式和经济交易模式两类。

在经济活动模式下，收益被看成是某种经济活动的结果，只要产生收益的经济活动已经存在或发生，收益便可以得到确认，而不管是否发生了实际交易。在这种模式下确认的收益，不仅包括企业已经实现的营业收益，而且包括企业尚未实现的由于价格的变动或预测变动而产生的持产损益。从这一点来看，经济活动模式似乎是与经济收益观念相对应的。

在经济交易模式下，收益则被看成是某种经济交易的结果，在收益的计量过程中，只记录由于经济交易所产生的资产和负债价值的变动。也就是说，在这种模式下确认的收益，都以实际发生的经济交易为基础，而对于那些由于价格的变动或预测变动所产生的价值变动，只要没有发生实际交易，就不予以确认和计量。从这一点来看，经济交易模式下确认的收益满足会计收益的特点，是与会计收益观念相对应的。

（二）本期经营收益观与损益满计观

收益确认的基本观点可以分为本期经营收益观和损益满计观两类。

收益确认的最基本目的是取得在一个确定时期内企业收益的数额。收益的确认一方面受资本保全观念的影响，另一方面，由于导致企业收益增减变动的因素很多，除了企业主观上的努力，即通过有效管理使收益增加，还有很多客观环境因素的变化如偶然事项的发生也对企业的收益产生影响。那么，在确定企业收益的同时如何看待收益，是仅仅反映企业经营活动带来的收益，还是应该包括客观环境变化等偶然因素的影响。对此存在着两种不同的观点；本期经营收益观和损益满计观。

1. 本期经营收益观

本期经营收益观认为，企业的收益应着重于反映本期通过经营活动所带来的利益，经营活动以外的偶然事件所形成的收益不包括在内。

本期经营收益观的主要依据是：首先，就利润表的主要作用而言，利润表是为了反映企业在特定时期内的经营成果，也就是企业主要经营活动所创造的成果。如果将主要经营活动以外的收益包括在内，则从利润表上所反映的企业经营成果就不准确。如果将前期损益调整数包括进来，就无法反映出本期真正的收益水平。其次，从投资者以及潜在的投资者对财务报表信息的要求来看，他们不仅关心企业现有的收益水平，更重要的是关注企业的获利能力及其对未来收益的影响。对企业获利能力的评价只能根据正常经营活动所产生的收益信息来判断，如果将非常（经营以外）项目损益包括在内，则难以评价企业正常经营活动的业绩，也难以判断企业的盈亏趋势。

可以看出，本期经营收益观特别强调的是“本期”和“经营”这个词，主张利润表应该反映的是通过本期的经营活动且是企业能够控制的经济活动所获得的收益。

依据本期经营收益观来确认企业收益，需注意两个方面的问题。

（1）经营收益与非经营收益的区分。经营收益是企业开展正常的生产经营性活动所获得的收益。正常的经营活动应该是在企业主要经营目标之下有目的、有计划的进行，而且企业管理人员能够控制此活动。在这种情况下，企业通过对所拥有的生产要素合理组合，并实施有效的管理而获取收益，即为经营收益。由此可见，经营收益具有经常性、可控制性。这种收益能够用来评价企业管理当局的业绩。非经营收益是指在企业正常的生产经营活动以外得到的经济利益，产生这种收益的事项不在企业的经营计划之内，该事项是否发生也不为企业管理人员所控制，且大多数由企业外部因素造成，属于这一类型的收益即非经营收益。这种收益不宜用来评价企业管理者的业绩。

（2）本期与非本期的区分。所谓本期通常指的是报告期，传统会计在会计分期假设下形成了本期、下期、上期的不同。根据权责发生制的要求形成了本期收益，即要求将仅仅属于本期经营活动所创造的收益列入本期收益，不属于本期经营活动所创造的收益则计入相应的其他各期。这样划分的目的是为了准确评价企业本期的经营业绩，而非本期的收益不能说明本期的经营业绩。

2. 损益满计观

损益满计观又称为综合收益观。这一观点认为，收益是除了资本之外的所有经济活动所带来的经济利益。即收益表中所列示的收益数额不仅仅包括经营收益，还包括非经营收益，持这种收益观的理由如下：

（1）经营收益与非经营收益的界限难以划分。如何划分经营收益与非经营收益，很难为会计实务提供一个统一的标准。由于企业经营活动内容的复杂化以及变动性，一项交易的收益在一家企业可能被划分为经营收益，而在另一家企业可能划分为非经营收益；在某一年度划分为经营收益，而在另一年度可能被划分为非经营收益，从而使得不同企业之间与不同年度之间的业绩难以比较。并且，从短期来看，一些事项可能是比较特殊并偶然发生的，但从较长时期来看，这些事项却可能是比较普遍并经常发生的。

（2）按照损益满计观编制的报表更具客观性与可验证性。在按照本期经营收益观编制报表的情况下，由于要由会计人员对某项收益是不是经营收益以及是否属于本期的问题进行判断，从而使其结果带有较大的主观性。而按照损益满计观来编制报表，由于不存在以上区分和确认的问题，因此不会加入企业管理当局和会计人员的主观判断，使收益信息更具客观性。针对同样的数据，即使不同的会计人员也能得出同样的结果，所以具有较强的可验证性。

（3）按损益满计观编制的报表更符合信息使用者的需要。如果对企业年度内所有收益进行全面的揭示，让信息使用者自己作出独立的分类处理，其结果比经过会计人员处理的收益信息更符合信息使用者的需要，因为会计人员的评判标准不一定能满足使用者的特定需要。

值得一提的是，在本期经营收益观下，人们总是将可能的收入纳入收益计算范围内，而将损失尽可能地纳入非经营项目范围，从而导致企业收益数据的失真和会计实务的混乱，这一结果促使损益满计观逐渐占据主导地位。

三、收益的计量理论分析

所谓收益的计量，是指对收益运用货币进行量化反映的过程，它解决的是按多少金额对收益予以记录的问题。收益一词虽然最早由经济学家提出，但对收益的计量却是从会计学开始的。收益的计量是伴随着对收益的确认而进行的一项重要步骤，在确定了是不是收益以后，它解决的是多少收益的问题。从广义而言，收益的计量包括在收益确认的范围之内。

收益的计量理论应该包括两个方面的内容，即计量模式的选择和计量方法的选择。

（一）收益计量模式的选择

通过收益计量而决定企业收益数值的大小，作为计量单位的货币就成为关键所在。然而，传统财务会计的货币计量假设有一个重要的前提条件，这就是币值稳定，即人们使用货币计量单位是假定处在币值稳定的环境下，通过计量而得到的收益就能反映企业的真实经营成果。

经济活动及市场的复杂多变性使币值难以稳定，在物价持续上涨即通货膨胀的情况下，企业一方面以历史成本计量各种费用，另一方面却以现时价格计量收入，从而使财务报表上的收益值并不能真正反映企业的真实经营成果。这种状况已引起会计理论界的关注，尤其是遭到了经济学家的批判。经济学家认为，财务报表应当反映货币价值的变化，即通过货币价值调整来反映企业的实际收益。近年来一些国家不同程度地发生的通货膨胀，也促使各国开始考虑对传统收益计量模式调整。

美国 FASB 在其《企业财务报表的确认和计量》中指出，选择某一计量属性应当要求这一属性具有可计量性、相关性和可靠性。根据这一要求，允许企业采用不同的计量属性，并进一步指出，目前财务报表中列报的各种项目，其计量属性并不相同，例如，原始成本、现行成本、现行市价、可实现净值等，视项目的性质及计量属性的相关性和可靠性而定。

企业收益的计量直接取决于企业对资产的计量，收益这一概念与资本保全观念是密切相关的。不论是经济收益，还是会计收益，都是在资本保全的基础上确认的。但是，不同的资本保全观点决定了不同的收益概念，从而也对收益的计量产生了不同的影响。实物资本保全观点下的企业收益是指在保持企业实际生产能力不变的前提下企业实际物质财富的增加，属经济收益范畴，在计量时，倾向于选择现行成本作为计量属性；而财务资本保全观念下的企业收益是指企业收入超过投入资本货币价值后的余额，属会计收益范畴，在计量时，倾向去选择历史成本作为计量属性。

将这两种不同的资本保全观点同名义货币单位和一般购买力货币单位这两种不同的计量单位进行组合后，我们得到了四种可供选择的收益计量模式，它们是：

（1）名义货币单位财务资本保全（名义货币单位历史成本），即以名义货币单位为计量单位，以历史成本为计量属性的财务资本保全观念下的收益计量模式。

（2）一般购买力货币单位财务资本保全（一般购买力货币单位历史成本），即以一般购买力货币单位为计量单位，以历史成本为计量属性的财务资本保全观念下的收益计量模式。

（3）名义货币单位实物资本保全（名义货币单位现行成本），即以名义货币单位为计量单位，以现行成本为计量属性的实物资本保全观念下的收益计量模式。

（4）一般购买力货币单位实物资本保全（一般购买力货币单位现行成本），即以一般购买力货币单位为计量单位，以现行成本为计量属性的实物资本保全观念下的收益计量模式。

（二）收益计量方法的选择

1. 收入费用法

收入费用法即通过收入与费用的直接配比来计量企业的收益。具体来说就是通过复式记账将净资产价值变动（除资本性交易以外）以收入、费用的形式加以表示从而确定收益，这就是收入与费用配比。收入费用法的使用使得资产负债表成了利润表的副产品。

收入与费用配比是指当某项营业收入已经在某一会计期间确认时，所有与取得该项收入有关的成本均应在同一会计期间转为费用，以便正确地计算收益。

这里的成本是指为购置资产所付出的代价（支付的货币金额）。成本又可划分为已耗用的成本和未耗用的成本。已耗用的成本是指为产生本期营业收入而已经被消耗，不管其是否支付；未耗用的成本是指不管其是否支付，要在以后期间耗费的成本，即为产生未来经济利益所用。企业收益是在收入与已耗用的成本即费用配比的情况下形成的，所以费用的含义实际上是指为产生经济利益的成本耗用。

在会计业务处理中，通常先确定营业收入何时实现，然后再确定相应的成本。对于成本，应当对其是否消耗进行确定，已耗用的成本应予以转销，并与营业收入配比而形成收益。未耗用的成本因仍具有未来经济效益，则应作为资产处理。

通过收入与费用配比的原则来计量收益，其主要优点是：（1）具有客观性和可验证性。因为以实际实现的营业收入与实际发生的费用为依据，在此基础上通过配比所得到的收益具有客观性也便于验证；（2）可得到合理的年度收益。由于在配比过程中采用了应计制，使在某一期间有因果关系的收入与费用得到配比，因此，计算的年度收益具有合理性。

通过配比方式取得收益也存在着缺陷，主要表现在间接配比方面。需要在各期分摊的各种费用，如折旧费、企业开办费、无形资产摊销等，这些费用在各个会计期如何分配往往缺乏准确的标准，含有较多的主观判断或者随意性。尽管如此，就目前而言，配比原则在财务会计理论与实务中仍然占有很重要的地位。

2. 资产负债法

资产负债法是基于资产和负债的变化来计量收益，据此，当企业资产的价值增加或者负债的价值减少时会减少收益，例如，企业买入一项价值 100 万元的投资，一年后，该项投资价值 120 万元，按照资产负债观，会计上将这项资产价值的增加而报告20万元的收益。然而按照收入费用法，会计上则不需要报告任何收益，因为企业还没有处置此项资产，相应的收益并未实现。

可以看出，资产负债法与收入费用法在具体会计处理上存在着显著的差异。按照资产负债法，企业的收益是当期净资产的增长额（不包括业主投资或派给业主款所造成的净资产变动），收益的确定不需要考虑实现问题；收入费用法则对已实现的收入和费用予以确认，在此基础上根据配比原则计量收益。

20世纪30年代以前，收益计量通常是资产计价的附属物，企业通过重置成本会计或定期进行资产评价的方法，将收益当作一定时期净资产的增长，即收益计量最初就是建立在"资产负债法"基础上的。30年代以后，随着企业经营活动的复杂化，仅根据期初期末净资产价值变动确定收益很难说明影响收益的具体因素，所以改为通过复式记账将净资产价值变动（除资本性交易以外）以收入、费用的形式加以表示，从而确定收益。利润表的作用显著大于资产负债表。应当说，在物价稳定、交易多为有形的生产经营活动的前提下，根据实现原则和配比原则所确定的收益与根据净资产价值变动所确定的收益是一致的。当交易进一步复杂、资产计价打破历史成本而引入公允价值、通货膨胀成为经济常态时，以实现原则为基础计算的收益就与收益的本来意义失去了一致性。

从目前的情况来看，收入费用法是会计实务中广为采用的方法，但某些会计准则倾向于采用资产负债法。例如，FASB在其发布的《论财务会计概念》第五辑中，将一个企业的综合收益定义为某一主体在报告期内，除与业主间的交易外，由于一切原因所导致的权益增减的程度和途径。

第三节　全面收益的形成

美国FASB在第四号财务会计概念公告中首次提出了全面收益这一概念，1984年FASB在SFAC NO.5中再一次提出全面收益的报告，应当成为一整套财务报表的组成部分。FASB全面收益是建立在资产负债收益观基础上的。

而传统的收益定义则是建立在收入费用受益观基础上的。全面收益由四大要素组成，这就是收入、费用、利得和损失。收益的确认与计量主要取决于收入的确认与计量及其相关费用的配比。

一、收入的确认

1. 收入的界定

对于收入的定义，主要存在两种观点：一种观点是着眼于企业日常活动所形成的经济利益总流入。如《国际会计准则第 18 号——收入》中，收入是指企业在正常经营活动过程中由于销售商品、提供劳务，以及由于他人使用企业资产而产生利息、使用费和股利的资产所形成的现金、应收款项或其他代价的总流入。美国 FASB 在《论财务会计概念》中将收入定义为：收入是企业在其持续的、经常性的业务活动中，因生产或交付了货品，或提供了劳务，或进行了其他活动，而获得的资产或清偿了的债务（或两者兼而有之）。另一种观点则不仅将企业日常活动形成的经济利益流入视为收入，而且将日常活动之外所带来的利益也视作收入，如澳大利亚的收入准则。

第一种观点是被广泛接受的定义。其特点是强调带来收入的是企业的日常活动，是指这种经营活动是在企业的主要经营目标之下、作为企业经济业务核心并持续不断进行的活动，收入不是从偶发的交易或事项中所产生；收入可能表现为企业资产的增加，也可能表现为企业负债的减少；收入只包括本企业经济利益的流入，不包括代收款项。在这一观点下，要求分清什么样的经济利益流入应该作为收入处理，什么样的经济利益流入不能作为收入处理。然而，也有批评者认为，该观点把收入的记录时点与收入的获取过程混淆了。资产的增加和负债的减少其原因是多方面的，收入只不过是其中的一个原因而已。

同时，还有从收入对所有者权益的影响来对其进行解释，即根据“资产-负债=所有者权益”，企业收入应当导致所有者权益的增加。但这一解释必须说明，如果将收入扣除成本费用后，其净额既可能导致所有者权益增加，也可能导致所有者权益减少，因此这里仅指收入本身对所有者权益的影响。

第二种观点认为，收入是企业在报告期内导致权益增加的未来经济利益流入。这种观点不仅包括了销售商品等日常活动形成的收入，而且还将一些非经常性活动如处置固定资产形成的经济利益也纳入收入范围。所以，这一观点对收入定义的外延要大于第一种观点。

近20年来，我国在收入的界定上也有明显的变化。《企业会计准则》(1992) 第四十四条中提出："收入是企业在销售产品或者提供劳务等经营业务中实现的营业收入。包括基本业务收入和其他业务收入"。在2002年公布的《企业会计准则——收入》中，对收入的定义为："收入是企业在销售商品、提供劳务及让渡资产使用权等日常活动中所形成的经济利益的总流入"。新准则（2006）除了再一次明确收入是在日常活动中形成以外，同时进一步扩大了收入的内涵，并强调收入会导致所有者权益增加而且与所有者投入资本无关。

可以看出，我国会计准则采用的是第一种观点的收入定义，这主要是出于如下考虑：在会计核算上，对于企业日常经营活动带来的收入与偶然事项产生的利益，会计处理有一定的差异。因此，将两类经济利益分开处理，有利于建立收入的确认和计量标准；正常经营活动带来的收入与偶然事项产生的利益在性质上有着明显的不同，分别提供信息，能更好地满足信息使用者的决策需要。

2. 收入的确认标准

收入的确认要符合四个基本前提条件：可定义性、可计量性、相关性和可靠性。在满足这四个基本条件的基础上，确认收入的一项重要标准就是实现原则。

实现原则（Realization Principle）的早期定义是：实现的最本质意义是资产和负债的变化足以确定而客观地保证在账上确认收入。此项确认可能要依赖独立团体之间的交换，或依赖于业已形成的商业习惯。

为了更好地应用实现原则，会计界寻找某些资产和负债变化的具体标准，于是对实现原则中"实现"的理解有了多种不同的解释。据美国会计学会的调查，20世纪80年代美国对收入确认的具体标准有：已赚取、可分配、是企业与外部进行交易而转换的结果、完成了法律销售或类似的过程、非资本业务、以流动资产方式存在、对所有者权益的影响都必须以高度的可靠性来进行估计。

对于一个正常经营的企业，其收入的取得是一个持续的过程。在持续经营的会计前提下通常按照权责发生制进行会计处理，所以，实现原则的理论基础就是权责发生制。该原则具体指导人们在收入确认上对时间的把握，即何时才对某一业务的收入予以确认。

美国 FASB 在《企业财务报表项目的确认和计量》中指出，收入通常在以下情况时才予以确认：已经实现或可实现、收入已赚取（Earned）。其中"已实现"实际上是指商品或劳务交易已发生，企业取得了现金或现金的求偿权；"可实现"则指商品或劳务拥有公开的市场和正常的销售渠道，随时可以出售；而所谓"已赚取"即指企业获得收入的某项交易活动已全部或大部分完成。

与美国 FASB 不同，国际会计准则委员会（IASC）对收入实现强调的是：所销售资产在所有权上的重要风险和报酬（Significant Risks and Reward of The Asset Sold）是否已转移给买方。其中"风险"是指所销售的资产由于损坏、报废或贬值等原因而带来的损失；"报酬"则指所售资产中含有的未来经济利益，包括资产的使用价值和因资产升值给企业带来的经济利益。据此，如果由一项资产而形成的任何损失和经济利益都与企业无关，则意味着所售资产在所有权上的重要风险和报酬已转移出企业，这被作为界定收入的确定时点。

我国企业会计具体准则基本上是采用了 IASC 的观点，新准则（2006）中规定：收入只有在经济利益很可能流入从而导致企业资产增加或者负债减少，且经济利益的流入额能够可靠计量时才能予以确认。企业销售商品时，只有同时符合以下 5 个条件，才能确认为收入：

（1）企业已将商品所有权上的主要风险和报酬转移给购货方；

（2）企业既没有保留通常与所有权相联系的继续管理权，也没有对已出售的商品实施有效控制；

（3）收入的金额能够可靠的计量；

（4）相关的经济利益很可能流入企业；

（5）相关的已发生或将发生的成本能够可靠地计量。

可以看出，我国在收入的确认上强调实现，尽管人们对实现含义的理解不同，有的理解为交易的实现，有的理解为经济利益的实现，还有的理解为由交易产生的货币资金的获得，而以上条件的组合为避免不恰当的理解作了很大的努力。因此，收入实现就意味着商品和劳务已由卖方转移至买方，而且销售企业取得了现金或其他资产的要求权。

美国财务会计准则在对收入的确认上，并不将“实现”作为一个绝对的决定因素，它只是指导人们在收入概念范围内确定何时才能客观地根据有关事件进行会计记录，而记录的这一时刻应当是不确定性已减少到可以接受的程度。由此可见，这一观点将收入确认中的判断留给了会计人员。就我国目前的会计环境而言，这一模式并不适合我国。

3. 确认收入实现时点的方法

企业创造并实现收入的过程是由若干个紧密相关的经营环节组成：生产经营期间、生产完成时、销售时、收款时。究竟在该过程中的哪一个时刻确认为收入，在应计制基础上来核算企业当期收益的情况下，这一问题显得尤其重要。因为这一时点定位的不同而决定了企业各期收入水平的不同，会计人员认为应当在符合收入条件的最早时刻进行确认。这一实现时点应当是收入实现的关键事件（Critical Event），这些关键事件是什么？对此有不同的看法，由此形成了多种不同的确认方法，其中三种主要的观点是生产完成时确认收入、销售时确认收入以及收款时确认收入。

（1）在生产完成时确认收入。该方法根据产品完工基础（Completion - of - Production Basis）来确认相应的收入，因为在产品完工时生产成本已可以准确地计算出来，尽管售价、销售费用以及运输费用这些因素尚不确定，但可以合理地估计，所以在生产完成时确认收入有较充分的理由。从经济学的观点看，对于很多行业，生产活动是企业经营活动的关键环节，价值是从企业所有必需的经济活动中形成的，尤其是生产活动。然而，在生产完成时确认收入，这首先取决于对追加费用估计的准确程度，然后是在此基础上所确定的销售价格。而前者在有些情况下确实也能够相当准确地计算，比如产品的运输有合同；但是销售价格的确定除了受生产成本与追加费用的影响之外，还直接受市场的影响。在市场不稳定的情况下，选择产品完工时确认收入就难以保证收入确定的准确性，所以美国会计原则委员会认为，在生产完成时确认收入只适用于那些“有固定的销售价格、较小营销费用的贵金属”。在现实中，采用生产完成时确认收入的主要障碍是：缺乏稳定的产品市场。

（2）在销售时确认收入。长期以来，收入确认的销售基础（Sales Basis）已成为一般原则。这是因为产品的生产过程已结束并远离企业，从而使生产成本与追加费用都已能确定；交易已发生，销售价格不但明确可靠而且得到了保证；在多数情况下，销售被认为是企业经济活动中最重要的财务事项。

在销售时确认收入具有明显的合理性，但是经济活动中存在的不确定性也会使该方法的运用出现一些难题。如销货退回问题，部分或全部退货的发生导致已确认的收入被取消。此外，收取货款中客户的信用问题以及一些追加费用等，都是影响收入确认的难以预料的因素。

在销售时确认收入涉及业务中的一些技术细节，处理时的标准不同也会导致不同的收入结果。如从法律的角度看，当商品的所有权转移代之以求偿权产生时，销售行为就已告成立。但是也有客户在表示了购买意愿后，商品已分开存放时就认为销售已成立。很明显，后一种销售事实并不充分。

（3）在销售之后的收款时确认收入。收取销售商品的货款，这一事项虽然在企业创造新价值的经营过程中并不重要，但这是一项重要的财务活动，是企业获得经营成果的最直接体现，所以应当将收取货款视为关键事件。这种做法将销售收入的确认推迟到销售（服务）活动时点以后，从经济学的角度看缺乏理论依据。通常认为只有在销售收入金额无法合理计量的情况下，才将收入的确认推迟到销售时点之后。例如，收到的是非货币性资产而又无法正确评估其价值，收入计量的条件不成熟而推迟确认。

实际上在现实经济活动中，却存在以收到货款为基础（Payment Basis）确认收入方法的应用，最常见的就是分期收款销售。由于这一类业务通常收款期很长，对销售企业而言风险很大，从稳健原则考虑，将收入的确认放在实际收取货款的各个时点上比较合理。

上述三种确认收入时点的方法主要在企业营业活动中应用，而企业除了营业收入以外，还会由于转让企业的其他资源或资源的使用权而获得经济利益。如出让资产的使用权而形成的利息、租金，变卖产品以外的其他资产和对外投资获得的收入等。对于这些非营业活动收入的确认：当该项交易活动及其所带来的收入是一次性完成时，则在交易发生时确认为收入，如出售非流动资产；当某项交易活动具有延续性且所带来的收入是多次形成时，则应逐期随着经济利益的形成而予以确认，如利息收入。

二、收入与费用配比

（一）费用的性质

费用与收入一样，都是财务会计的基本要素之一，同时也是构成企业收益的重要项目，然而费用与收入恰巧相反，它表现为企业经济利益的流出，具体表现为资产的流出和负债的增加。费用与收入都具有行为属性，佩顿和利特尔顿在1940年合著的《公司会计准则导论》中提出，费用是对努力所作的计量，收入是对成就所作出的计量。然而，长期以来对于费用的具体含义却有着不同的认识，美国的会计专业机构给费用下的定义也在不断发生变化。

美国AICPA早期给费用下的定义是：费用是指从营业收入中扣除的已耗用的成本（Expired Cost）。该定义将费用与成本相联系，由此而确定费用的性质为成本。1970年，美国会计名词委员会在发布的第四号说明书中，将费用定义为“因企业改变所有者权益的那些盈利活动中所产生的资产的减少或负债增加的总额”。这一定义将费用与净资产相联系，并在进一步的解释中指出，费用具体包括：为形成收入而耗用的资产的成本（如销售成本、销售费用与管理费用等）；从非交互转让及非常事故而形成的成本（如税收、火灾等）；处置产品以外的成本；徒劳无功的成本；待售存货市价的下跌。从以上所列项目可以看出，该定义不但包括了企业在正常经营活动中必然产生的成本，也包括了偶然事件所形成的耗费，可见这是一个广义的费用定义。

1985年，美国FASB在第六号概念公告中，将费用定义为：费用是某一主体在其持续的、主要或核心业务中，因交付或生产了货物，提供了劳务，或进行了其他活动，而付出的或其他耗用的资产，或因而承担的负债（或两者兼而有之）。很明显，FASB的费用定义是个狭义概念，将由企业主要经营活动所发生的耗费确定为费用，而非主要经营活动形成的耗费或资源的流出称为损失（Losses）。

IASC 在《关于编制和提供财务报表框架》这一文件中，将费用定义为：费用是指会计期间经济利益的减少，其形式表现为由资产流出、资产损耗或是发生负债而引起业主权益的减少，但不包括与所有者分配有关的类似事项。IASC 的费用定义是广义的，之所以将日常活动以外的所有资产流出都纳入费用，是认为这些耗费也符合费用的定义，同样也导致企业经济利益的减少，这与其他费用没有差别，所以不应当分别对待。

我国对费用的认识也经历了一个过程，在 1992 年制定的《企业会计准则》（基本准则）第四十七条中，对费用所下的定义是："费用是企业在生产经营过程中发生的各种耗费。"对于这一定义，业内人士曾经提出批评，主要认为：该定义将费用定义为耗费，不但犯了循环定义的逻辑错误，而且也未能揭示出费用的本质。因为费用是与收入密切相关的会计要素，两者存在直接的因果关系，既然收入的本质是经济利益的总流入，那么费用的本质就应当概括为经济利益的总流出。我国会计准则中的费用定义比较宽泛、不明确，存在的最明显问题是未对"耗费"一词作出界定，在实践中容易引起争论。比如偿债性支出是不是耗费，经营活动以外的支出是不是耗费等。

于是，在 2001 年颁布的《企业会计制度》中对费用重新作出了表述：费用是企业为销售商品、提供劳务等日常活动所发生的经济利益的流出。2006 年修订的《企业会计准则》在以上含义的基础上，进一步强调费用应当与所有者利润分配无关，而且会导致所有者权益减少的经济利益上的总流出。我国会计准则强调导致经济利益流出的活动是"日常活动"，即指生产产品、提供劳务等主要经营活动。因此，所采用的是狭义的费用定义。很显然，我国这样定义费用是为了与前述的收入定义相对应。

（二）费用的确认

费用的确认关键是时间问题，即何时确认为费用，这在很大程度上取决于对收益的认定。若认为收益是企业价值的增加，则意味着当企业价值减少时就应当确认为费用；如果强调现金流量收益的概念，则会认为应当在现金支出实际发生时确认为费用。传统的应计制似乎介于这两者之间，倾向于前者，即主张费用应当在有关收入被确认的期间内予以确认。

根据费用的定义，费用是在销售商品、提供劳务等日常活动中所发生的，而且其发生的目的是为了获得收入，可以说，获得收入的过程中必然伴随着费用的支出，所以费用的确认与收入是紧密联系的，这一确认的过程就是收入与费用配比的过程。

对于配比（Matching）这一概念，美国会计学会曾提出，配比是以报告收入的因果关系为基础来列报费用的过程。或者说，净收益的度量是一个期间的收入大于同一期间相关费用的部分。实际上是要求在收入与费用之间要有一个合理的关系，符合这一条件的配比才是恰当的。

尽管费用是为了取得收入或收益而发生的，但费用的种类很多，并不是所有的费用都能带来收入，因此有时要找到收入与费用之间的恰当关系并不是很容易。然而经过长期的会计实践，逐渐形成了可用来指导会计实务的基本标准。

会计上实施收入与费用配比，主要是通过对象化和期间化来实现的。

1. 根据因果关系对象化

根据因果关系确认费用又称为直接配比，也就是根据收入与费用之间的内在联系直接进行配比。具体地说，某一项（或多项）费用的发生与某一笔收入的形成相关联，则在确认这项收入时应当确认相联系的费用。对于各笔费用，凡是能够明确其为之服务对象（营业收入）的，就应当将两者结合进行配比，因为收入的产生与该项费用之间有着直接的因果关系。例如，为生产A产品而消耗的原材料费用就应当与A产品的销售收入结合，从而得出A产品所带来的收益。

2. 根据受益原则期间化

将费用按照受益原则期间化处理，包括了两种情况：

系统而合理地分配费用。费用与营业收入之间没有可认定的因果关系，在确定该项费用能产生未来经济利益时，就应当以系统而合理的方式，将费用分摊于各受益期间，是收入与费用实现间接配比。例如，为购置固定资产所支付的成本，应在固定资产发挥效用的期间，通过系统而合理的折旧方式将其结转为费用，并与该期间收入配比。将费用通过分配实现间接配比，会受到会计人员或管理人员主观因素的影响，可能使费用分配的结果失去客观性。因此，需要一些具体规则来予以规范，如分配期限的选择、计算分配额的方法等。

支出发生时即确认费用。在企业的各种支出中，有很多属于联合成本，即某一笔支出不是为了某一项产品或某一个会计期间的收入所发生的，这种联合成本往往很难实现合理的配比，因而可采取相对简便的方法，即对于因无法预期未来经济效益而不能作为分摊依据的成本，或者虽不与某一笔收入直接相关但却与某期间的总收入相联系的支出，则在发生的当期转为费用，如企业管理活动中所发生的费用。

我国《企业会计准则（2006）——基本准则》在第七章费用中提出：企业为生产产品、提供劳务等发生的可归属于产品成本、劳务成本等的费用，应当在确认产品销售收入、劳务收入等时，将已销售产品、已提供劳务的成本等计入当期损益。

企业发生的支出不产生经济利益的，或者即使能够产生经济利益但不符合或者不再符合资产确认条件的，应当在发生时确认为费用，计入当期损益。

费用的确认通常会导致资产的减少或者负债的增加，具体表现为现金或现金等价物的流出、固定资产和无形资产的损耗、存货的流出或者耗用等。

配比是财务会计理论中的一个重要概念，作为确认企业收益的一条原则在会计实务中发挥着重要的作用。一方面人们对配比原则给予了很高的重视，但另一方面也对它提出了批评。

配比原则要求找到收入与费用之间的合理关系，而在间接配比的情况下，虽然很多支出与本期收入存在着一定的联系，但却很难找到一个有充分说服力的分配基础，所以对于这种类型的费用通常都是以某种假定为前提而进行配比的（尽管这种假定是建立在相对合理的依据上），如对固定资产折旧和无形资产摊销期的确定。这种人为的、多少带有一点臆断的分配可能比不分配更容易使人误解。所以，配比原则只不过是一个非常抽象的规范观念而已，其结果必然是人们在费用的确认上增加了主观随意性，从而影响会计信息的客观性与可靠性。

此外在收入与费用配比过程中，企业未耗用的成本视为资产，并进入了资产负债表。这些待结转的余额被认为是为获取未来期间收入而预付的费用，从而使资产负债表从属于损益表。这与资产负债表的本质——反映企业在某一特定日期的资产、负债和所有者权益情况相矛盾，反而成为了反映耗用成本的一个附表。因此，配比原则导致了人们对资产负债表作用的误解。

三、利得与损失

企业经济活动的多样性与不确定性除了使企业付出成本而获得相应的收入以外，还可能发生一些其他的经济利益的流入或流出，对此，目前财务会计一般认定为利得和损失，并认为，利得和损失是与企业正常经营活动没有直接关系的事项所造成的有利或不利事项。对利得和损失的确认实际上取决于对收入定义的认识，在狭义收入定义下，需要确认利得和损失，而在广义收入定义下，由于将日常活动之外的活动所带来的利益也视作收入，则不存在利得和损失的确认问题。

（一）利得

利得（Gains），通常是指不直接与创造企业正常收入经营活动相关联的事项所带来的收益。之所以称之为利得，是由于它往往是一种意外的或偶然的获得。

美国注册会计师协会下属的会计名词委员会曾在其公布的第二号《会计名词公报》中，认为收入是企业在正常经营活动过程中所产生的，而利得是指非正常经营活动过程中的溢余。

美国 FASB 界定的收入是一个狭义概念，即收入不包括利得。它指出，利得是某一主体除来自营业收入或业主投资得到的收款之外，来自边缘性或偶发性交易，以及来自一切其他交易和其他事项与情况的权益（净资产）的增加。

我国会计准则过去一直未采纳“利得”这一概念，但新准则（2006）在第五章第二十七条中明确指出，利得是指由企业非日常活动所发生的、会导致所有者权益增加的、与所有者投入资本无关的经济利益的流入。

由此可见，利得与收入共同构成了企业的收益，但两者的来源不同，并由此而形成两种不同性质的收益。利得与收入的区分是以正常经营活动和非正常经营活动的区分为前提的，这种区分的目的是为了提高财务报表信息的有用性，使信息使用者了解企业盈利的质量。

利得的计量与收入的计量相类似，它所依据的是所获得或所确认资产的现时价值。同时，由于很多利得与交易相关，为了确认利得，需要将在交易中获得的利益与其过程中的付出进行比较，利益超过付出的部分才能作为利得。比如，资产出售时其账面价值或其他所记录的价值就应当作为确认利得的基础。可以看出，收入的配比原则同样适用于利得的确认和计量。

确认利得的时间与确认收入的时间也基本相似，即在交易或事项发生时确认利得。有观点认为，证券市场上股票价格的上升是符合确认利得的条件的，这种利得不仅已形成而且是可以计量的，不予以确认是不符合会计一致性原则的。

（二）损失

"损失"一词在会计上有多种解释，一般来说，是某一期间费用大于收入的部分。但损失不是亏损，有必要将损失概念区分于亏损及费用。首先，损失是企业非正常活动中所发生的，它不同于经营亏损。经营亏损是在企业正常经营活动中，由于多种因素而导致收入小于成本的部分，而且费用是可以预计的。但是损失通常不是一种正常的支出，如果它们是获得收入过程中不可或缺的项目，则应当包括在费用中。损失大多是未曾预料到的经济利益的流失，也就是由偶然性事项所引起的。当然，如果能够预计到损失的发生，也许能够避免，或者采取相应的预防措施，这就不作为损失而计入费用了，如坏账准备金的处理。

据此我们可归纳出损失的两个主要特点：一是发生于非正常经营活动，二是由于偶然的事件所产生。由此可看出，损失与利得具有同样的特性，只是对企业经济利益的影响正好相反。

我国企业准则（2006）对于损失的界定是：损失是指由企业非日常活动所发生的、会导致所有者权益减少的与向所有者分配利润无关的经济利益的流出。

损失的确认时间与费用有些类似，大多在损失发生时予以记录，比如处置不再使用的设备或因自然灾害所造成的损失。但如果某项资产价值的减少是在若干期间内逐渐发生的，则难以确定在何时记录损失。从理论上讲如果一项资产失去了预期的价值，且在将来不可能恢复时，就应当将其列为损失，而不应推迟至该资产最终报废时再作处理。然而要随着资产价值的减少而及时确认损失，这对会计实务提出了较高的要求，操作上有一定的难度。

尽管成本以其账面金额记录代表了购置时的实际价值，但是，以现时价值作为损失列报的量度可能会更恰当些。总之，如果某项损失能够确定而且其金额也能够准确地予以估计，则一旦该损失能辨认就应当立即确认，不应有意识地结转到以后各期。

四、全面收益理论的形成

1980 年 12 月，美国 FASB 在第四号财务会计概念公告中首次提出了全面收益这一概念，并将其定义为：企业在报告期内除去业主投资和分派业主款以外的交易、事项和情况所产生的一切权益（净资产）的变动。

1984 年 12 月，美国 FASB 第五号财务会计概念公告指出，全面收益的报告应当成为一整套财务报表的组成部分。1997 年，FASB 正式公布了第一百三十号财务会计准则《报告全面收益》。全面收益包括净收益和其他全面收益，其中：净收益仍由利润表提供，只反映已确认及已实现的收入（利得）和费用（损失）；其他全面收益则涵盖那些已确认但未实现、平时不记入利润表而在资产负债表部分表述的项目，包括外币折算调整项目、最低退休金负债调整、可销售证券的利得和损失。

为什么这些已确认但未实现的利得或损失不能在利润表中列报，而要增设第四张报表呢？其原因主要是：这些已确认但未实现的利得或损失差不多都是持有损益，具有较大的不确定性。利润表中的净利润反映企业管理者当期的经营业绩和效率，是企业管理者年薪中奖励部分的计算依据，也是某些银行借款或债务重组债权人计算利息应采用利率的契约履行的条件。至此，全面收益的报表便成为美国企业财务报表体系中的第四张报表。

1998 年 6 月，FASB 又发布了第一百三十三号财务会计准则《衍生工具和套期保值活动的会计处理》，要求计量符合资产和负债定义的金融资产和金融负债，运用公允价值计量，并在当期损益或其他全面收益中确认有关用来避险的衍生工具的公允价值变化或现金流量的变化，包括对预期的以外币标价的交易进行避险的衍生工具的利得或损失。

20 世纪 90 年代以来，国际会计准则委员会及英、法、澳等国纷纷颁布实施了业绩报告准则，引入公允价值计量属性，要求报告全面收益。

IASC 于 2001 年 4 月改组为国际会计准则理事会（IASB），并且制定了会计准则立项远景规划，业绩报告是其确定的旨在确保其主导地位、促进会计准则趋同化的四个项目之一，由 IASB 与英国会计准则委员会合作研究。这一项目主要涉及企业与所有者以外的其他各方之间的交易或事项所引起的资产和负债的变化如何在财务报告中列报的问题。

西方各国关于全面收益理论的研究思路是一致的，即全面收益的理想内涵是：建立在“资产负债观”基础之上的报告期内企业与所有者以外的其他各方之间的交易或事项所引起的净资产的变动额。这一认识突破了传统会计收益的实现原则，引入了公允价值，使公允价值作为计量属性的使用成为一种必然的趋势。同时也突破了利润表的局限，把全部已确认但未实现的利得或损失纳入财务报表中。

随之而来的问题是，如何使会计实务尽可能地与理论相契合。有人提出，完全契合的做法是放弃实现原则，而把两个资产负债表日之间所发生的资产、负债公允价值的所有变动包括已实现和未实现的，均在单一的全面收益表中进行反映。但由于实现原则的客观性及实务操作的困难性，不得不寻求一些可行的折中做法。既不放弃实现原则，又能反映价值变动。英国的全部已确认利得和损失表、美国的全面收益表均是这种折中表现的结果。

全面收益理论的意义在于，首先，它采用“资产负债观”代替“收入费用观”来确认收益，解决了当前会计计量和报告中存在的一些难题，从而为今后确认和计量更多的可实现利得与损失（特别是与金融工具有关的业务所产生的利得与损失）开辟了道路。其次，全面收益比净收益更能帮助会计信息使用者准确、及时预测企业的未来现金流，也增强了财务报表关于企业财务业绩信息的完整性和有用性。

对于我国来说，目前已有不少利得项目绕过利润表而直接进入资产负债表中的所有者权益项目。有的上市公司借此操纵收益，使得业绩报告严重失真。采用全面收益计量，有助于改进我国上市公司信息披露质量，使未实现利得不再成为企业的“收益储存器”，在一定程度上增加利得的透明度，由此而减少了企业管理当局进行盈余管理、利润操纵的空间。

基于以上原因，并考虑到与国际会计准则的协调，我国已在会计准则的制定上表现出了相应转变。企业会计准则（2006）中指出，利润是指企业在一定期间的经营成果。利润包括收入减去费用后的净值、直接计入当期利润的利得和损失等。

第四节　收益与现金流量

一、收益与现金流量的关系

现金流量是指一个企业在特定的会计期间现金的流入量、流出量及其两者相抵后的差额。现金流量表编制前提是现金基础范围大小的确定。在 20 世纪 70 年代以前，人们对现金流量信息没有引起足够的重视，其主要原因在于经济环境的差异。赊购、赊销远不像现在这样普及，通常销售的实现就意味着现金的流入，收益信息就足以对企业的经营成果作出恰当的反映，不需要另外提供现金流量的信息。然而，在以高度发展的信用为主要标志的现代经济环境下，企业账面的销售收入与实际的资金周转相差甚远，在这种条件下，建立在传统会计方法基础上的收益数据已不能满足信息使用者的信息“决策有用性”需要，从而对现金流量信息更加关注。

收益与现金流量有着密切的关系，收入的形成必然引起现金流量的变动，而现金流入量与现金流出量相抵销后的差额，即净现金流入量，就是企业实现的现金收益。

在企业持续经营的一个较长时期内，收益流量与现金流量在价值量上应当是大体上相等的。因为按照权责发生制原则，本期所确认的收入不一定在本期收回现金，在正常情况下应当在下期或随后的期间收回现金；本期所确认的成本费用不一定在本期发生现金流出，但可能在上期已付出现金或将要在随后的期间付出现金。具体到某一会计期间来看，两者往往是不相等的，其原因主要在于：(1) 资本性支出。资本性支出在付款时是现金流出，以后以折旧形式在其估计的受益年限内作为收益的减项予以冲抵。在任何一个会计期间，如果资本性支出与折旧额不等，在其他条件不变的情况下，其差额就是现金流量大于或小于收益的数额；(2) 存货的周转。对于库存商品和在产品的增加，付款时是现金流出，只有以后出售并获利时才能补偿。因此，在一个会计期间，如果未售存货增加，现金流量则要低于净收益。如果存货减少，则反之；(3) 商业信用的客观存在。如果在一个会计期间应收账款增加，现金流量可能低于净收益，而应付账款增加，现金流量可能高于净收益。在应收账款或应付账款减少时，情况则正好相反；(4) 流动资金。如果有一笔与经营活动无关的资金进入企业（接受捐赠）或企业偿还借款，这些事项显然都导致了现金流量的变动，但它们只影响企业的资产与负债，与收益无关。

收益与现金流量虽有差异，但又是相互联系的。按照企业经济业务类型的不同，现金流量分为经营活动的现金流量、融资活动的现金流量和投资活动的现金流量。其中，经营活动的现金流量指与本期净收益计算相关的交易及其他事项所产生的现金流入和流出。在编制现金流量表时（间接法编制），经营活动的净现金流量是以本期净收益为基础而求得的。具体地说，净收益加上那些未导致现金流出的费用（如折旧费），减去那些没有带来现金流入的收入项目（如债券溢价的摊销、资产盘盈）和不属于经营活动成果的收入（如出售固定资产的净收益），再加上或减去除现金外所有流动资产和流动负债项目的本期变动净额，最后得出生产经营活动所提供的净现金流量。

二、收益与现金流量的分析评价

企业在某一期间的经营成果可通过财务报表上所披露的收益予以反映，那么报表收益与现金流量数据哪一项信息更为重要，对此，会计界有不同的看法。主张收益信息更重要者认为，收益信息比现金流量信息全面，特别是在评价一个企业的短期盈利能力时，现金流量是无法替代收益的；而主张现金流量信息更重要者则认为，现金流量是企业主体活动的最终成果，企业价值是决定于企业的现金流量，而不是权责发生制下的收益。这两种观点相持不下，至今无定论。

如果在一个正常的经营环境下，有一个诚信基础较好的市场，而且企业经营者的诚信度也较高，那么权责发生制下的净利润流量能更好地反映企业的真实业绩，但是对于一个企业掩盖真实经营情况的企业来讲，净利润就会含有操纵账面数的可能，而现金流量指标在收付实现制基础上产生，并且需要由第三方机构——银行提供原始凭证和相关数据，所以普遍认为现金流量指标的真实性更高。

因此，我们有必要将收益与现金流量指标结合运用，在利用收益数据的同时，通过现金流量来评价企业收益的质量。通过这种分析和评价，有助于解释为什么有的企业有盈利却没有足够的现金支付工资、分配股利和偿还债务。反之，有的企业没有盈利却有足够的现金偿还债务，甚至对外投资。

对收益与现金流量进行分析和评价的方法主要是利用与二者相关的指标进行对比，常用的主要有六个指标，如表 8－1 所示。

表 8－1　　收益与现金流量指标分析表

指标名称	计算方法	指标意义
销货收现率	销货收到的现金 ÷ 销售收入	反映每单位销售收入中实际收到的现金
成本付现率	销货支付的现金 ÷ 销货成本	反映每单位购货成本中实际付出的现金
营业利润变现率	经营活动净现金流量 ÷ 营业利润	反映实现的账面利润中所含有的现金利润水平
投资收益变现率	投资活动净现金流量 ÷ 投资收益	反映投资收益中变现收益的含量
净收益变现率	净现金流量 ÷ 净利润	反映全部收益中收回现金的收益水平
净利润现金差异率	（净利润－调整后的经营现金净流量）÷ 上年总资产	反映企业经营业绩质量及其变化

对于表 8－1 中的第六个指标有必要作如下说明，提出该指标的思路是：从理论上讲，当一个企业的经营业绩下滑时，与净利润对应的现金流量也必然开始下滑，所以现金流量指标的变化在一定程度上也可以反映企业业绩的变化。如果企业操纵盈余，尽管利润被抬高了，但与净利润对应的现金流量却因难以作假而基本保持不变，两者的差异会比其他企业要大，有助于发现

企业的盈余操纵行为。

净利润现金差异率指标计算公式中有一项“调整后的经营现金净流量”，之所以要对经营现金净流量进行调整，原因是财务报表中的净利润与经营现金流量的计算口径不一致。调整公式如下：

与净利润计算口径对应的现金净流量 = 经营现金净流量 + 取得投资收益所收到的现金净额 + 处置固定资产、无形资产和其他长期资产而收到的现金净额

上式中，与净利润计算口径对应的现金净流量即调整后的经营现金净流量。根据这一指标，可以计算调整后的每股现金指标，即：

调整后的每股现金 = 调整后的经营现金净流量 ÷ 总股数

总之，对于不同的信息使用者，收益信息与现金流量信息可能起到不同的使用效果，因此应当根据分析问题或决策的目的而合理使用，重要的是应当认识这两者之间的联系与差异。一般而言，收益与现金流量之间的差异越小，企业收益的质量越好。而且，前期经营活动的收益水平也有助于对未来现金流量的预测。如果要全面地评价一个企业某一期间的经营业绩，收益与现金流量信息结合运用是恰当的。

第九章 财务报告及其改进研究

第一节 财务报告披露的管制理论

财务会计的基本目标是向企业外部使用者提供有助于其进行经济决策所需的财务信息，会计信息披露是将直接或间接地影响到使用者决策的重要信息以公开报告的形式予以提供。对会计信息的披露有自愿性披露和强制性披露两种，与此相对应的会计信息披露理论就有管制与非管制之分。通常意义上的管制，是指依据一定的规则对构成特定社会的个人和构成特定经济的经济主体的活动进行限制的行为。管制依据其主体不同，可分为私人管制和公共管制。会计管制一般指的是政府对会计信息市场的干预，包括对会计信息的供求关系及会计信息质量、数量与表现形式的管制。从会计信息生成过程来看，会计管制包括对会计信息的确认、计量和披露的管制。由于会计确认和计量是财务报告的基础，因而，会计管制集中体现在对财务报告所披露的会计信息的供求关系及内容与表达方式上。虽然强制性信息披露制度本身存在着缺点，但是在世界范围内，目前基本上仍以强制性信息披露为主导。

一、财务报告披露非管制论

财务报告非管制论的主要依据是代理理论和信号传递理论。非管制论认为，代理理论、信号传递理论和资本市场竞争性的存在、订立私人契约等将支持会计信息的自愿性披露，它们激励企业披露自身信息，所以无需对会计信息披露进行管制。

（一）代理理论

代理理论旨在预测和解释企业各方的行为。代理关系是一种契约关系，在这种契约关系下，一人或多人（委托人）雇用另一人代表自己从事某些活动。代理理论假设代理关系各方均追求自身利益最大化。公司是由代理关系所连接而成的，其中主要代理关系存在于企业管理层和企业所有者之间。管理层和所有者的目标可能并不完全一致，管理层为了追求自身效用最大化，有可能作出对所有者利益造成损害的行为。所有者感兴趣的是投资利益最大化和证券价格最大化，而管理层却有着更为广泛的经济和心理需求，其中包括通过雇用契约来使他们的总体报酬最大化。基于这种潜在的利益冲突，为了使管理层有足够的动力去自动选择有利于所有者的行为，所有者就会积极地同管理层订立契约，与管理层事先确定一种报酬机制，让管理人员的收入与企业的利润挂钩，使得双方之间的冲突最小化，将双方利益最大限度地结合起来，而对管理层执行契约的情况进行监督是会产生成本的。代理理论认为，这些成本会降低管理层的报酬，因此管理层就有了不与所有者发生冲突从而保持低成本的动机。“非管制论”认为，管理层通过财务报告向所有者报告受托责任的履行情况，故财务报告是所有者监督代理契约、缓解冲突关系的一种途径，管理层为使代理监督成本最小化，便会向所有者报告可靠的经营成果。如果所有者认为会计报告可靠，那么代理监督成本就会被降到最低的程度。因为对管理人员的判断和奖励或多或少地依赖于管理者的报告。可靠的报告会提升管理者的声誉，好的声誉会带来较高的报酬。

（二）信号传递理论和资本市场的竞争性

在竞争性资本市场中，公司相互争夺稀缺的风险资本，为了在风险资本市场的竞争中取得成功，自愿进行披露是必要的。如果企业在财务报告方面有着很好的声誉，那么企业筹集资本的能力就会提高。此外，好的声誉会降低企业的资本成本，业绩不佳的公司虽然可以不披露会计信息，但为维护其在资本市场中的一贯信誉，也将不得不披露会计信息。这样一来，资本市场就形成了自愿披露会计信息的机制，“非管制论”还运用信号理论，对自愿披露会计信息的经济动机作了类似的分析。公司内部人员与外部人员之间存在着信息不对称的现象，外部人员（如投资者）面临更大的信息不确定性。他们为保护自己的利益，只愿给公司出较低的价格，故公司自愿披露可靠的、与其自身相关的信息，以提高公司的投资价值。

（三）订立私人契约

任何人真正想要得到信息时，可通过不同方式获得，如直接与公司联系取得信息，或与信息媒介联系间接地取得信息。如果某些信息超出了公开、免费范围，则可通过购买的方式获得。正因为如此，市场的力量就能导致信息资源的最优化配置。证券市场不仅仅是有价证券的市场，而且还是信息的市场。由于存在个人通过订立契约获得额外信息的机会，“非管制论”认为强制披露是没必要的，也是不合适的。当市场的力量决定会计信息的供给和披露时，信息需求便能最优化地得到满足。

二、财务报告披露管制论

通常要求进行会计信息的强制性披露有两个理由：一个理由是市场失灵，需要强制性的披露来达到最佳配置，防止出现会计信息供给不足和垄断定价；另一个理由是市场可能会背离社会目标，即没有向市场传递充分的信息，需要强制性的披露来最大化地实现社会目标。

（一）市场失灵

信息经济学认为，由于存在不完全信息或信息不对称导致的市场参与者的信息差别，市场失灵不可避免。市场失灵主要表现为“逆向选择”和“道德风险”两种形式。为了减少市场失灵的影响，需要政府作为监管者来弥补市场的缺失。市场失灵关注的焦点在于，企业是会计信息的独家提供者，财务报告不能防止欺诈，以及会计信息具有公共物品性质。

（1）企业是信息的独家提供者。一种观点认为，出现市场失灵的原因在于企业是其自身信息的独家提供者，如果不对市场进行管制，它不仅会限制会计信息的生产，而且为垄断性定价创造机会。与非管制相比，强制性信息披露会为社会带来更多的信息而且成本也更低。既然企业是一个垄断者，有关这一具体企业的信息的生产是具有规模经济的，作为一个垄断生产者，企业可能对信息的生产不足（报告不足）并索取垄断价格。会计管制论认为，实施强制性报告要比让个体相互竞争从而私下以垄断价格购买信息更好。换言之，强制性公开化的信息披露对信息的需要者来说，可以大大地节约成本，因为大多数基本信息都是内部会计系统生产的副产品。如果边际信息生产成本很低，那么与强制性财务报告相关的社会成本也很低。但是，如果所有的人都去购买相同的、不对外公开企业信息，是对社会资源的极大浪费。

（2）财务报告和审计的失灵。即使在实施管制的情况下，会计信息披露的质量仍受到了普遍批评。这些批评主要集中在会计和审计准则不够完善、企业管理层在选择会计政策的弹性过大，以及注册会计师审计失误等问题上，这些问题导致会计信息系统在保护公共利益方面是失败的。良好的信息质量，将增加投资者对证券市场公平性的信心，从而导致更好的投资决策和更优化的资源配置。管制的倡导者对是否可以相信企业会充分而准确地进行报告提出了质疑。事实上，资本市场的竞争性本质甚至会诱导一些企业在短期内作出误导性的报告。因此，会计管制不仅是必要的，而且可以从公众的利益出发，去防止一些企业作出不良的或误导性的报告，这是对竞争性资本市场会通过信号激励产生良好的自愿性报告观点的驳斥。

（3）会计信息是一种公共物品。公共物品是指一个人对其进行消费不会减少其他人消费机会的物品，而私人物品则有严格的产权性质，不购买就无权消费这种物品。管制论认为，会计信息可以在不同人之间免费传递，每个人都能够消费无须付出代价，公共物品的供给方无法将生产成本转嫁给信息消费者，企业就不会有强烈的动机去生产和销售本企业的会计信息。会计信息的生产导致了所谓的外部性，外部性的结果会使生产者生产这种公共物品的动机非常有限。因为会计信息的生产和披露需要成本，理论上讲这些成本应该由全体受益者共同分担。但实际上，会计信息一旦生产和披露，根本不能阻止和排除没有分担成本的信息使用者进行消费，这就产生了公共物品的“搭便车”问题，免费搭车者能够不花任何成本地使用这些产品，其结果便是供给小于真正的市场需求，而公共物品真正的市场需求并没有在市场中体现出来。如果通过对生产的补贴来满足对公共产品的真正需求的话，那么

"搭便车"者的成本就必须由这个社会来承担。因此，为了确保对会计信息的真正需求得以满足，政府应强制性地要求公司披露符合一定质量要求并具有最低信息含量的会计信息。

（二）社会目标

资本市场的公平性是一个有关公共利益的问题，是各国证券监管机构所关心的重要问题。只有当所有（包括潜在的）投资者都有相同的机会获取同样的信息时，股票市场才是公正的，即所谓的"信息对称"。因为信息分布越广泛；资本市场的竞争就越充分。然而，完美的和无代价的信息毕竟只是完全竞争经济模型的一种假设，市场毕竟存在着大量的"信息不对称"，由"信息不对称"形成的逆向选择和道德风险最终会导致市场的缺陷，而进行强制性披露就是"信息对称"理念的一个应用，它试图防止那些掌握了内幕信息的人们利用这些信息谋取私利，因为这种行为损害投资者对于资本市场公正性的信心。

三、比较与分析

虽然非管制论认为企业存在主动报告的动机，但会计管制的焦点并不是强制性报告本身，而是提高报告信息的质量。支持和反对管制的观点代表了两种极端情况，他们都很有说服力，但都不能产生定论。因为这两种观点大体上都是演绎推理的结论，而不是实证研究的结果，完全接受任何一种观点都是不可取的。强制性与自愿性信息披露是一个整体系统，缺少任何一个环节都意味着较高的风险，信息披露应该朝着强制性披露与自愿性披露相结合的方向发展，以增强资本市场配置的效率。这也意味着对不同的会计信息内容应采取不同的措施，其中，管制是主要的，这一点对我国的证券市场尤为重要，因为目前我国基本上还不具备自愿披露的条件。非管制是重要补充，它主要针对商业秘密、容易导致法律诉讼的信息。由于管制与非管制两者并用，可称为适度管制。在实务中，适度管制就是要规定企业会计信息的最低披露程度，但会计信息一经披露，则要求其具备基本的质量特征，以免造成误导，从而产生市场失灵成本。

四、适度管制论

管制论基于市场失灵和公平问题，提出应当对财务报告进行管制，并对虚假陈述和内幕交易行为进行惩罚；非管制论从代理理论和信号传递理论出发，认为管理当局有自愿提供真实信息的动机，对其进行强制要求没有多大意义。而适度管制论则认为，管理当局会在造假的成本与收益之间权衡，如果造价成本低于收益，将会发生欺诈行为，从而损害投资者利益，因此，应当对财务报告进行管制，并追究虚假陈述行为的法律责任，但管制应当适度。

如前所述，代理理论和信号传递理论虽然有一定的道理，但它们不能解释现实中上市公司提供虚假财务报告的现象。在代理理论中，管理当局是在比较了成本和收益之后才主动提供财务报告的，如果造假的成本低于其可能获得的收益，管理当局仍然会选择提供虚假的财务报告。当然，也可以将对虚假陈述行为的法律制裁看作增加的成本，这更验证了应该对虚假财务报告行为追究法律责任。信号传递理论所隐含的一个假设是，信号必须是不能被轻易模仿的。但是，在监管不严的情况下，企业可以散布虚假的信号来欺骗外部用户。如果不对散发虚假信号的行为进行惩罚的话，会计信息将丧失信号传递的作用。

在现代企业制度下，作为代理人的管理当局都是经济理性人，具有机会主义倾向，如果不对虚假陈述行为加以规制和惩罚，将造成舞弊横行。尽管在有效市场中，投资者应该能够识别管理当局的操纵行为并采取相应的措施，但有效市场毕竟只是一个假设，即便是资本市场高度发达的美国，一般认为也只达到半强式有效，其大量存在的财务舞弊对投资者造成巨额损失，并对投资者信心乃至整个资本市场产生巨大冲击。我国资本市场处于发展初期，更是存在大量的虚假财务报告，使投资者的利益受到严重侵害。因此，资本市场上逆向选择和道德风险的客观存在，要求必须对财务报告进行管制，并追究虚假陈述行为的法律责任，惩罚违规行为。

证券市场失灵是证券市场本身所无法克服的，政府必须对证券市场信息披露进行适当的干预。因此，为保证公司提供充分、真实、及时的信息，政府需要对财务报告进行必要的管制。对财务报告进行管制，追究虚假财务报告的法律责任，是政府干预证券市场、避免市场失灵带来资源配置低效率的重要手段。政府对信息披露的管制包括两个方面：一是强制性信息披露制度，保证公司准确、及时、全面地披露有关信息，即实行强制披露制度；二是通过法律手段，对违反信息披露规则、提供虚假信息给投资者造成损失的行为进行惩罚，追究有关责任人的法律责任，以保证所披露信息的真实性和完整性。

政府对财务报告的管制有一个限度的问题，管制过度同样可能产生不良后果，如增大改革难度、协调成本过高、产生更多的寻租空间等，对于财务报告，要结合运用政府管制与市场调节手段，在对财务报告进行管制的同时，考虑管理当局自身提供财务报告的动机以及对新的财务报告管制的反应。至于两者的度如何掌握，其基本原则是，既保证投资者能够获得真实、完整的信息，又不至于给公司造成过高的披露成本。

第二节　财务报告的历史观、信息观和计量观[①]

一、财务报告的历史观

在财务报告发展的历程中，最初产生的财务报告处于非管制状态，属于公司自愿披露行为，但是20世纪30年代经济大萧条之后，处于对投资者利益的保护，开始了财务报告的强制披露，从而使得外部投资者能够了解公司的真实收益和受托者的经管责任情况，体现的是一种历史观。

反映管理当局的受托职能是主导财务报表目的的早期观点。在这一观点下，管理当局是资本提供人（股东和信贷者）授权控制其部分财务资源的委托人。在这个意义上，财务报表就是提供给资本提供人易于评价管理当局受托关系的报告。

历史观建立在完善和完全市场条件下，认为会计应该真实反映企业的资

① 陈国辉：“财务呈报的历史观、信息观与计量观”，《会计之友》，2007年第7期：4-6。

产、负债和拥有的权益，经济收益是具有较优属性的观念。根据比弗的观点，完善市场是指：（1）商品及要求权交易是在零交易成本下发生的；（2）任何企业或个人都不具备赚取超常投资回报的特别优势或机会；（3）价格并不随任何个人或企业的行为而改变。完全市场概念是指所有的商品或要求权都有相应的市场存在。因此，任何商品或要求权的市场价格都是公开可查的。在完善和完全市场与确定性背景中，经济盈余的概念是很好定义的，并且它具有几个属性：（1）假使盈余在其他年份保持不变，在任一给定的年份，盈余较多比较少更好；（2）收益反映了管理当局的受托责任和管理当局决策的跨期影响；（3）投资者之间在股东财富最大化问题上存在高度一致性，可以用对具有较大盈余项目的一致性偏好来加以概括。

二、财务报告的信息观

20 世纪 60 年代，在信息经济学、决策科学的推动下，学者们对证券市场和投资者行为进行了大量的研究，认为在理性决策模型下，只有在能对投资者的信念和行为产生影响并使之改变时，信息才是有用的，而信息的有用程度可以用其公布之后所导致的证券价格和交易量的变化程度来衡量，也就是说，股价对信息公布的敏感程度可以反映信息的有用性。

鲍尔和布朗的研究开创了关于证券市场实证研究的先河，他们以 1957 年到 1965 年纽约证券交易所 261 家上市公司为样本，验证了盈利的信息含量，报告净收益是否高于或低于市场已有预期，是否存在非预期盈余，并对盈余公告前后的市场的报酬进行了对比，发现具有“好消息”的公司股票价格高于市场预期，具有“坏消息”的公司股票价格低于市场预期，表明投资者的确对公布的盈余作出了反应，因而盈余是具有信息含量的。这种将证券价格的变动程度与信息含量等同，进而与决策有用性等同的观点被称为“信息观”。

自从鲍尔和布朗 1968 年的开创性研究以来，信息观在会计理论中逐渐取代了历史观，占据了主导地位，信息观对历史观作出了批判，认为历史观是建立在完全市场和不存在不确定性的假设之上的。与现实世界格格不入，是难以成立的（Beaver，1998）。在市场不完全和充满不确定性的现实世界中，任何会计方法都不能得到企业的“真实收益”，会计信息的功用是向投资者传递某种有助于判断和估计经济收益的“信号”，而非经济收益本身。信息观的提出始于对证券市场的研究，进而推动了其更深入的研究，同时也丰富了人们对于决策有用性的理解。

决策有用性的信息观是财务报告的一种方法，它认为预测未来公司的业绩的责任在个人，并且专注于为此提供有用的信息，这一方法假设证券市场是有效的，认为市场会对所有来源的信息作出反应，包括财务报表。

（一）信息观的理论基础

信息观建立在有效证券市场的前提下，“对于一组信息，如果根据该组信息从事交易而无法赚到经济利润，那么市场就是有效的”（詹森，1978）。虽然从理论上而言，对于有效市场假说的检验包括弱式检验、次强式检验和强式检验，但是“通常，对有效市场假说的无条件引证都是次强式假说”。一方面，在有效证券市场上，价格可以反映所有可公开获得的信息，一旦新的、正确的信息为众所周知，市场便会迅速作出调整；另一方面，证券市场有效意味着股票价格遵循的是一个随机游走模型，也就是说，股票价格不存在序列相关性。比弗认为，有效证券市场对于财务报告具有以下意义：

公司所采用的会计政策不会影响证券的市场价格，除非不同的会计政策具有直接的现金流量后果。在比较不同的证券时，有效市场不会被不同的会计政策所“愚弄”，投资者能看穿其中的差异。

有效证券市场直接导致了充分披露概念的产生。在有效市场中，投资者会竭力从各个渠道去搜集信息，以有利于作出最优决策。公司披露自己的信息越充分，股价就越能反映公司的内在价值，投资者掌握的信息越多，对公司股票和证券市场的信心就会越强。

市场的有效性意味着可以不必过分考虑那些“无知”的投资者，他们可以受到有效市场的价格保护，因而公司披露信息的时候可以不必采用过于简单的表达方式，以保证所有人都可以理解。

有效市场上会存在各种信息之间的竞争。如果会计不能提供足够多的信息，那么市场上其他来源的信息就会增加投资者的信念，会计的有用性职能就会逐步降低，而被其他信息所取代，所以会计应能提供有用并且符合成本效益原则的信息。

（二）信息论的重要内容

根据有效市场假说（EMH），如果会计盈余和股价变动相关，那么盈余就会有信息含量。会计盈余与普通股股票价格之间的概念性关系可以通过引入三个关键链来加以建立：（1）证券价格和未来股利链；（2）未来股利和未来盈余链。证券价格和未来股利链是通过股票的计价模型联系起来的，股票的内在价值就是未来可以获得的股利按一定的贴现率的折现值；未来盈余是未来股利支付能力的转化器；而"过去盈余与未来盈余之间的关系可以用随机过程来表达，也就是随时间变化来描述盈余"。

"会计盈余因其反映了导致关于该企业未来股利支付能力的信念发生改变的事项而具有相关性"，"会计盈余不像经济盈余，它不是一个衍生的计价概念"，"相关性产生于与未来股利支付能力之间的估定关系"，因而以历史成本为基础的会计盈余是具有信息含量的。

"从信息观来看，财务呈报对总体信息混合（换言之，所有其他可公开提供的信息源）提供了价值相关性的增量。可提供的总的信息混合是丰富的，财务呈报数据只是该总体的一个组成部分。在这种观点下，为了使财务呈报数据具有价值，就必须使之能够提供相对于其他信息源而言更为完善的信息，并与其他的信息源所提供的信息有所不同。"信息观认为报告盈余会影响证券价格的变动，因而盈余是有信息含量的，而且市场上不同来源的信息是相互竞争的，财务呈报的信息观不改变表内的计量属性，仅仅通过增加补充披露来提高会计信息的有用性。

至此，我们可以得出信息观是建立在一系列假定基础之上的，市场足够灵敏，能够对各种不同来源的信息作出及时反应；投资者也是足够理性的，能过严格遵循理性决策模型，并且能够看穿报表，不会被不同的会计政策所"愚弄"。所以，财务会计应该提供足够多的信息，不论是表内的还是表外的，会计盈余有助于进行未来股利预测进而对股价作出估计，信息观为充分披露提供了支持。

三、财务报告的计量观

信息观的证据表明，证券价格的确会对净收益的报告作出反应，以历史成本为基础编制的财务报告是有信息含量的，但是列弗（Lev，1989）的研究表明，对于窄表现期（2 至 3 天）的研究来说，会计盈余对于证券价格变动的解释力只有 2% 到 5%，将研究的窗口扩大至较宽（一个季度）和很宽（最长为两年）时会计盈余对证券价格的解释力也只有 4% 到 7%。列弗认为，会计盈余对证券价格的解释力之所以这样低，原因在于会计盈余的低质量。以历史成本为基础的净收益不能及时提供许多重要的经济信息，与其他信息源相比表现出明显的滞后性，Collins、Kothari、Shanken 和 Sloan（1994）的实证研究表明以历史成本为基础的会计盈余的时效性较差，财务报表信息的价值相关性越来越遭致怀疑。另外，信息观所赖以建立的有效市场的假设并不是完全成立的，证券市场上渐渐出现了许多与有效市场相悖的异常现象，于是信息观逐渐被计量观所代替。

“决策有用性的计量观是一种财务报告方式，在这种方式下，在具有合理可靠性的前提下，会计人员应负责将公允价值融入财务报表中，从而认可他们在帮助投资者预测公司内在价值是应承担的义务。”因此，在计量观下，认为报告净收益只能解释报告日前后证券价格变动的很小部分，历史成本的信息含量是有限的，应该将公允价值引入到会计计量中，提供更真实的盈余信息，从而减少投资者依据会计信息作出错误决策的可能性，增加财务报告的有用性。

计量观之所以会代替信息观，究其原因主要有：

大量市场异动现象出现，市场被证明是无效的。传统的关于证券市场的研究都是建立在有效市场假说和理性投资者基础之上的，但是行为研究的结果表明，市场并不总是有效的。规模效应、星期一效应以及反向投资策略等现象显然是与有效市场假说相矛盾的，而投资者在不确定条件下的决策也并非都是理性的，投资者的实际决策往往会系统性地偏离标准财务理论所设定的最优决策模式，而且这种偏离对金融资产价格的影响不能因统计平均而被消除。

1979 年，Kahneman 和 Tvensky 提出的期望理论解释了人们在不确定条件下的决策行为。一系列心理实验证明，个人在面临不确定条件下常常表现出损失回避、心理障碍、过度自信、后悔厌恶等心理特征，投资者在进行决策时会出现选择性偏差和保守性偏差，导致股价对收益变化反应不足或过度反应，市场上存在明显的羊群效应，而且市场上存在噪音交易者并可能获得更高的收益，所有这些都对有效市场假说以及理性经济人假说造成了极大的冲击。

传统的资产和负债确认计量模式，影响了信息有用性。随着技术的提高，软资产在企业总资产中所占的比例越来越高，而且对企业产出的贡献也越来越大。软资产价值的大小及变化对于企业的发展至关重要。但是在现行会计计量模式下，企业拥有的超额获利能力所赖以存在的基础，如优秀的团队、杰出的管理才能、优化的组织结构和流程设计，以及稳定的客户关系等却不能在账面上得以反映。另外，由于环境保护的压力而导致的环境负债以及企业所承担的社会责任等也不能体现为企业的负债，由于计量手段的限制往往不能进入正式报表，而只能散落在表外，甚至根本不被体现，然而这些因素恰恰又是决定一个企业是否具有增长潜力的重要因素，也是投资者作出决策时所关注的要素。所以，从改变计量属性开始，将这些软资产逐渐纳入报表，从而提高财务报告的信息含量，增强其有用性。

第三节 财务报告披露体系

一、财务报告的涵义

财务报告（Financial Reporting）指财务信息在财务报表表内的确认（Recognition）和表外的披露（Disclosure）。在会计实务中，财务报告与财务报表（Financial Statements）两个术语时常混同使用，但两者是既有联系又有区别的。财务报表是财务报告的主要手段，如果没有财务报表，也就谈不上财务报告。财务报告具有不同的手段或形式，在财务报告中，还应当考虑可用于提供使用者决策所需信息的其他手段或形式。例如，FASB 在 1978 发表的 SFAc No. 16《企业财务报告的目标》中就明确提出："财务报告的编制不仅包括财务报表，还包括其他传递信息的手段，其内容直接地或间接地与会计系统所提供的信息有关。”

财务报表与反映财务信息的其他手段相比，根本的差别在于前者必须通过会计确认，而后者，则不需要。通过会计确认，首先在于保证财务报表的特征要素，特别是收入的可靠性，应遵循实现原则。这是因为，财务报表作为正式对外提供的报告，为了维护使用者的利益，必须接受“公认会计原则”的约束，不论是在报表的形式还是在内容方面都有较为严格和统一的要求。因此，某些非正式要求的信息，或者是与特定使用者相关的信息，就不能列入财务报表，而要求通过其他报告手段予以披露。财务报告与财务报表的关系如表 9－1 所示：

表 9－1　　财务报告体系

内容	形式	确认	披露	遵守会计准则
财务报表	表内	是		是
	附注	否	是	是
其他财务报告	其他方式	否	是	否

在会计实务中，受传统惯例的影响，对财务报告和财务报表往往不加区分。中外对财务报告的内涵解释不尽相同。

1. FASB 对财务报告内涵的解释

FASB 认为，财务报告不仅包括财务报表，而且包括按企业会计系统提供的直接或间接传递相关信息的其他手段（其他财务报告）。按照 FASB 第 1 号财务会计概念（SFAC No. 5）的要求，财务报告包括：“涉及企业的资源、债务、收入、费用等信息”，“常见的财务报告，其中包括财务报表、其他财务信息和非财务信息、公司的年度报告、招股说明书以及呈报证券交易委员会（SEC）的年度报告等”，此外，“还有新闻发布稿，管理当局的预测、计划或前景说明以及对社会环境的影响的说明等”。

后来，在 1984 年发布的 SFAC No. 5，FASB 又对财务报告的范围进行了重新表述。概念公告第八段指出，这一概念公告的范围限于财务报表的确认和计量，这种规定不会改变报表附注、辅助资料和财务报告其他手段的性质，根据以上所述的理由，这些种类的信息（指附注、辅助资料和财务报告的其他手段）仍然是重要和有用的。公告中还通过图说明在投资、信贷和类似的决策中所需要的信息种类，将其应在报表中确认和表外披露加以明确的区分，如图9－1所示。

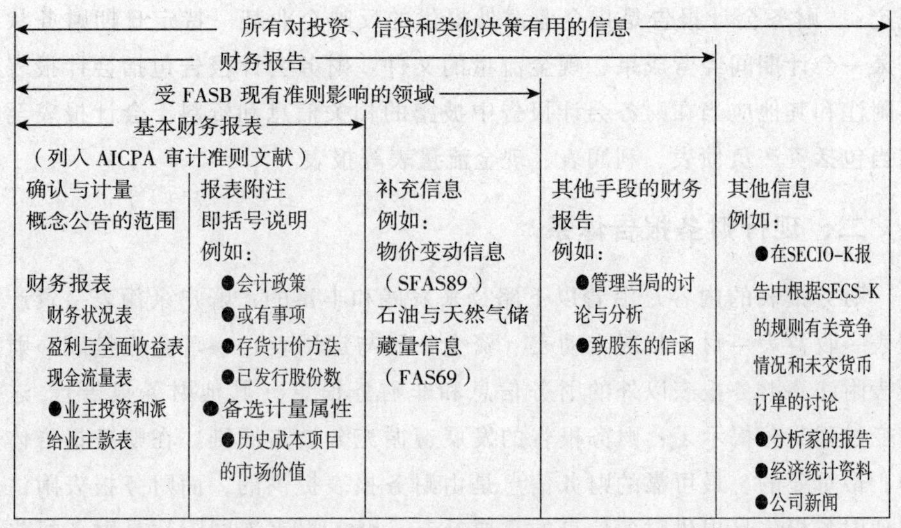

图9－1 美国FASB关于信息披露体系图（FASB，SFAC NO.5）

根据其表述我们可以知道，财务报告包括：（1）财务报告，包括财务状况表、盈利和全面收益表、现金流量表以及股东投资和分配股利表。（2）财务报表附注，如会计政策、或有事项、存货计价方法、已发行股份数、计量的备选方案等。（3）补充信息，如物价变动信息的披露等。（4）财务报告的其他手段，如管理当局的讨论和分析、致股东的信等。（5）其他信息，如分析人员的报告、经济统计资料、有关公司的新闻报告等。从上可知，财务报告可以作广义和狭义两种解释：狭义的理解，财务报告＝财务报表＋附注＋补充信息＝财务报表＋其他财务报告；广义的理解，财务报告＝财务报表＋附注＋补充信息＝财务报告其他手段＋其他信息。

2. 我国对财务报告内涵的解释

2000年国务院颁布的《企业财务会计报告条例》第二条规定，财务会计报告是指企业对外提供的反映企业某一特定日期财务状况和某一会计期间经营成果、现金流量的文件。第七条规定，年度、半年度财务会计报告应当包括会计报表、会计报表附注和财务情况说明书，会计报表应当包括资产负债表、利润表、现金流量表及相关附表。

财政部2006年修订的新基本准则采用了财务会计报告一词，第四十四条规定："财务会计报告是指企业对外提供的反映企业某一特定日期财务状况和某一会计期间经营成果、现金流量的文件。财务会计报告包括会计报表及其附注和其他应当在财务会计报告中披露的相关信息和资料。会计报表至少应当包括资产负债表、利润表、现金流量表等报表。"

二、现行财务报告体系

财务报表的内容是沿着以下路径来发展和丰富的：账户余额表→资产负债表→收益表→财务状况变动表（资金来源与运用表）→现金流量表→财务报表附注→财务报表以外的财务信息和非财务信息（其他财务报告）。这一演变过程充分揭示了：财务报告的发展遵循充分披露原则。在财务报告体系中，最重要的、最可靠的财务信息是由财务报表提供的，而财务报表附注和其他财务报告是提供财务信息的重要补充。财务报表连同附注是财务报告的核心，其他财务报告则是财务报告的必要补充，他们共同构成了一个完整的财务报告体系。

我国财政部2006年发布的新《企业会计准则》中规定财务会计报告是指企业对外提供的反映企业某一特定日期的财务状况和某一会计期间的经营成果、现金流量等会计信息的文件。财务会计报告包括会计报表及其附注和其他应当在财务会计报告中披露的相关信息和资料。

（一）基本财务报告

1. 中、美、英三国财务报表的组成

财务报表通常包括资产负债表、收益表（利润表或利润及利润分配表）和现金流量表，这是国际流行的会计惯例。我国财政部1992年颁布的《企业会计准则》中规定财务报表应包括：资产负债表、损益表、财务状况变动表、会计报表附注等。2006年新会计准则规定"会计报表至少应当包括资产

负债表、利润表、现金流量表等报表”。

美国 FASB 在 1984 年第五号概念公告中建议，财务报表应包括：

（1）财务状况表（Statement of Financial Position）；

（2）盈利表或综合收益表（Statement of Earning or Comprehensive Income）；

（3）现金流量表（Statement of Cash Flows）；

（4）业主投资及派给业主报表（Statement of Investment and Distribution to Owners）；

（5）报表附注（包括表内使用括号的说明）（Notes to Financial Statement）。

英国 ASB 在 1995 年 11 月关于财务报告的原则公告（征求意见稿）中提出财务报表包括：

（1）损益表（The Profit and Loss Account）；

（2）全部已确认利得与损失表（The Statement of Total Recognized Gains and Losses）；

（3）资产负债表（The Balance Sheet）；

（4）现金流量表（Statement of Cash Flows）；

（5）报表的附注（Notes to Financial Statement）。

2. 基本会计报表及其附注

（1）资产负债表。资产负债表是反映企业在一定日期财务状况的报表。资产负债表的项目应当按照资产、负债和所有者权益的类别分别列示。

（2）利润表。利润表是反映企业在一定期间的经营成果及经营情况的报表。利润表的项目应当按利润的构成和利润分配的项目分别列示。利润分配部分各个项目也可以另行编制利润分配表。

（3）现金流量表。现金流量表是反映在一定会计期间现金和现金等价物流入和流出的会计报表。它将企业日常核算的权责发生制调整为收付实现制，分为经营活动现金流量、筹资活动现金流量和投资活动现金流量三个部分来反映，在每一大类中又具体按照流入和流出两个小项来分别反映。

（4）所有者权益变动表。

（5）会计报表附注。会计报表附注是为帮助理解会计报表的内容而对报表的有关项目等所作的解释。其内容主要包括：所采用的主要会计处理方法；会计处理方法的变更情况、变更原因以及对财务状况和经营成果的影响；非经常性项目说明；会计报表中有关重要项目的明细资料；其他有助于理解和分析报表需要说明的事项。

（二）其他财务报告

其他财务报告主要揭示不能列入财务报表的非正式信息，其内容直接或间接地与会计系统所提供的信息有关。常见的其他财务报告包括：公司的年度报告中除财务报表以外的部分；呈送证券管理机关的中期报告和年度报告；管理当局的讨论与分析；给股东的信件；经济分析和统计报告；对新闻界的新闻发布稿等。

其他财务报表与财务报表的主要区别是：财务报表的项目及其金额来自日常账簿资料，并需在报表中再确认，确认要遵守基本标准和具体标准，符合公认会计原则。相反，其他财务报告的资料也来自会计系统，但无须经过确认，也不必符合公认会计原则。

财务报表项目都属于财务信息，报表项目连同金额是文字说明同数字描述相结合的整体，缺一不可。其他财务报告没有这种要求，它可以既有文字说明和数字描述，也可以只是文字说明的。实际上，很多其他财务报告的信息，是分析与说明性的。

第四节 财务报告信息的存在形式与质量评估

一、财务报告的信息种类

财务报告提供对经济决策有用的财务信息，从理论上看，财务报告所提供的信息可分为两大类：定量化信息和定性化信息。

（一）定量化信息

财务报告主要是以定量形式来描述企业的财务状况和经营成果，即向使用者提供有助于其决策的定量化数据，而且这些定量化数据必须具有财务特征。无论是关于企业的经济资源、义务、财务状况变动还是经营成果与现金流量等方面的信息，主要是用货币表示数量信息。FASB 在研究财务报告目标时提到："财务报告提供的信息在性质上主要是财务的，即一般地说，它是按货币单位定量表述的。正式纳入财务报表的信息必须是可以按货币单位定量的。"

定量化信息的特征包括两个方面：

（1）定量数据是不精确的。定量化信息可以用货币单位定量来表述，但投资者和债权人对不同时期和不同企业的财务情况进行比较时，不能认为他们所使用的定量数据是精确可靠的。财务报告的定量信息的可靠性取决于计量方法，但它并不是绝对精确的。例如，现金及其有关项目的价值通常被认为可以相当精确地计量，但应收账款可实现价值的计量精确度就较低，而且无形资产的计价往往只能利用大概数，如存货计价的后进先出法和先进先出法，折旧的直线法和加速折旧法。由于备选方法的不同，就必然会影响企业财务报表中某一主要事项成本与收入的配比。除历史成本会计外，现行成本和市场价值会计又进一步影响定量化数据的精确性。

（2）定量化数据可以包括预测数据。在实务中，企业最常预测的会计数据是企业的净收益和每股收益指标。美国学者的一项研究中认为，预测对股东是有用的。因为企业管理当局掌握资料更多，预测结果更为可靠，将他们提供给公众，可以提高资本市场的效能，如亨德里克森等人强调：经常公布企业管理当局所作的预测，很可能是帮助而不是阻碍投资决策的进行。当然，应该预测什么信息，其可靠性如何，仍然是值得研究的主要问题。一般认为，应由财务会计披露的预测数据可包括：企业的销售额、产品价格和需求、预算收支、人工和材料成本变动、企业净收益和每股收益等。

当然，也有一些学者持有不同的意见，认为财务会计仅仅需要提供反映企业的过去或现在的定量数据，而由使用者自己据此对未来作出预测。也就是说，在未来的预测中，需要对大量的数据和有关假设加以预测，才能理解这些主观评估和假定。但预测者根据现在和未来的趋势推断未来，在经济处于转折时期，其预测结果往往是不大准确的，特别是在经济长期发展的时期中，预测者往往过于乐观。

(二) 定性化信息

定性化信息是指那些不能以数量表示的信息。定性化信息对于投资者和债权人的重要性和相关性主要取决于决策上对它们的需求程度，因而比较难于计量。由于决策有用性是对外公布财务会计报告的首要目标，定性化信息只有对进行决策有用才是相关的，才值得在对外财务报告中予以揭示。因此，必须确定哪些定性信息对决策是相关的，才不致于在财务报告中被忽略。

某些定性信息的相关性可以通过与之相关的定量化数据的相关性来确定。例如，企业将某些资产作为贷款的抵押品。如果这些抵押品资产的数额大，就有必要揭示关于资产抵押这一事实。相反，如果这些资产数额不大，关于抵押事项的披露就不太相关，从而不一定披露，但在个别情况下也可能有例外。倘若是现金或存货资产发生了损失，即使数额不大，如果是由于管理人员舞弊行为所造成，也应作为一项相关的定性信息予以披露。另外，定性信息的相关性还取决于能否增进总体信息质量，并且不至于造成过于繁琐而难以理解和分析。这里的问题是，增加的定性信息是否能有助于以财务报告为依据的决策。对定性化信息的披露，应该考虑成本效益原则。一般地说，提供信息所得效益至少与所花的代价是相等的。代价既包括为了提供信息而直接耗用的成本，也包括因公开披露而对企业或其他股东产生的不利影响。

根据现行的财务会计理论和实务，通过正式的财务报表披露的定性化信息应侧重于以下三个方面：

1. 会计政策

不同企业，甚至同一企业所采用的会计程序是多种多样的，要对它们的财务报表进行直接比较是比较困难的。为此，一些会计学者建议，必须减少会计处理程序的数量，以便增进财务报表的统一性和可比性。但是，由于各个企业面临的经营环境和经营情况各不相同，要选择一种普遍适用的程序不仅困难，而且无法达到各个企业财务报告的目标。有时只有采用不同的会计程序，才能更好地反映各个企业的特定情况。

因此，如果不能减少可选会计程序或方法，那么应在财务报表中披露依据各种情况所作出的假设以及所采用的特定方法，以便使用者可以比较报表信息。例如，当投资贷项作为税金的直接减项而不是作为在一段期间内收益的分配费用时，使用者是可以通过自行调整来进行比较的。所以，披露财务信息相关的会计政策，有助于更好地解释企业的财务报表，能更有效地决策。APB 第三十二号意见书《会计政策的披露》明确规定："关于采用会计政策的信息是财务报表公允表述所必须的。"

2. 会计变更

一般情况下，会计原则和方法程序应保持一致性，对于评估企业的过去和现在经营活动以及预测未来经营活动是至关重要的，所以相关的会计原则或准则也都强调一致性。例如，美国会计原则委员会第二十号意见书要求企业的会计政策和方法程序如有变动，应当披露其理由和有关影响。1978 年 IASC 发表的第八号国际会计准则也提出会计的一个基本假定是会计政策的一致性，关于编制会计报表方面的会计政策变动，只能由于法定规定或准则制定机构公布新的规定，或者企业管理当局认为这种改变有利于财务报表的编制和达到财务报告目标。但是无论哪一种情况，都需要说明会计变动的理由。

3. 或有事项

或有事项是指可能对企业本期或未来期间经营活动产生重大影响的一些不确定事项。如企业主要顾客的破产，将影响企业有关债权的可收回性和财务实力，未决诉讼案件可能败诉的损失或者计划中的企业合并、兼并等。这些事项虽然在报告日尚未发生，从而不存在可定量的数据，但是如果他们在未来发生，则会严重影响企业的财务状况和经营能力。通常，为了保证财务报告的有效性和排除对财务报告使用者的不利影响，如果或有事项已有较明确的可能性，应当在定性化信息中加以报告或说明。

二、财务报告的质量评估

财务会计报告的质量指的是会计信息质量，即会计信息所应当达到或满足的基本质量要求。因为会计信息集中反映在财务报告这一载体上，既然如此，财务报告的质量要求也就集中体现在人们对会计信息所要求的质量特征中，例如，企业提供的会计信息要清晰易懂，明确而不含糊（即可理解性）；能够有助于作出相关经营决策（即相关性）；信息要真实可靠（即可靠性）等。财务报告的质量可以从可理解性、相关性、可靠性等若干原则去理解和分析。

评估财务报告质量的方法大体上可划分为 FASB 模式和 SEC 模式。

(一) FASB 模式下的用户需求观

用户需求观主要是基于会计信息含量低的背景提出的。随着信息经济学理论的兴起，尤其自 20 世纪 60 年代后期会计学领域涉足经验和分析的研究方法以来，以比弗等为代表的实证会计研究学者，紧紧围绕着“会计信息有什么用”这一命题，试图寻找经验证据以给出强有力的回答。他们以资本市场有效作为假设，主要通过事项研究方法来探讨会计信息的信号功能及特征，具体讨论了会计信息尤其是盈余信息对股票价格的作用，以验证会计信息能否扮演向投资者传递有助于判断和估计企业经济收益进而影响对未来股票价格估计发生变化的信号角色，甚至将这视为会计信息甄别和取舍的标准。

他们首先肯定了会计数据（信息）在资本市场上是有用的，发挥了信号传递功能，会计信息的确是一种稀缺资源，但遗憾的是其有用程度并不理想。鉴于现实中主要计量资产和负债的历史成本法已经根深蒂固，现实的选择只能是聚焦于如何使以历史成本为基础的财务报表变得更加有用。现实中会计信息的低含量和提高会计信息含量的努力，奠定了评估财务报告质量的用户需求观的主导地位。

财务报告目标的实现需要借助选择、评价可供取舍会计原则、程序和方法的标准，即质量特征，因而从某种意义上可以把它看作是财务报告目标的具体化。显然，FASB 于 1980 年 5 月发布的《会计信息的质量特征》，正是紧密联系决策有用性这一目标并以之为基础的。FASB 所描述的财务报告质量特征的结构层次主要包括：

1. 针对决策的首要质量要求——相关性和可靠性

FASB 认为相关性和可靠性是两项首要质量要求。（1）相关性。是指财务报告能够影响使用者的决策，而且只有具备“导致差别”能力方能确定它与某一决策相关。相关性包括三个组成部分：预测价值、反馈价值和及时性。预测价值是指过去的和现在的会计信息能够通过提高使用者预测未来的能力来影响决策；反馈价值是指通过证实或修改使用者以前作出的决策以期用来影响将要作出的决策；及时性是指会计信息能在使用者作出决策前递达。及时性本身并不能使会计信息达到相关，但若信息不及时，相关的信息也变得与决策无关了。（2）可靠性。只有当会计信息客观反映了相关事项，不偏不倚地表述了现实的经济活动和结果，既不倾向于事先预定的结果，也不迎合某一特定利益集团的需要，能够经得起验证核实，才能认为是具有可靠性的。可靠性主要包括：如实反映（反映的真实性）、可验证性（可核性）和中立性（不偏不倚）。

2. 次要的和交互作用的质量要求——可比性

社会经济资源的配置及投资方向的选择，需要在众多的良莠不齐的方案中进行鉴别比较，这就要求不同企业之间会计信息或同一企业不同会计期间会计信息可以相互比较，即可比性成为良好会计信息应具备的品质。鉴于它涉及的是两项信息之间及信息本身所应具备的质量，因此称为次要的和交互作用的质量要求。

3. 针对用户的质量要求——可理解性

在质量层次中，可理解性构成了信息使用者（也是决策者）特征和信息中针对决策的各种质量要求之间的纽带。可理解性受下列两个因素的制约：一是使用者的特点，如掌握经济知识的广度和深度；二是信息的固有特征。只能为少数人所理解或使用的信息，通用财务报告不应予以提供，也不能仅仅由于有些人理解有困难，就把重要的有关信息排除在外。

4. 提供信息的约束条件——成本效益原则和重要性

（1）成本效益原则。提供会计信息会带来效益，也会发生一定的成本。对某会计事项来说，即使它的披露与决策有关，能有利于投资者了解企业的财务状况和业绩并作出相应的决策，但如果为了提供这项信息花费的成本大于其所产生的效益，就没有人愿意提供这项信息了。成本效益原则是一个普遍性的限制条件，提供一项信息，只有当利用它所带来的效益高于取得它的成本才是合理的。

（2）重要性。指的是信息对决策的影响程度。重要性一般指的是项目的金额、性质以及两者的总和。它同相关性的共同点是要足以影响决策，一个是注重数量上的，另一个是注重质量上的。一个企业要报告的是那些重要的、足以影响评价或决策的信息。

(二) SEC 模式下的投资者保护观

SEC 模式即评估财务报告质量的投资者保护观，主要是基于资本市场中盈余管理行为提出的。自 20 世纪 90 年代以来，国际上资本市场的监管者对企业盈余管理行为越来越关注，发现其行为严重侵蚀了财务报告的可信性，对整个资本市场的正常、有序运转构成了潜在威胁。

毫无疑问，代理人在签订和执行条约时作出的“逆向选择”和“道德风险”直接导致损失的是委托人尤其是投资者的利益。鉴于管理当局采用盈余管理手段损害投资者利益的恶劣性，作为 SEC 的主席——Levitt 是中小投资者利益的忠实代表，它将这种现象讽刺为“数字游戏”甚至可称为“数字赌博”，并揭露了操纵盈余的常用手法，给投资者以深刻的警示，并且表示坚决采取防范和打击措施。从此，SEC 对财务报告评估提出的投资者保护观日益深入人心，而且由 Levitt 提议成立了由 SEC 负责的专门机构，其基本目标就是保护投资者。

既然保护投资者利益是 SEC 模式所坚持的首要原则（对应于 FASB 模式的决策有用原则），那么这一原则如何体现和贯彻于财务报告的质量标准中呢？从总体来看，投资者保护观认为，财务信息的质量基本上被定义为向投资者（股东）提供“充分而公允的披露”，据此，高质量的财务报告是充分而透明的财务报告，其所披露的信息不应导致使用者的误导或困惑。充分而公允的披露所包括的具体内容包括可比性、透明度和充分披露三项质量标准。

在这三项质量标准中，出现了两个新的财务报告质量概念，即透明度和充分披露。所谓透明度，即企业提供的信息，使用者能据以准确了解企业的财务状况、经营成果及风险程度等。进而言之，在现有的会计确认和计量框架下，主要通过有效、充分和公允的披露来增强会计信息的透明度。在市场经济中，企业内部和外部不可避免地存在着信息不对称，而充分披露正是力求减少内部信息，提高信息透明度，进而保护获取会计信息处于劣势地位的投资者和其他外部信息使用者。

关于财务报告的质量，需要指出的是，财务报告不应仅仅被视作某一会计期间的最终产品，它实际上是融入一系列的决策和处理过程中的。于是，有人主张关注财务报告的质量必须关注财务报告形成过程。财务报告的形成过程主要是明确企业的交易和事项→选择会计政策→运用会计政策→实施会计估计和判断→披露交易、事项、政策、估计和判断，而且这些部分之间呈现出一个在时间上继起和在空间上并存的循环往复的过程。由此可见，离开会计财务处理程序去谈论财务报告质量是不现实的。

（三）FASB 模式与 SEC 模式之比较

如前文所述，用户需求观与投资者保护观的本质区别在于前者关注的是为用户提供资源配置和决策相关的信息，而后者是力求向用户提供尽可能多的信息，并以尽可能透明的方式披露。主要区别为：

（1）产生的背景不同。正如前文提到的，用户需求观是因 20 世纪 60 年代末发现信息市场信息含量偏低，迫切需要提高会计信息含量的背景下产生的；投资者保护观则源于抑制 20 世纪 90 年代以来盛行的盈余管理之风的需要。

（2）关注的焦点不同。用户需求观把满足用户的信息需求摆在首要位置，旨在提供信息以有助于其经济决策，自然会重点关注财务信息的相关性。为提高财务信息的相关性，会计准则赋予了企业更大的会计政策选择空间，以便管理当局根据企业的具体情况选择会计政策和实施专业判断、估计，这势必给管理当局的盈余管理创造合法的空间。与此恰恰相反，投资者保护观的初衷是处理好委托代理人之间的利害关系，而且是突出保护处于信息劣势地位的投资者的利益，要求管理当局可靠、准确地反映其受托责任的履行情况及其结果，进而把目光的焦点投向了公司内部治理结构的健全与完善。为遏制管理当局的败德行为——盈余管理，减少会计准则中会计政策的选择空间，避免“生产”迎合管理当局自身需求的财务信息。因而，两者关注的不同焦点衍生出了准则制定机构在会计准则制定中的不同立场。

（3）质量评估标准不同。不同的关注焦点决定了它们对财务报告有不同的质量要求。用户需求观比较侧重相关性信息，要求管理当局呈报更具预测价值的信息，选择着眼于现在或未来的计量模式，利用分析信息以更好地作出相关决策，同时要求报告的递送要及时。投资者保护观则是从保护投资者的利益角度出发，要求信息充分、透明、可靠，讲究明晰、可理解，为此有时还需评价并披露企业报告中运用会计政策、会计估计的稳健性或乐观性程度。

(4) 利益立场不同。两种财务报告质量评估观分别以 FASB 和 SEC 为主要发起者和支持者，表明它们代表不同团体的利益，即会计准则制定机构和资本市场监管机构。就会计准则制定机构而言，其成员只要来自会计界的专家，代表和维护会计职业界的利益，巩固和提升会计职业在信息市场上的竞争力是他们奋斗的目标。而像 SEC 这样的市场监管当局，他们的使命是维护资本市场的健康有序运行，促进资源的优化配置，为此，他们会主动保护市场交易中的信息劣势方，否则会阻碍市场的有效运行，因而保护投资者的利益成为市场监管当局的首要职责。

从本质上看，财务报告的主要目标是向使用者提供对决策有用的信息和保护他们的利益，两者应当是趋于一致的。在市场经济中，尤其是发达完善的资本市场，最主要的信息使用者就是股东及投资主体。保护他们的利益，离不开向他们提供高质量的、有助于投资决策的信息。因此我们不难看出，尽管有差异，两大财务报告质量评估模式并非是完全对立、相互排斥的。

第五节　主要财务报表的理论依据

一、资产负债表的理论依据

资产负债表又称“财务状况表”，它能反映企业某一特定时点的财务状况。什么是财务状况？根据美国会计原则委员会在 1970 年第四号报告中的解释：企业在特定时点的财务状况包括它的资产、负债和业主权益以及它们之间的相互关系，再加上在当时与企业相关的或有事项、承诺和其他财务事项，并且必须遵循公认会计原则加以披露。企业的财务状况是以资产负债表和财务报表附注予以表述的。

1922 年，佩顿教授提出，资产负债表实际上是列示企业的经济资源和经济义务的报表。他试图从法律涵义来加以解释，并且根据主体理论提出企业的财产和权益是互为对应的。随后，佩顿又进一步提出，“资源是企业财产中的法定要求权。”根据佩顿的这种解释，企业是一个独立于业主的经济主体，其全部资源应当等于它的全部义务，所以，资产负债表就是要揭示在任何一个时点上企业资源与义务的对应关系，即资产 = 权益（负债 + 资本）。但是，从所有者权益理论来看，企业的资源与其义务之间的关系应表述为：资产 = 债权人权益（负债） + 业主权益，或者财务会计应侧重于提供有关业主权益及其变动的信息。因此，资产 - 负债 = 业主权益这一关系式可以更好地描述企业的资本和财务结构，也更易于理解，从而成为传统资产负债表的基本框架。

为了便于财务信息的分析利用，关于财务状况的数据应在资产负债表上加以分类和组合。显然，资产负债表项目的分类和排列在一定程度上取决于特定企业的规模、性质及其经营方式。从有利于比较的角度来看，资产负债表应包括一些基本的分类。例如，资产类通常应分为流动资产和非流动（长期）资产，并要按其流动程度或变现能力的大小排列。负债类同样应分为流动负债和长期负债，而业主权益则往往应分为资本（股本）和留存收益两部分。

在实务中，资产负债表的格式主要有两种：

（1）账户式（Account Form）。所谓账户式又称横式资产负债表，它是依据：资产 = 负债 + 业主权益的会计恒等式，利用账户形式来排列。在资产负债表的左方列入资产类的全部项目，而在右方列入负债类和业主权益的各个项目。现行实务中，以账户式资产负债表为主，其格式可列示如表 9 - 2 所示。

表 9 - 2　　　　账户式资产负债表

资产	金额	负债	金额
流动资产		流动负债	
…		…	
……		…	
流动资产小计		流动负债小计	
长期资产		长期负债	

续表

资产	金额	负债	金额
…		…	
…			
长期资产小计		长期负债小计	
…		负债合计	
…		业主权益	
…		…	
…		…	
资产合计		业主权益小计	
资产总计		权益总计	

（2）财务状况式（Financial Position Form）。财务状况式又称报告式或竖式资产负债表。它所依据的平衡公式是：资产 - 负债 = 业主权益，即强调对业主权益项目及其金额列示。在美国，许多企业为了同时便于营运资本计算，其列示顺序可改为：营运资本（流动资本 - 流动负债）、长期资产、长期负债，最后得出业主权益。财务状况式资产负债表如表 9 - 3 所示。

表 9 - 3　　财务状况式资产负债表

	2011 年	2010 年
流动资产		
长期资产		
资产合计		
流动负债		
长期负债		
股东权益		
负债及股东权益		

二、损益表的理论依据

损益表的产生是由于企业独立核算经营盈亏的需要。早在复式簿记形成阶段，就已经出现损益计算账户，但由于损益表侧重于企业的经营数据，直到20世纪30年代才成为正式对外的报表。如有的称为”盈利表”（Statement of Earnings），有的称为“损益表“（Statement of Profit and Losses），也有人建议称为“经营状况表”（Statement of Operation），因为它主要是反映企业在一个期间内的经营活动及其成果。从美国来看，由于受到美国注册会计师协会的“会计术语公告”（ATB，No.1）的推荐，大多数企业都采用“收益表”这一名称，我国《企业会计准则》中采用“损益表”这一称谓。

早期的观点认为，损益表数据来自企业的损益账户，即为了反映在一个期间内的财富增加额。例如，一个商人可能结束某一种存货的经营，把其账户金额结转入损益账，通过计算期末时与期初时的该账户余额，就可以计算出增值或损益情况。

但是，自从20世纪40年代以来，随着对收益概念的重视，收益表逐渐成为最主要的财务报表之一，其地位甚至超过资产负债表。这时，收益表不仅仅被解释为便于连接两期资产负债表的纽带，而且具有自身的必要性。一般地说，对收益表作用的解释侧重于：（1）可提供数据来考核管理当局的工作业绩；（2）可用于分析收益表构成项目的获利能力；（3）有助于对未来收益作出预测；（4）可作为有关贸易组织或政府管制机构制定价格决策的依据：（5）确定可供发放股利的财富增加额；（6）可评估企业的偿债能力；（7）有助于政府征收所得税。

在一定意义上，收益表是对企业在期间内财务状况变动的反映，因为它能揭示企业的经营活动对期间内资产、负债和业主权益的影响，或者是能说明引起财务状况变动的一个重要方面。根据美国会计原则委员会第四号报告的解释，“某一期间的收益列示了该期间所确认的收入、费用、利得、损失及净收益（净损失），从而按照公认会计原则来表明企业在该期间盈利活动的结果。收益表所表现的信息，往往被视作财务会计所提供的最重要的信息。因为与企业经济活动有关的人士最关注企业的获利能力。”

近年来，虽然美国财务会计准则委员会试图以“盈利表”或“全面收益表”来代替收益表，但仍然极为重视收益及其计量方面信息的报告。它在论述财务报告目标时提到，“财务报告的中心是通过对盈利及其组成成分的计量所提供的关于企业经营成绩的信息。关心评估企业现金净流入的投资人、债权人和其他人士特别关注这一信息。”虽然投资和信贷决策反映投资人和债权人对企业未来经营成果的期望。通常这些期望部分是以评价企业的过去经营成果为基础的。

收益及其计量的信息的披露方式，在现行实务中存在两种基本类别：

（1）多步式（Multiple Step Form）。多步式收益表是指按净收益形成的主要环节，把经营收益、税前收益和净收益等分步计算。在经营收益计算部分，必须列出销售收入、销售成本，求得销售毛利，再扣减销售费用、管理费用和财务费用而得出经营收益。在税前收益计算部分，则根据经营收益扣减各种非常损益项目（如固定资产变价收入，证券持有损益等）、前期更正，然后得出税前收益。最后再扣除应交所得税求得本期净收益。很明显，多步式收益表可以更全面地反映关于收益及其构成项目的形成情况，提供更多的信息，有助于对管理业绩的评估和提高未来收益预测的准确性。但是它的计算形式相对复杂一些，主要适用于本期经营收益观的收益报告，其格式如表9-4所示。

表9-4　　多步式收益表　　2012年度

销货	* * *	* * *
减：销货退回、折让与折扣	* * *	* * *
销货净额	* * *	* * *
减：销货成本	* * *	* * *
销货毛利	* * *	* * *
减：营业费用	* * *	* * *
管理费用	* * *	* * *
财务费用	* * *	* * *
营业净利润	* * *	* * *
加（减）：其他（非营业）收入（费用）	* * *	* * *
未扣除所得税前净收益	* * *	* * *
减：所得税	* * *	* * *
净收益	* * *	* * *

（2）单步式（Single Step Form）。单步式收益表是指收益数据只需根据全部收入和全部费用的关系简单计算，不必提供诸如销售毛利、经营收益和税前收益等中间指标及其构成项目。其理由是，这些中间性指标不仅对信息使用者没有使用价值反而会引起误解，所以可予以省略，直接计算和报告期间净收益数字。根据这一待点，单步式收益表的格式相对简单，通常适用于总括收益观的收益报告。单步式收益表的格式如表 9-5 所示。

表 9-5　　　　单步式收益表　　　　2012 年度

收入	* * *	* * *
销货净额	* * *	* * *
其他收入	* * *	* * *
成本与费用	* * *	* * *
销货成本	* * *	* * *
营业费用	* * *	* * *
管理费用	* * *	* * *
财务费用	* * *	* * *
其他费用	* * *	* * *
所得税	* * *	* * *
非常项目前的净利润	* * *	* * *
加（减）非常项目净额	* * *	* * *
净收益	* * *	* * *
	* * *	* * *

在收益报告中，有些国家（如美国）要求在收益表中应披露有关每股盈利的信息，因为它可作为计量企业股票价格的主要指标，也可用作预测企业的未来每股盈利或每股股利水平，对于评估企业的管理效率、股利政策以及投资人和债权人的投资决策来说都是非常重要的。

每股盈利代表净收益和股东权益的一种比率关系。通常，它是以企业的净收益为分子，以该期间在外流通普通股股数为分母，但是还要明确其分子和分母应如何计算。根据西方国家的现行惯例，作为分子的净收益应分别是否包括非常损益项目；就分母而言，如果企业在年度内未发行新的普通股，则可以直接以年末发行在外的股份数计算。如果年内有新增股份，就需要按发行的月份加权计算出年度的平均普通股股份数作为分母。

通常，每股盈利是指普通股的每股收益。如果是在复杂资本结构企业，即存在优先股，则分子的净收益中应先扣除支付或应支付给优先股股东的股利；其剩余部分才代表普通股股东权益。然而，如果企业存在可转换为普通股的优先股或其他债券，在计算每股盈利时也是必须考虑的。所以，每股盈利的另一种计算方法是，把净收益（加可转换债券利息）和在外流通的普通股、可转换优先股和其他债券的平均股数进行比较，通称为完全稀释的每股盈余。

三、现金流量表的理论依据

现金流量表的前身最初是财务状态变动表，它是反映一定时期内为其经营、投资、筹资活动所获取的资金来源及其运用情况的动态报表。

对用什么来代表企业的财务状况所发生的变动，财务会计的理论与实务中有不同的观点和解释：

（1）现金——资金就是现金，所以资金流动实际上等于企业在一定期间内的现金流入和现金流出，现金的变动可以代表资金流动和财务状况变动。

（2）短期货币性资产——资金表示为各项易于转换为现金的货币性资产，可以包括现金和近似现金的项目（如短期有价证券等），这些项目的合计即代表资金流动。

（3）净货币性资产——从短期货币性资产中减去需要用现金偿付的短期债务后剩余的数额。由于许多借入和偿还的短期债务和投资人与债权人的有关决策不甚相关，从而可以予以忽略，而仅采用净货币性资产或速动资产来代表资金流动。

（4）营运资本——指可供企业使用或预期可供分配或再承担义务的净流动资产，或者是流动资产减流动负债的金额。当流动资产增加或流动负债减少时，如果这些变动不为其他营运资本项目所抵销，就会增加企业的资金，反之将使资金减少。

（5）全部财务——不仅应包括营运资本，而且应包括一些不影响营运资本变动的业务。因为在长期资产和长期负债业务中同样会引起资金的变动，所以还要包括以股票或债券换取的资产、作为捐赠而收入的财产以及以非流动资产和非流动项目的交换等，这样可以避免使财务状况表忽略一些重要的业务。

（6）全部重大财务事项——这一观点认为，编制财务状况变动表，除了略去企业内部交易外，旨在反映各个资产负债表账户从期初到期末的一切重大变动，所以应披露与营运资本项目有关的重大变动，而不仅仅只是考虑其单一的净额。例如，应收账款和存货的增加，即使它们为短期负债所抵销，也要单独地列示。

近年来，实务界倾向于第一种观点，即以现金流动来代表企业的财务状况发生的变动。因为现金流动是企业经营过程中的最重要方面，大多数会计计量都要以现金的过去、现在或预期流动为依据。例如，经营收入一般根据耗用物品和服务的预期现金流入计量，费用是根据企业耗用物品和服务所支付或预期支付的现金流出计量，应计项目表示预期的未来现金流入或支出分配于本期的数额，递延项目表示物品和服务的过去现金流入或支出分摊给本期和未来期间的数额。同样，资产、负债和业主权益的计量，也要基于实现和预期的现金流动，即资产的价值通常被解释为未来现金流入的现值。负债则是未来现金流出的现值。企业购买存货、增发股票、偿还债务等都会直接引起现金的流入和流出。此外，现金代表企业综合购买力，可随时用于交换和购买企业所期望的物品和服务，是表示企业经营购买力的指示器。因此，关于现金流动的信息，不仅是企业管理当局进行计划和控制的重要依据，也是企业外部使用者重点关注的有关企业产生现金流入能力、对现金支出情况以及相关投资和理财活动的信息。所以，现金流动应视为企业财务状况变动的最佳计量。

在财务会计理论和实务中，偏好于以现金流动代替营运资本来编制财务状况变动表。理由是，营运资本依赖于现金流动，现金流动必然导致营运资本变动，但营运资本变动不能必然地反映现金流动，如以存货抵偿短期应付账款等。也就是说，从现金流动角度，可以包括全部营运资本变动的结果，但从营运资本角度却不能反映全部的现金流动。以现金为基础的财务状况变动表就能提供更为相关和全面的信息。它的主要特点是：（1）以现金在期间内的净流动作为财务状况变动表的核心；(2) 应概括列示现金账户变动的有关借项和贷项；(3) 必须列示引起现金流入的有关来源的使用（如净收益、出售固定资产、增加负债或发行股本）和现金的使用（如购置固定资产、偿还债务、支付股利和赎回库存股等）。此外还可以列示不影响现金的其他主要财务和投资活动。

1987 年 1 月，美国财务会计准则委员会公布九十五号财务会计准则公告 (SFAS No. 95)“现金流量表”，它要求企业在 1988 年 7 月以后，必须以现金流量表代替财务状况变动表。我国是在 1998 年 1 月 1 日以后，要求企业编制现金流量表来替代财务状况变动表。1991 年 9 月英国会计准则委员会也颁发了第一号财务报告准则《现金流量表》，取代了英国第十号标准会计实务公告《资金来源与运用表》，并要求所有符合条件的企业编制现金流量表，并作为财务报表的重要组成部分对外报送。英国会计准则委员会也认为，现金流动的历史性信息有助于使用者预测未来现金流量的金额、时间和不确定性，它还能够揭示盈利能力和创造现金能力之间的关系，从而反映了所获得利润质量。现金流量表与资产负债表结合起来使用，能够提供有关企业适应能力方面的信息。资产负债表反映企业适应能力的财务状况，包括资产、负债、所有者权益以及它们之间的联系。由于资产负债表只是反映特定时点上的财务状况，因此，它在提供流动性信息方面是不完整的。现金流量表反映特定主体在报告期内的现金流量，但它在提供预测未来现金流量方面的信息也不充分，因为导致现金流动变化的一些交易和事项仍是过去发生的，而可能在未来时期产生新的现金流量尚未得到反映。因此在预测未来现金流量时，现金流量表应该与损益表和资产负债表联系起来使用。在现代高速发展的市场经济中，市场竞争日趋激烈，资本市场不断完善，投资和融资手段日益多样化和复杂化、投资、理财活动已成为现代企业重要的活动，企业经营活动的不确定性和风险也不断增加，这些都促使企业管理部门及与企业有利益关系的外部集团和个人日益关注企业现金流量及创造现金能力，现金流量表在提高财务报表信息的相关性、可比性和可解释性等方面发挥着重要作用，以现金流量表取代财务状况变动表已成为一种必然的趋势。

目前，现金流量表一般以广义的“现金”作为编制基础。广义的“现金”是指现金及其等价物。它不仅包括货币和活期存款，还包括在三个月以内能够随时变现的短期债券，同时，现金流量表以收付实现制为编制原则。

现金流量表按企业经营活动，投资活动和理财活动三部分分段编制的。以现金为基础的现金流量表如表 9－6 所示。

表 9－6 **现金流量表** 年度：

(1) 来自经营活动的现金流量
净利润额
调整项目
折旧费
摊销费
坏账准备
设备报废损失
债券溢价摊销
出售长期投资利得
资产和负债要素变动的影响
应收账款增加
存货增加
预付费用增加
应付账款减少
应付票据减少
应付负债减少
调整总额
经营活动提供的净现金流量
(2) 来自投资活动的净现金流量
出售长期债券的现金流量
购入固定资产
购入无形资产
投资活动提供的净现金流量
(3) 来自融资活动的现金流量
股票发行收入
股利支付
融资活动提供的净现金流量
本期现金及其等价物净增加额
现金及其等价物的期初余额
现金及其等价物的期末余额

第六节　现行财务报告模式的缺陷与改进

现行财务报告体系模式产生于工业经济时代，而当今信息技术革命和经济全球化推动了知识经济的产生与发展。在知识经济时代使用者在进行决策时对信息的依赖性更强。面对社会经济环境的变迁和使用者信息需求的提高，现行财务报告体系的局限性表现得越来越突出。

一、现行财务报告模式的主要缺陷①

20 世纪 70 年代以来，众多的机构及学者从不同的角度对现行财务报告模式的缺陷进行了探讨，并对财务报告的改进提出了建议，如表 9－7 所示。

表 9－7　　财务报告模式的缺陷及改进

机构及文献	缺陷＼理由	改进意见
ASSC（英国），公司报告（1975）	（1）传统的财务会计与报告目标不合时宜； （2）不能反映日益复杂的经济活动	（1）重新评估会计目标； （2）反映社会责任信息
科尔宾（Corbin）《现代会计手册》第二章	（1）估计及主观性； （2）资产多重备选方案导致净收益的差异； （3）大量的资产项目（如自创商誉）无法在财务报表中体现； （4）资产及负债的相对价格变化无法体现	—
美国 FASB 的 SFAC	（1）重利润而忽视现金流量； （2）收入费用法； （3）财务报表的局限性	（1）将财务报表扩展到财务报告； （2）坚持资产负债观； （3）盈利及全面收益表（1997 年已公布“全面收益表”准则）； （4）业主投资及派给业主报表

① 梁来歆：《现代财务会计理论》，清华大学出版社，2006 年版，第 234－235 页。

续表

机构及文献	缺陷＼理由	改进意见
ICAEW（1991）"未来财务报告的模式"	（1）企业业绩和财务状况的计量过于侧重成本计量，与业绩预测和价值计量不相关； （2）盈利的单一性； （3）重利润而轻现金流量； （4）财务报告向后看（Looking－back）的模式，对使用者帮助不大； （5）重法律形式而轻经济实质	（1）根据资产的特征选择计量属性，使用现行市场价格等计量属性； （2）降低对盈利单一数字的强调； （3）突出现金流量的重要性； （4）提供关于企业未来发展前景的信息； （5）着重考虑交易的经济实质； （6）提供如下报表：目标及战略计划表、资产负债表、收益表、利得表、现金流量表、未来发展前景表、分部信息
美国会计学会和审计计量委员会（参见 Accounting Horizon，1991）	（1）报表信息不完整； （2）不确认自创商誉及将确认的外购商誉分期摊销； （3）资产负债表外项目披露不足； （4）对子公司及准子公司的披露不充分； （5）负债与权益的混淆； （6）财务会计与报告忽略货币的时间价值； （7）缺乏对企业社会业绩的反映	（1）仅在外购商誉的价值减损时才应予以注销，自创商誉应有条件地加以确认； （2）应认识历史成本的缺陷及考虑市场现行价值等属性； （3）财务报表应充分反映货币的时间价值； （4）增加雇员报告、增值表等； （5）企业应报告其社会影响信息； （6）应提供经注册会计师审阅的预测信息
AICPA（1994）"改进企业报告——着眼于用户"	（1）财务报告不能面向未来； （2）会计信息失去相关性； （3）会计信息严重不完整； （4）对使用者的需求关注不足： 不同机会与风险的企业分部；企业经营业务的性质；着眼于未来；管理部门的意图；企业报告信息的相对可靠性；竞争对手及其他企业；影响企业的重大变动	新企业报告模式（5类20项） （1）财务与非财务数据； （2）管理当局对财务、非财务数据的分析； （3）前瞻性信息； （4）管理当局与股东的有关信息； （5）公司背景信息。 具体改进意见： （1）区分核心、非核心项目；

续表

机构及文献	缺陷\理由	改进意见
AICPA（1994）“改进企业报告——着眼于用户”		(2) 混合计量属性，但应区分核心、非核心项目分别采用； (3) 披露非总计信息； (4) 摘要信息及财务数据重新表述； (5) 中期报告； (6) 对尚无准则规范的其他披露
沃尔曼（Wallman）（1996）“会计与财务报告的未来（Ⅱ）：彩色报告模式”	(1) 未考虑会计主体外延的弹性； (2) 对软资产如人力资源、智力资源未能进行恰当的确认与计量； (3) 财务报告的及时性与预测性严重不足； (4) 会计信息传递渠道不畅通	彩色报告模式： (1) 相关性、可靠性、可定义性和可计量性均符合要求； (2) 相关性、可计量性和可定义性都符合要求，但可靠性存在疑问； (3) 相关性和可计量性符合要求，但可定义性与可靠性存在疑问； (4) 仅相关性符合标准，可靠性、可定义性和可计量性都不符合
IASC（1999）“互联网企业的报告”	(1) 网络为基础报告的增长； (2) 网络为基础交易的增长； (3) 全球化与网络报告的前景； (4) 全球化和信息技术发展对管制市场的冲击	互联网财务报告，含多维报告模式、多种在线资料等
厄普顿（Upton）（2001）“企业和财务报告：来自新经济的挑战”	投资者需要的信息和企业提供的信息在新经济下存在着巨大的鸿沟	(1) 更多的非财务信息； (2) 更多的前瞻性信息； (3) 更多的无形资产信息

续表

机构及文献	缺陷\理由	改进意见
《高质量财务报告》（Miller and Bahnson，2002）	（1）低估证券市场； （2）模糊的表述； （3）假设与虚构； （4）利润平滑； （5）最少限度的报告； （6）最少限度的审计； （7）编制报告在成本上的缺乏远见	（1）完善、改进 GAAP； （2）补充披露； （3）改进审计工作内容； （4）提高报告的频率； （5）报告市场价值

通过表 9-7 列举的 20 世纪 70 年代以来关于企业财务报告缺陷的介绍及改进的建议，不难发现其中有的已经被采纳并融入目前的财务报告的实务中，然而目前的财务报告仍存在如下的缺陷：

（一）通用财务报告难以满足不同信息使用者的信息需求

现行财务报告是通用的，它假定能够满足所有使用者的信息需求，但不同使用者所需的信息各不相同，通用财务报告显然难以同时满足所有使用者的需求。事实上，现行财务报告在形式和内容上都以股东为主要服务对象，它在客观上忽视了企业对其他相关利益集团（如职工、债权人、政府、社会等）所承担的责任，也就很少披露他们所关心的信息。即使是具有相同信息需求的使用者，其信息使用方式也有所差别。有的使用者偏好综合信息，有的使用者习惯于明细信息，有的则倾向于定性信息，有的倾向于定量信息。此外，通用财务报表主要针对具有平均理解能力的（投资者）使用者，这种导向忽视了信息媒介和投资媒介在竞争型市场上的作用，并限制了财务报表对外信息功能的扩大和深化。因此，通用财务报告难于满足使用者的全部信息需要，只能满足其共同的或类似的信息需求。

（二）财务会计信息的及时性不足

及时性是财务会计信息的灵魂。随着生产周期的缩短，经济活动风险的加剧，目前的年度财务报告和季度会计报表体系已不能适应投资者的信息需求了。现行财务报告模式下披露的会计信息，由于会计处理程序和传递渠道的限制，其披露的及时性不够，使得财务报告在公布之前，其信息内涵就已经几乎被“清空”，这导致会计信息的相关性下降，也使会计信息系统在与其他“信息源”的竞争中处于劣势。为此，必须利用信息技术的便利，在符合成本——效益原则的前提下，采取可能的措施，如借助于 XBRL 语言，利用互联网来披露会计信息，提高财务报告信息的及时性。

（三）以提供历史信息为主，导致相关性较低

现行财务报告以过去交易或事项为基础、以历史成本为重要计量属性，所提供的信息主要是面向过去的历史信息，从而导致信息的相关性较低。

现行财务报告基于历史成本原则的运用，只能提供已经发生或已经执行的交易或事项的信息。然而，使用者的决策总是面向未来，即要求提供面向未来的预测性信息，投资者及债权人等信息使用者只有能够预测其投资决策的金额、时间及不确定性，才能作出合理的经济决策。现行财务报告只能提供在权责发生制下、基于历史成本的财务信息。在经济环境变化不显著时，人们可以简单地利用反映企业过去经营成果及其行为的财务信息去预测企业的未来；但在知识经济环境下，竞争加剧、企业面临的不确定性加大，人们难以直接利用过去的信息去推断未来。因此，现行财务报告只提供面向过去的信息而不能提供未来的信息，因此其相关性较低。

（四）忽视非货币性信息和非财务信息的提供

货币计量假设要求会计必须将所要披露的信息予以货币度量，而实际上影响企业财务状况和经营成果的所有因素并非都可以用货币予以客观的计量。因此现行财务报告在面临难以用货币计量，但对使用者有用的信息如人力资源、企业的社会声誉、管理人员水平、新产品开发能力、企业供货和销货渠道、市场营销能力等时只有两种选择：（1）将难以货币化的因素勉强予以量化，这将会降低信息的可靠性；（2）放弃不能或难以量化的因素，这将会降低信息的相关性。现行财务报告基于谨慎性原则的运用，很显然是选择了后者，将难以货币化的因素排斥在财务报表之外。尽管这些信息不能用货币计量或用货币计量不可靠，但我们必须意识到：定性信息的相关性未必比定量信息逊色，非货币信息未必不比货币性信息重要，能用货币计量的信息可靠性并不是绝对的。

（五）财务报告的技术性削弱了信息的有用性

财务报表项目的分类、汇总与排列，本来是为了更有效地实现其沟通职能，让使用者能理解明白，然而它们逐渐演变成纯技术手段，以致只有精通会计与报表规则的使用者才能理解财务报表所提供的信息。同时，许多会计数据正是在分类、汇总、确认和计量过程中丧失了其本身的含义，从而会削弱财务报告信息的有用性。

二、对现行财务报告改进的努力

对财务报告的改进首先是从对财务报表的改进开始的，而财务报表的改进主要包括两个方面：一是业绩报告的扩展；二是财务报表结构的改进。另外，对财务报告可理解性的提高也提出了相关的建议。

（一）业绩报告的扩展

以历史成本原则、收入实现原则、配比原则和谨慎性原则为基础的收益确定模式，决定了收益表具有不可克服的缺陷：（1）由于收益表体现了非常狭隘的经营成果观，它只是反映已经实现的收益，排斥或忽视了其他未实现的价值增值，使得当期收益报告不够全面，没有提供对使用者进行经济决策有用的全部信息；（2）价值增值在产生时不予报告，而推迟到实现时再予报告，这会导致收益确定存在潜在的时间误差，即价值增值发生在某一会计期间而收益列报却在另一个会计期间，这将严重损害收益报告的及时性，降低收益信息的性质；（3）对于已经发生的价值增值已报告，为管理当局操纵收益敞开方便之门。收益操纵的一种典型方式是"利得交易"（Gain Trading），即对于已经出现的利得和损失，管理当局通过选择其实现的时间和金额来控制报告期间的净收益。例如，企业管理当局为了提高本期报告收益，将现行价值或公允价值超过购买成本的证券先行出售，以确认出售利得，而将现行价值或公允价值低于购买成本的证券继续持有，以避免确认出售损失，而导致利得交易的根本原因就在于收益表不报告未实现的收益（利得）。最终，使得未实现收益（利得）成为所谓的"收益储存器"，允许管理当局根据需要随意操纵报告收益。

因来自会计学术界和使用者的巨大压力，西方国家的准则制定机构，如英国、美国、国际会计准则委员会以及 G4 +1 集团（由加拿大、新西兰、澳大利亚、英国、美国组成）都致力于对传统的收益表进行改进，制定了相应的会计准则要求企业报告提供更为全面的财务业绩信息。

1. 英国 ASB 增列“全部已确认利得和损失表”

1992 年 10 月英国 ASB 正式制定了取代 SSAP6 的《财务报告准则》第三号（FRS3）“报告财务业绩”。FRS3 规定的新的业绩报告有以下两个明显的特点：(1) 它规定一个企业的财务业绩是由“损益表”和“全部已确认利得和损失表”共同表述的。后者也成为基本财务报表之一，起着第四财务报表的作用。(2) 按照 ASB 的设想，损益表的作用并没有减弱，它还是能反映“满计当期全部损益”的要求，凡已实现的全部损益，包括非常项目仍然要在损益表中表述。损益表还须列示投资人最关心的每股收益信息。可以说，一个企业最主要、最重要的业绩信息正是通过损益表来报告的。全部已确认利得和损失表只是补充披露不在损益表中表述的那些未实现的、但影响所有者权益即净资产变化的利得和损失。

2. 美国 FASB 要求在收益表之外报告“全面收益”

1980 年 12 月，美国财务会计准则委员会（FASB）首先提出一个不同于传统的“收益”名词的新概念：“全面收益”，并将它定义为“企业在报告期内，由企业同所有者以外的交易及其他事项与情况所产生的净资产的变动”。1984 年 12 月 SFAC 第五号再一次指出，全面收益的报告，应当成为一整套财务报表的组成部分。

由于一些财务、会计、投资等组织（团体）和学者们的共同推动，FASB 又参考了英国的 FAS3 基于改进反映企业财务业绩已增设了“全部已确认利得和损失表”的经验，在 1986 年 10 月 11 日发出的一份“报告全面收益”征求意见稿的基础上，1997 年 6 月正式发布了财务会计准则第一百三十号“报告全面收益”（FAS130）。至此，报告全面收益的报表便成为美国企业一整套财务报表中的第四财务报表。其基本内容有：

(1) FAS130 主要规范全面收益及其组成在企业一整套财务报表中的报告与列示，不涉及全面收益及其组成部分的确认与计量。

(2) FAS130 关于全面收益及其组成，涉及财务报表中五项有关财务业绩的要素（即收入、费用、利得、损失和全面收益）。它们的定义，完全按照 FASB 的第六号概念公告，FAS130 不再做修改或补充。

（3）全面收益由收入、费用、利得、损失要素共同构成，但作为报告，它可分为两个部分：

全面收益 = 净收益（盈利）（已确认及已实现的收入、费用、利得、损失）+ 其他全面收益（已确认未实现的利得、损失）

上式中，净收益的组成都是已实现的，而其他全面收益的组成仅是已确认的。

（4）净收益的分类仍按照收益表的分类，即：持续经营收益，非持续经营收益，非常项目和会计原则变更的累积影响。这种分类通常不予变动，但其他全面收益的分类（即列示）则根据其本身的性质，例如分为在外币折算项目上的未实现利得和损失，最低养老金负债调整，在特定债券或权益证券上投资的未实现利得和损失等。

（5）FASB 在 FAS130 中，并不强行规定统一的全面收益的报表格式。报告全面收益可以采用下列三种方式之一：

①与收益表合并为一张报表，可称此表为“收益与全面收益表”，该表的上半部分详细列示净收益及其组成，其下半部分列示其他全面收益及其组成；

②全面收益表与收益表分开，均单独编制。这样“全面收益表”就名副其实地成为第四财务报表；

③在业主权益变动表中详细报告其他全面收益。当然，在这种方法下，收益表还是要单独编制的。

3. 国际会计准则委员会基本上借鉴了英国 FAS3，提出两种列报已确认未实现利得和损失的表式

1997 年 8 月，国际会计准则委员会对《国际会计准则》第一号进行了重大修订。修订后的 IAS1 题为“财务报表的列报”。这份准则要求企业财务报表的结果应包括“所有者权益的变动”。准则要求：“两个资产负债表日之间的企业权益变动，反映在该期间内它的净资产或净财富的增加或减少，按照采用特定计量原则，在财务报表中予以披露。除企业与它的所有者之间的交

易如资本投入和股利分派外，权益的全部变动应表明该期间企业活动所产生的利得与损失总和。”这说明，修订后的IAS1要求财务报表中应有一个独立的组成部分来突出显示企业全部的利得和损失，其中包括直接在权益中确认的项目，据以改进财务报表中反映财务业绩的信息。IAS1在附录中提供两种已确认未实现利得和损失的表式，如表9-8和表9-9所示。

表9-8　XYZ集团已确认利得和损失表（截至20×1年12月31日的会计年度）

	20×1年12月31日	20×0年12月31日
财产重估价盈亏（亏损）		
投资重估价盈余（亏损）		
国外实体财务报表外币折算差异		
未在收益表确认的净利得		
当期净利润		
全部确认的利得和损失		
会计政策变更的影响		

表9-9　XYZ集团权益变动表（截至20×1年12月31日的会计年度）

	股本溢价	股本准备	重估价准备	折算利润	累积	合计
20×1年12月31日余额	×	×	×	(×)	×	×
会计政策变更					(×)	(×)
重新表述后的余额	×	×	×	(×)	×	×
财产重估价盈余			×			×
投资重估价亏损			(×)			(×)
外币折算差异				(×)		(×)
未在收益表中确认的净利得和损失			×	(×)		×
本期净利润				×		×
股利				(×)		(×)
股份的发行						×
20×1年12月31日余额	×	×	×	(×)	×	×

4. G4 +1 的财务业绩表

由加拿大、新西兰、澳大利亚、英国、美国组成的 G4 +1 都对英国的 FAS3 和美国的 FAS130 建议的两个财务业绩报表提出了不同看法。1999 年发表题为《报告财务业绩：G4 +1 的建议》研究报告。报告认为，两份业绩表看起来好像比一份财务业绩报表提供更多的信息，其实，这与把已确认未实现的利得和损失项目列示在资产负债表的权益方没有多大区别。报告财务业绩是通过一张表还是两张表，这是一个应用问题而不是理论问题。两张报表都按照“满计当期损益观”似乎应当在一张业绩报告上反映交易和其他事项的全部影响，通过把已确认利得和损失集合起来，在收益表上刻画完整的财务业绩图像，而不要分裂现存的收益表。两张业绩报表的主要缺点是不恰当地强调其中一张报表而损害另一张报表。此外，G4 +1 还认为目前两张报表的区别主要在于传统的报表反映已确认、已实现的利得和损失，而新增的财务业绩报表则反映已确认未实现的利得和损失，在它们之间，对于利得和损失的来源缺乏有机的、内在的分类。这样，使用者仍难以获得有关一个企业财务业绩的科学的分类信息。

为此，G4 +1 的研究报告建议，反映企业的财务业绩仍用一张报表比改用两张报表为宜。

G4 +1 的研究报告推荐一张财务业绩报表称为“财务业绩表”（Statement of Financial Performance）。该表共分为三大类：

第一类：经营（贸易）活动（Operatong Trading Activities）；

第二类：理财和其他筹资活动（Financing and Treasury Activities）；

第三类：其他利得和损失（Other Gains and Losses）。

上述分别报告三种损益：“经营损益”、“理财收益”和“其他利得和损失”。总体来说，它能把“满计当期损益”更好地贯穿在一张财务业绩报表中，因此，这个建议值得加以研究和参考。美国 FASB 已经决定使用最新的报告格式，这种格式从收入开始，最下面一行是综合收益。IASB 也正在考虑把最后一行作为综合收益，所以单一的财务业绩或全面收益表是财务业绩报告的发展方向。

（二）财务报表结构的改进

1994 年，AICPA 发表了一份题为《改进企业报告：着眼于用户》的研究报告，在肯定现行财务报表的基础上，提出了财务报表结构改革的建议，即将财务报表信息划分为“核心信息”与“非核心信息”。前者为企业核心活动，即主要的、正常和持续经营的业务所形成；后者则为企业非核心活动，即次要的、非正常和不再持续经营的业务所形成。为此，公司应在资产负债表上区分核心活动的资产与负债、非核心活动的资产与负债；在收益表中区分核心活动盈利、非核心活动盈利；现金流量表中区分核心活动现金流量、非核心活动现金流量。AICPA 的新模式还要求计量每股核心盈利和每股净收益，并相应地计算每股现金流量。区分核心活动与非核心活动，既要在表内反映，又要在报表附注中用详细的标题或文字说明。这样能向用户提供更加有用的、可比的核心活动信息，准确表达公司的核心竞争力，此外，对资产负债表项目排列顺序也在进行改革。现行资产负债表报表项目是按项目的流动性强弱顺序排列的，流动资产列于固定资产之前，固定资产列于无形资产之前。而对资产负债表报表项目排列顺序改革的基本趋势是以重要性大小排列。国际会计准则委员会筹划小组于 1995 年 3 月公布的《财务报表编制》的原则说明书中，将资产负债表报表项目排列改为：无形资产列于固定资产之前，固定资产列于流动资产之前。

（三）财务报告的可理解性

会计信息的首要质量特征是决策有用性，信息要具备决策有用性，在用户层面上须具备可理解性，在决策层面上须具备可靠性和相关性。西方国家学者通过研究普遍认为：上市公司年报对于多数信息使用者不具备可理解性。我国学者通过对我国上市公司年报的可理解性研究发现，我国上市公司年报接近于半专业投资者的理解水平，而对于非专业投资者则是不可理解的。如何提高年度报告对于非专业投资者的可理解水平，是公司报告实务中一个亟待解决的问题。

非专业人士理解年报的最大障碍是年报的专业性过强，会计术语过多。要提高年报的可理解性，行之有效的办法不是从“专业化”的极端走向“通俗化”的极端，而是应采取多种形式，在专业化年报的基础上，根据不同专业层次投资者的实际情况，对年报的专业性水平进行重新设计和调整。具体来说，可以考虑以下两种方式：

1. 提供专业化年报，对其中的会计术语加注解释

提供专业化年报，能够在最大程度上保证信息含量及其准确性，需要考虑的只是要在信息的可理解性方面加以补偿。对年报中的会计术语进行定义和解释，可以大大降低年报对于非专业投资者的理解难度。具体来说，可以将全部会计术语分为三类：第一类是人们在日常生活中经常会遇到的会计术语，如收入、费用等；第二类是人们在日常生活中不经常遇到的，但多数成年人能够从字面上大致了解的会计术语，如累计折旧、无形资产等；第三类是日常生活中极少出现，单纯从字面上无法了解其含义的会计术语，如公积金、递延款项、流动比率等。如果建立起会计术语的理解难度分类词汇表，我们就可以在年报中更准确地把握会计术语的运用；凡是属于最高等级的会计术语均应在年报末尾提供解释，并且在解释过程中不能再出现同类别的术语，只使用非会计术语或低等级的会计术语，这样既不影响年报在表达上的准确性和严肃性，又极大地方便了非专业人士对年报信息的利用。

2. 以专业化年报为蓝本，同时提供专业化和简化年报

为了解决投资者理解能力与鉴别报告难度的矛盾，我们可以将所有的投资者按照专业水平分为若干层次，建立一个多层次的年度报告体系。这种多层次的报告体系可以同时兼顾信息的准确性和可理解性。高度专业化的年报全文是构成公司多层次年报体系的基础。在年报全文的基础上，可以考虑采用对应于各专业水平人群的多层次简化年报。简化报告的基本思路是：缩减理解难度最大的内容和与投资决策并不相关的内容，突出重点信息。

三、未来财务报告的发展趋势

薛云奎在《会计大趋势：一种系统分析方法》中认为：企业财务报告的未来发展趋势主要集中体现在以下十一个方面：(1) 从单一报表体系向多元报表体系转变；(2) 从重可靠性到可靠性与相关性并重；(3) 从重历史成本到历史成本与公允价值并重；(4) 从主体信息到主体与关联方信息并重；(5) 从有形资源到有形与技术资源并重；(6) 从表式信息到表式信息与图像化信息的并重；(7) 从货币计量到货币与非货币计量并重；(8) 从绝对值信息披露到绝对值与相对值披露并重；(9) 从事后信息披露到事后与事前信息

披露并重；(10) 从年度信息披露到年度与日常信息披露并重；(11) 从财务信息披露到财务信息与非财务信息披露并重。

(一) 未来财务报告的目标

未来财务报告目标依然是为利益相关者的决策提供快捷、灵敏的财务信息，并提供有关现金流量的数额、时间分布及不确定性的信息。财务信息的质量特征仍然要坚持可靠性、相关性、及时性与可比性，尤其在可靠性与相关性的权衡中更偏向于相关性，当然历史信息要满足可靠性，同时也是相关性的基础；未来预测（事前）信息满足相关性，强调对预测信息的规范，尽可能提高预测信息的可信度和可靠性。

(二) 未来财务报告的内容

为了实现财务报告的目标，未来财务报告的内容将更加复杂与丰富、并随会计环境的变化与要求而不断创新。

1. 坚持财务信息的核心地位，通过非财务信息提升财务信息的价值

企业的信息由企业内各子系统生成与发布，例如统计信息系统、技术信息系统、物流信息系统等。现行在财务报表附注中以及其他财务报告中纳入了大量的非财务信息，财务报告是会计人员与其他有关人员合作的成果，财务报告中的许多内容是非会计性质的事项，财务报告只是公司报告的一个主要部分。可以预见未来的会计应在拓展财务信息的深度与广度上下功大，并将非财务信息作为增加财务信息的价值服务，随着计量技术的进步，非货币计量的信息将能以货币计量。

2. 历史成本与公允价值计量并行

公允价值目前已得到承认和运用，美国、英国、加拿大、澳大利亚以及国际会计准则委员会在现行会计准则中，都已普遍使用公允价值概念，我国在 2014 年修订的会计准则中特别强调了公允价值的运用。我们相信，在未来财务报告中，能用历史成本计价但不失可靠性与相关性的信息仍占一席之地；用历史成本计价既失可靠性又失相关性的信息，肯定要被公允价值计量属性所取代；用历史成本计价虽具可靠性但相关性不足的信息，则可用公允价值计量的信息作为补充信息提供；公允价值计量的信息既可靠又相关时，公允价值将取代历史成本。

3. 无形资产和人力资产将成为未来财务报告的重心

随着知识经济时代的到来，无形资产和人力资产在企业总资产中的比重大大提高，有形资产的比重则相应地大大下降，会计必然要转向对无形资产和人力资产的确认、计量、记录和报告，以增强会计信息的有用性，而必须实现财务报告重心的转移，及时准确地报告企业无形资产和人力资产的价值，着重解决无形资产和人力资产的确认和计量问题，将无形资产和人力资产纳入财务报告的范畴。

4. 增加相对值信息，提高财务信息的可比性

在近20年的财务信息披露发展的历程中我们已经看到，越来越多的证券监管机构已要求提供更多的、能够直接用于投资决策评价的相对值信息，如一些重要的财务比率（每股盈利、资产报酬率、股东权益报酬率等）。随着财务信息决策用途的增强，以相对值信息披露的方式会演变为未来财务报表发展的主流，从而形成绝对值信息与相对值信息并存的格局。

5. 未来财务报告的时效

随着财务信息决策用途的增强和信息技术的高速发展，基于会计分期假设的定期报告将受到挑战。年度信息披露与投资决策对信息的及时性提出更高要求，信息技术发展，使信息生产成本大幅度下降，财务信息日常披露甚至进行实时报告成为可能。“同步财务报告系统”或“全天候财务报告系统”将成为常态。

（三）未来财务报告的灵活性

现行通用目的的财务报告，不能适应信息使用者的多样化的信息需求，未来的财务报告将会呈现出多元化的报告模式：

（1）多栏式报告模式。将同一经济业务按多种会计方法处理得到不同的信息在财务报告中予以披露，使会计信息从单一化走向多元化，满足不同信息使用者的特别需求。

（2）交互式按需报告模式。允许报告单位与信息使用者双向、直接、快速沟通，共同完成实时报告，从而比传统报告模式更好地满足使用者的多样化信息需求，进而减轻信息不对称和提高资本市场效率。

（3）差别报告模式。为不同使用者提供在内容和时间上有差别的财务报

告。信息使用者的信息需求和获取信息的途径或方式不相同，某些特定使用者不满足通用财务报告，企业可以有选择地、有重点地对外披露某些使用者特殊需要的信息。例如，主要债权人收到的信息比一般股东更为详细和及时，债券评估机构收到的信息也应比年度报告更为详细等等。通过差别报告，企业既可满足特定使用者及其集团的特殊信息需要，又可避免因广泛对外披露而对企业产生不利影响。

（4）事项会计模式。在事项法下，企业向投资者传递的企业经营情况的资料，不再拘泥于价值或净收益，也不再通过现在的三张报表——资产负债表、利润表和现金流量表来提供。平时借助于发达的通信技术，将企业进行经济活动的有关情况归类，通过一种“经营事项表”的形式，实时传递给投资者，实现及时性。若有必要，可以进行提示性的结构排列，以便投资者在进行决策时，具有更大的价值。按照事项法，会计人员可以在很大程度上从传统的、复杂的记账、算账和报账工作中摆脱出来，着力于对经营活动进行各种预测、分析，更好地发挥参与决策的作用。

（四）未来财务报告的方式

未来财务报告在信息载体、传递方式、表述方式（格式）等方面都将与传统方式有极大的不同。随着信息技术的应用与提高，未来会取消纸质财务报告的印刷与传递，而是在网上发布信息。在信息的表述方式上，不再限于文字与表格方式，而是更多地运用图形与音像方式恰如其分地表达信息内涵，做到图文并茂，声像俱全，使信息的表达更形象、直观，更易于被使用者接受和理解。因此，未来财务报告应是在网络上转输的、表式信息与音像化信息相结合的，更为简明易懂的一种实时报告。

附录：常用缩略语对照表

AAA　American Accounting Association　美国会计学会

AASB　Austrilian Accounting Standards　澳大利亚会计准则委员会

AICPA　American Institute of Certified Public Accountants 美国注册会计师协会

APB　Accounting Principles Board　（美）会计原则委员会

ARB　Accounting Research Bulletin　（美）《会计研究公报》

ARS　Accounting Research Study　（美）《会计研究公报》

ASB　Accounting Standards Board　（英）会计准则委员会

ASC　Accounting Standards Committee　（英）会计准则委员会

CICA　Canadian Institute of Chatered Accounting 加拿大特许会计师协会

CAP　Committee on Accounting Procedure（美）会计程序委员会

FASB　Financial Accounting Standards Board（美）财务会计准则委员会

GAAP　Generally Accepted Accounting Principles（美）公认会计原则

IAS　International Accounting Standard　国际会计准则

IASB　International Accounting Standards Board　国际会计准则委员会

IASC　International Accounting Standards Committee　国际会计准则委员会

ICAA　Institute of Chatered Accountans in Austrilia 澳大利亚特许会计师协会

ICAEW　Institute of Chatered Accountans in England and Wales　英格兰和威尔士特许会计师协会

IFRS　International Financial Reporting Standard 国际财务报告准则

SFAC　Statement of Financial Accounting Concepts（美）财务会计概念公报

SFAS　Statement of Financial Accounting Standard（美）财务会计概念公告

主要参考文献

1. 陈国辉：《会计理论研究》（第二版），东北财经大学出版社 2012 年版。

2. 陈国辉：《会计理论研究》，东北财经大学出版社 2007 年版。

3. 杜兴强、章永奎：《财务会计理论》（第二版），厦门大学出版社 2008 年版。

4. 魏明海、龚凯颂：《会计理论》（第二版），东北财经大学出版社 2005 年版。

5. 魏明海、龚凯颂：《会计理论》（第四版），东北财经大学出版社 2014 年版。

6. 葛家澍、杜兴强：《会计理论》，复旦大学出版社 2005 年版。

7. 葛家澍：《财务会计理论研究》，厦门大学出版社 2006 年版。

8. 葛家澍、林志军：《现代西方会计理论》（第三版），厦门大学出版社 2011 年版。

9. 葛家澍、林志军：《现代西方会计理论》，厦门大学出版社 2001 年版。

10. 葛家澍、陈少华：《改进企业财务报告问题研究》，中国财政经济出版社 2002 年版。

11. 葛家澍、刘峰：《会计理论：关于财务会计概念结构的研究》，中国财政经济出版社 2003 年版。

12. 张文贤：《会计理论创新》，中国财政经济出版社 2002 年版。

13. 陈少华、葛家澍：《公司财务报告问题研究》，厦门大学出版社 2006 年版。

14. 梁来歆：《现代财务会计理论》，清华大学出版社 2006 年版。

15. 吴水澎：《会计理论》，机械工业出版社 2007 年版。

16. 威廉姆·R·司可脱:《财务会计理论》,陈汉文译,机械工业出版社 2006 年版。

17. 财政部:《企业会计准则》(2006),经济科学出版社 2006 年版。

18. 财政部会计司:《对美国财务报告采用以原则为基础的会计体系的研究》,中国财政经济出版 2003 年版。

19. 路晓燕:《公允价值会计》,经济科学出版社 2008 年版。

20. 陆正飞等:《财务会计理论与资本市场实证研究》,中国人民大学出版社 2009 年版。

21. Watts, Zimmerman:《实证会计理论》,陈少华等译,东北财经大学出版社 2012 年版。

22. 王建新:《财务会计概念框架》,东北财经大学出版社 2007 年版。

23. 孙玉甫等:《广义财务会计理论》,立信会计出版社 2004 年版。

24. 陈今池:《西方现代会计理论》(第二版),中国财政经济出版社 2007 年版。

25. 汤云为、钱逢胜:《会计理论》,上海财经大学出版社 1997 年版。

26. 陈国辉:《会计理论体系研究》,东北财经大学出版社 1997 年版。

27. 葛家澍:《市场经济下会计基本理论与方法研究》,中国财政经济出版社 1996 年版。

28. 薛云奎:《会计大趋势——一种系统分析方法》,中国财政经济出版社 2000 年版。

29. 李心合:《现代会计理论》,上海交通大学出版社 1996 年版。

30. 葛家澍、杜兴强:《当代财务会计的发展趋势》,财会通讯 2003 年第 10 期。

31. 李瑞生:《会计理论研究》,中国财政经济出版社 2007 年版。

32. 蒋尧明:《现代会计理论研究》,中国财政经济出版社 2010 年版。

33. 陈今池:《西方现代会计理论》(第二版),中国财政经济出版社 2008 年版。

34. 孙芳城、孔庆林等:《会计理论比较研究》,立信会计出版社 2011 年版。

35. 许家林：《会计理论》，中国财政经济出版社 2008 年版。

36. 姜永德：《会计理论》，西南财经大学出版社 2013 年版。

37. [美] 斯蒂芬·A. 泽弗、贝拉·G. 德兰：《现代财务会计理论——问题与论争》（第五版），夏冬林等译，经济科学出版社 2000 年版。

38. 艾哈迈德·里亚希—贝克奥伊：《会计理论》，钱逢胜等译，上海财经大学出版社 2004 年版。

39. 亨利·沃尔克、詹姆斯·L. 多德、米歇尔·G. 迪尔尼：《会计理论》，陈艳等译，东北财经大学出版社 2005 年版。

40. 刘永泽、傅荣、梁爽：《财务呈报研究》，东北财经大学出版社 2009 年版。

41. 陈良华：《会计理论》，科学出版社 2009 年版。

42. [美] 威廉·H. 比弗：《财务呈报——会计革命》，薛云奎译，东北财经大学出版社 1999 年版。

43. 汪祥耀：《与国际会计准则趋同——路径选择与政策建议》，立信会计出版社 2006 年版。

44. 刘骏：《财务会计理论研究》，江西科技出版社 2009 年版。

45. 罗绍德：《财务会计理论》，西南财经大学出版社 2010 年版。